Schriftenreihe

Insolvenzrecht
in Forschung und Praxis

Herausgegeben von

Professor Dr. Christian Heinrich

Band 71

ISSN 1613-6748

Verlag Dr. Kovač

Marie-Madeleine Pieger

Die nicht-exklusive Patentlizenz in der Insolvenz des Lizenzgebers

Verlag Dr. Kovač

Hamburg
2012

VERLAG DR. KOVAČ GMBH
FACHVERLAG FÜR WISSENSCHAFTLICHE LITERATUR

Leverkusenstr. 13 · 22761 Hamburg · Tel. 040 - 39 88 80-0 · Fax 040 - 39 88 80-55

E-Mail info@verlagdrkovac.de · Internet www.verlagdrkovac.de

Bibliografische Information der Deutschen Nationalbibliothek
Die Deutsche Nationalbibliothek verzeichnet diese Publikation
in der Deutschen Nationalbibliografie;
detaillierte bibliografische Daten sind im Internet
über http://dnb.d-nb.de abrufbar.

ISSN: 1613-6748
ISBN: 978-3-8300-6684-2

Zugl.: Dissertation, Universität Passau, 2012

© VERLAG DR. KOVAČ GmbH, Hamburg 2012

"Une chose n'est pas juste parce qu'elle est loi.
Mais elle doit être loi parce qu'elle est juste."

Charles de Montesquieu

Vorwort

Die vorliegende Arbeit wurde im Sommersemester 2012 von der Juristischen Fakultät der Universität Passau als Dissertation angenommen.

Literatur und Rechtsprechung konnten für die Veröffentlichung bis April 2012 berücksichtigt werden.

Besonderer Dank gilt meinem Doktorvater, Prof. Dr. Michael Huber, Präsident des Landgerichts Passau, für die vorbildliche Betreuung während der Erstellung dieser Arbeit. Ebenso möchte ich ihm für sein Verständnis hinsichtlich der zügigen Erstellung dieser Arbeit – aufgrund der Aktualität der Thematik – danken. Weiterer Dank gilt ihm für die zügige Erstellung des Erstgutachtens. Ohne diese großartige Kooperation würde diese Arbeit zum jetzigen Zeitpunkt nicht in dieser Form vorliegen.

Mein Dank gebührt ebenfalls dem Zweitgutachter dieser Arbeit, Prof. Dr. Holger Altmeppen für die schnelle Erstellung des Zweitgutachtens.

Darüber hinaus möchte ich Frau Luisa Obinger danken, die besonders in der Endphase dieser Arbeit immer ein offenes Ohr für die Sorgen und Nöte eines Doktoranden in den letzten Zügen der Dissertation hatte.

Schließlich gebührt mein Dank auch Frau Anne Schönfleisch für die letzten Jahre: A Savage Journey through the Law.

München, im Juli 2012

Marie-Madeleine Pieger

Inhaltsverzeichnis

A. Einleitung und Gang der Untersuchung

I. Ökonomische Bedeutung der nicht-exklusiven Patentlizenz

Aufgrund der gewachsenen ökonomischen Bedeutung nicht-exklusiver Patentlizenzen, soll deren Fortbestand in der Insolvenz des Patentrechtsinhabers im Rahmen der vorliegenden Arbeit untersucht werden. Lizenzen bilden häufig den Grundstein und die Voraussetzung für erhebliche finanzielle Investitionen seitens eines Unternehmens.[1] Kann der Fortbestand dieser grundlegenden Voraussetzung in der Insolvenz des Lizenzgebers in Deutschland nicht gesichert werden, so sind negative gesamtwirtschaftliche Konsequenzen für Deutschland absehbar.[2] Gerade Technologieunternehmen, die zumeist von der Lizenzierung Geistigen Eigentums abhängig sind, könnten eine Abwanderung in Länder in Betracht ziehen, deren Rechtsordnungen bereits den Schutz des Lizenznehmers in der Insolvenz des Lizenzgebers gesetzlich verwirklicht haben. Beispiele dafür sind die Wirtschaftsstandorte USA und Japan. Diese haben bereits erkannt, dass der Schutz des Lizenznehmers in der Insolvenz des Lizenzgebers für Technologieunternehmen einen gewichtigen Faktor in der Standortwahl ausmacht und entsprechend gesetzgeberisch gehandelt.

Immaterialgüterrechte zeichnen sich durch ihre Einzigartigkeit und Individualität aus. Dies unterscheidet sie auch in besonderem Maße von Mobiliar- und Immobiliargütern. Zwar sind auch diese in vielen Fällen einzigartig, allerdings auch ebenso regelmäßig durch ein gleichwertiges Surrogat ersetzbar. Im Gegensatz dazu ist eine Lizenz an einem bestimmten Immaterialgüterrecht nicht austauschbar.[3] Es existiert eben kein vergleichbares, gleichwertiges Ersatzgut.[4] Ge-

---

[1]   *Pahlow*, Lizenz und Lizenzvertrag, S. 1 ff., 222 ff.; *Dengler/Druson/Spielberger*, NZI 2006, 677; *Knobloch*, Abwehransprüche für den Nehmer einer einfachen Patentlizenz?, Rn 764; *Pahlow*, FAZ, 9. Juli 2008, S. 21; *Münster*, FTD, 13. März 2012, S. 20.

[2]   *Dengler/Druson/Spielberger*, NZI 2006, 677; *Pahlow*, WM 2008, 2041.

[3]   *Kellenter* in Keller/Plassmann/von Falck, FS für Winfried Tilmann - Zum 65. Geburtstag, S. 807.

[4]   Für die Monopolstellung der Rechte des Geistigen Eigentums vgl. *Pahlow*, Lizenz und Lizenzvertrag, S. 1, 39 ff.; ebenso *Kellenter* in Keller/Plassmann/von Falck, FS für Winfried Tilmann - Zum 65. Geburtstag, S. 807.

rade dieser Umstand der besonderen Abhängigkeit macht die enorme Bedeutung des Fortbestands der Lizenz im Falle der Insolvenz deutlich.

Aktuelle Entwicklungen seit Einführung der Insolvenzordnung im Jahr 1994 – in Kraft getreten am 01. Januar 1999 – lassen diese Fragestellung in den Fokus rücken. Durch die Insolvenz der Kirch-Gruppe im Jahr 2002 wurde die Frage nach der Insolvenzfestigkeit von nicht-exklusiven Lizenzen anhand von Filmlizenzen zum ersten Mal in der Geschichte – nach der Insolvenzrechtsreform – ins breite Licht der Öffentlichkeit gerückt.[5]

II. Problemstellung

Wird von nicht-exklusiven Lizenzen im Allgemeinen gesprochen, so sind damit grundsätzlich Nutzungsrechte an Immaterialgütern gemeint. Dieser Umstand bildet damit gleichzeitig eines der Kernprobleme der aufgeworfenen Fragestellung der vorliegenden Arbeit. Dass es sich um Nutzungsrechte an Immaterialgüterrechten und damit nicht um solche an Mobiliar- bzw. Immobiliargütern handelt, führte bislang zur Schutzlosigkeit des Lizenznehmers in der Insolvenz des Lizenzgebers de lege lata. Gerade der Schutzbereich der Vorschrift des § 108 InsO erfasst nach seinem Wortlaut eben solche Nutzungsrechte grundsätzlich nicht.

Klärungsbedürftig ist damit die, dem allerdings vorgelagerte, Fragestellung nach der Rechtsnatur der Lizenz. Dies ist entscheidend für die Behandlung der Lizenz nach geltendem Insolvenzrecht. So richtet sich die Beurteilung insbesondere danach, ob die nicht-exklusive Patentlizenz dem Lizenzinhaber ein Aussonderungsrecht nach § 47 InsO gibt, oder ob sie lediglich ein gegenseitiges, schuldrechtliches Vertragsverhältnis darstellt, welches dem Insolvenzverwalter gemäß § 103 InsO ein Nichterfüllungswahlrecht einräumen würde.[6]

Geht man eben von letzterer Fallkonstellation aus, bleibt die Frage nach der Anwendbarkeit des § 108 InsO bestehen, also ob und inwieweit die Vorschrift des § 108 InsO, entgegen ihres Wortlauts, analog auf immaterialgüterrechtliche Nutzungsrechte Anwendung finden kann.

---

[5] Ebenso *Pahlow*, FAZ, 9. Juli 2008, S. 21; *Adolphsen*, DZWIR 2003, 228; *Münster*, FTD, 13. März 2012, S. 20.

[6] Für die bislang h.M.: *Ganter* in Kirchhof/Lwowski/Stürner, MüKo InsO, § 47 Rn 339.

III. Gang und Zielsetzung der Untersuchung

Trotz der ökonomischen und wirtschaftspolitischen Bedeutung der aufgeworfenen Fragestellung für den Wirtschaftsstandort Deutschland, gibt es bislang keinen einheitlichen Lösungsansatz, um dem eben dargestellten Problem effektiv zu begegnen.

Demzufolge soll im Weiteren erörtert werden, aufgrund welcher rechtshistorischer Entwicklung und Überlegung heute kein gesetzlich festgelegter Schutz für die nicht-exklusive Patentlizenz besteht.

Im Rahmen einer ökonomischen Gesamtbetrachtung wäre der Schutz der nicht-exklusiven Patentlizenz in der Insolvenz des Lizenzgebers im Ergebnis durchaus wünschenswert. Entgegenstehende Bedenken beschränkten sich bislang weitestgehend auf die Aufweichung des Grundsatzes der Gläubigergleichbehandlung, welcher einen entscheidenden Unterschied zum Verfahren der Einzelzwangsvollstreckung darstellt.[7]

Die vorliegende Arbeit ist insgesamt in acht Kapitel unterteilt:

Im Rahmen des *Ersten Teils* der Arbeit wurde die grundlegende Bedeutung der aufgezeigten Problematik in wirtschaftlicher und ökonomischer Hinsicht dargestellt.

Der *Zweite Teil* befasst sich mit der Definition begrifflicher Grundlagen im Bereich des Immaterialgüterrechts und legt im Rahmen der Charakterisierung der Rechtsnatur der Lizenz einen Grundstein für das spätere Ergebnis der Arbeit. So wird einerseits die Rechtsfigur der Immaterialgüterrechtslizenz eingehend erörtert und andererseits eine Erläuterung sowie Abgrenzung der für diese Arbeit relevanten Problemstellung zu anderen Immaterialgüterrechtslizenzen geschaffen.

Im *Dritten Teil* der Arbeit erfolgt eine allgemeine Einführung in das Insolvenzrecht anhand der Darstellung des Ablaufs des Insolvenzverfahrens. Teil dieser Darstellung ist auch das Immaterialgüterrecht im Gefüge der Insolvenzmasse.

---

[7] *Westphal* in Nerlich/Römermann, InsO, § 187 Rn 3; vgl. vertiefend zur Einzelzwangsvollstreckung im Gegensatz zur Gesamtvollstreckung *Bauer*, Ungleichbehandlung der Gläubiger, S. 72 ff.

Daran anschließend wird im *Vierten Teil* der Untersuchung im Besonderen das Verhältnis zwischen Aussonderung und Nichterfüllungswahlrecht dargestellt und dessen Bedeutung im Hinblick auf Immaterialgüterrechte erörtert. Abschließend wird der historische Kontext der insolvenzrechtlichen Charakterisierung und Behandlung der nicht-exklusiven Patentlizenz und deren Entwicklung diskutiert.

Nach der Betrachtung der Historie wendet sich die Arbeit im *Fünften Teil* der aktuellen Problematik und Behandlung von nicht-exklusiven Patentlizenzen, aufgrund der gegenwärtigen Rechtslage, in der juristischen Praxis zu. Dabei wird u.a. dargestellt, auf welcher Gesetzgebungshandlung die hier gegenständliche Problematik beruht. Des Weiteren erfolgt eine Analyse der in diesem Zusammenhang relevanten Rechtsprechung. Im Anschluss daran werden die, von der Literatur im letzten Jahrzehnt, entwickelten Lösungsmodelle zur Insolvenzfestigkeit nicht-exklusiver Lizenzen diskutiert und u.a. anhand des Beispiels des Cross-Licensing eingehend auf ihre Praxistauglichkeit analysiert. Diese Lösungsansätze sollen hier Gegenstand der Betrachtung sein, da sie zumindest auf den ersten Blick in ihrer Anwendung geringere dogmatische Anpassungen verlangen.

Im *Sechsten Teil* wird aufgezeigt, wie sich die zukünftige Rechtslage durch Verabschiedung eines Gesetzesentwurfs zum Schutz von nicht-exklusiven Lizenzen in der Insolvenz des Lizenzgebers verändern könnte.

Abschließend wird im *Siebten Teil* versucht eine umfassende Lösung für die nicht-exklusive Patentlizenz in der Insolvenz des Lizenzgebers zu entwickeln. Zur Entwicklung dieser Lösung muss auch eine dingliche Natur der nicht-exklusiven Patentlizenz in Erwägung gezogen werden. Diese ist für exklusive Patentlizenzen seit langem anerkannt. Die dingliche Natur der nicht-exklusiven Patentlizenz würde sie aus dem Anwendungsbereich des § 103 InsO ausnehmen und unter die Regelung des § 47 InsO stellen. Dadurch würde dem Lizenznehmer ein Aussonderungsrecht im Falle der Insolvenz seines Lizenzgebers zugebilligt werden. Unter dieser Voraussetzung wäre die nicht-exklusive Patentlizenz insolvenzfest. Grundlegende Ansätze wurden hierzu bereits in der Rechtsprechung der letzten Jahre angedeutet. Eine endgültige Klärung der Rechtslage steht allerdings nach wie vor aus.

Im Rahmen des *Achten Teils* erfolgt eine Zusammenfassung der Ergebnisse.

Ziel dieser Arbeit ist es also, einen Weg aufzuzeigen, mittels dem die erörterte Problematik eine umfassendere und bessere Lösung erfahren kann, als es aktuell der Fall ist.

B. Grundlagen des Immaterialgüterrechts

Gegenstand der vorliegenden Arbeit ist die nicht-exklusive Patentlizenz in der Insolvenz des Lizenzgebers. Da es sich bei der Lizenz um ein immaterialgüterrechtliches Nutzungsrecht handelt, erfolgt im nachfolgenden Abschnitt ein zusammenfassender Überblick über die – für diese Arbeit relevanten – Rechtsfiguren und -institute, sowie die Besonderheiten des Immaterialgüterrechts.

I. Die Lizenz

Den Beginn des Überblicks bildet eine kurze Einführung zum Gegenstand und zur Rechtsnatur der Lizenz im Immaterialgüterrecht.

Historisch gesehen ist das Rechtsinstitut der Lizenz sehr jung. In den immaterialgüterrechtlichen Gesetzen – dem Patentgesetz aus dem Jahr 1877, dem Urheberrechtsgesetz aus dem Jahr 1870 sowie dem Markenschutzgesetz aus dem Jahr 1874 – des 19. Jahrhunderts war der Begriff der Lizenz nicht existent.[8] Erst ein knappes Jahrhundert später wurde das Rechtsinstitut der Lizenz durch das Patentgesetz aus dem Jahr 1968 kodifiziert.[9] Zwischenzeitlich entwickelten sich ungeschriebene Grundsätze zum Lizenzvertrag, welche auch durch die Rechtsprechung anerkannt wurden.[10]

Im nachfolgenden Abschnitt wird die eingehendere Darstellung auf die vertraglich gewährte Patentlizenz, in Abgrenzung zur Zwangslizenz, beschränkt.[11]

1) Generelle Charakteristika der Patentlizenz

Grundlegenden Einfluss auf die Charakteristika der Patentlizenz haben sowohl der Gegenstand der Lizenz selbst, der diese inhaltlich definiert, als auch das Benutzungsrecht, welches durch die Lizenz eingeräumt wird.

---

[8] Vgl. auch *Groß*, Der Lizenzvertrag, Rn 13; RGBl. 1877,S. 501 ff.; RGBl. 1870,S. 339 ff.; RGBl. 1874,S. 143 ff.; vertiefend zur Patentlizenz *Pahlow*, Lizenz und Lizenzvertrag, S. 16 ff.

[9] *Groß*, Der Lizenzvertrag, Rn 13.

[10] *Pahlow*, Lizenz und Lizenzvertrag, S. 32 ff.

[11] Vgl. vertiefend zur Zwangslizenz: *Pfanner*, GRUR Int 1985, 357; *Scheffler*, GRUR 2003, 97; *Leitzen/Kleinevoss*, MittdtPatA 2005, 198.

a) Gegenstand der Patentlizenz

Gegenstand der Patentlizenz ist das Schutzrecht. Gemeint ist damit die patentrechtlich geschützte Erfindung. Der Patentrechtsinhaber gewährt dem Lizenznehmer das Recht an dieser geschützten Erfindung teilzuhaben und räumt dem Lizenznehmer ein wirtschaftlich bewertbares Nutzungsrecht ein.[12] Dieses gewährte Recht an der Erfindung wird zumeist territorial und zeitlich begrenzt.[13]

Entscheidender ist allerdings die inhaltliche Begrenzung des Nutzungsrechts an dem Patent. Eine solche Begrenzung erfolgt dadurch, dass dem Lizenznehmer ein nicht-ausschließliches, ein alleiniges oder gar ein ausschließliches Recht an der geschützten Erfindung eingeräumt wird.[14] Aus dieser inhaltlichen Begrenzung folgt nach dem heutigen Verständnis die Lizenz als Nutzungsrecht.

b) Die Patentlizenz als Nutzungsrecht

Zum weiteren Verständnis muss erörtert bzw. abgegrenzt werden, worauf das Nutzungsrecht einer Patentlizenz basiert. Zum einen wäre ein Verzicht des Schutzrechtinhabers auf seine Abwehrrechte gegenüber einem Nutzer möglich, zum anderen aber auch die Gewährung eines Rechts zur Benutzung des Schutzrechts.

i) Abgrenzung zwischen positiven und negativen Nutzungsrechten

In der Vergangenheit – vor Kodifizierung der Lizenz – wurde in der Lizenz lediglich eine Nutzungserlaubnis seitens des Schutzrechtsinhabers gesehen.[15] Diese Erlaubnis oder auch Gestattung besaß jedoch lediglich die Reichweite, dass sich der Patentrechtsinhaber verpflichtete vom Gebrauch seiner Abwehrrechte gegenüber dem Benutzer seines Schutzrechts abzusehen.[16] Es konnte daher kei-

---

[12] *Osterrieth*, Patentrecht, Rn 324; *Bartenbach*, Die Patentlizenz als negative Lizenz, S. 18.; *Knobloch*, Abwehransprüche für den Nehmer einer einfachen Patentlizenz?, Rn 32.

[13] So schon *Seligsohn*, PatG, § 6 Rn 5.

[14] *Pahlow* in Gärditz/Pahlow, Hdb Hochschulerfinderrecht, Rn 45.

[15] *Pahlow*, Lizenz und Lizenzvertrag, S. 33 f.

[16] RGZ 17, 53 (54); für die nicht-exklusive Lizenz RGZ 57, 38; *Aeberhard*, Rechtsnatur und Ausgestaltung der Patentlizenz, S. 21; *Bartenbach*, Die Patentlizenz als negative Lizenz, S. 20.

ne Rede von einem eingeräumten aktiven Nutzungsrecht sein. Das Verständnis von einer Lizenz im 19. Jahrhundert sah diese vielmehr als reinen Verzicht der Geltendmachung von Abwehrrechten seitens des Patentrechtsinhabers. Nach heutiger Doktrin wird dieser Sachverhalt als „negative Lizenz" bezeichnet, welche im Folgenden erläutert wird.

ii) Die negative Lizenz

Historisch wurden negative von positiven Lizenzen durch ihre Rechtsnatur als schuldrechtliche bzw. dingliche Rechte unterschieden. Hierbei kam einer Differenzierung zwischen exklusiven und nicht-exklusiven Benutzungsrechten keinerlei Bedeutung zu.[17] Wie das Reichsgericht in seiner Entscheidung vom 11. Januar 1887 ausführt[18], handelt es sich bei einem Patent um immaterielles Eigentum, an welchem kein Besitz im klassischen Sinne begründet werden kann. Auf dieser Basis argumentierte das Reichsgericht weiter, dass es dem Lizenznehmer folglich an einer Einwirkungsmöglichkeit auf das immaterielle Eigentum sowie an Abwehrrechten gegenüber Dritten mangelt. Mit dieser Begründung lehnte das Reichsgericht die Existenz eines positiven Benutzungsrechts gänzlich ab.[19] Folglich war im 19. Jahrhundert lediglich ein schuldrechtlicher, negativer Lizenzvertrag denkbar.

Erst später, nach Einführung des BGB am 01. Januar 1900, wurde erstmals die Möglichkeit der Einräumung eines positiven Benutzungsrechts in Betracht gezogen.[20]

iii) Das positive Nutzungsrecht

Abgesehen vom Verzicht auf Abwehrrechte spielt heute die Einräumung eines Nutzungsrechts eine sehr viel bedeutendere Rolle. In Abgrenzung zum Verzicht

---

[17] RGZ 17, 53; *Henn*, Patent- und Know-how-Lizenzvertrag, Rn 41.

[18] RGZ 17, 53 (54).

[19] Vgl. eingehend für eine historische Darstellung *Henn*, Patent- und Know-how-Lizenzvertrag, Rn 41 ff.; *Pahlow*, Lizenz und Lizenzvertrag, S. 33 ff.

[20] RGZ 57, 38 (39 f.); *Henn*, Patent- und Know-how-Lizenzvertrag, Rn 43; vgl im Übrigen vertiefend zur negativen Lizenz *Bartenbach*, Die Patentlizenz als negative Lizenz, S. 25 ff.

auf Abwehrrechte seitens des Patentrechtsinhabers wird die Einräumung eines Nutzungsrechts heute allgemein als positive Lizenz bezeichnet.[21]

Die positive Lizenz zeichnet sich insbesondere dadurch aus, dass sie ihrem Inhaber, im Rahmen ihrer inhaltlichen Beschränkung, eine umfassende Benutzung und Ausbeutung des Schutzrechts gestattet, also ein Ausübungsrecht gewährt.[22] Dies bedeutet, dass dem Lizenznehmer ein vermögenswertes Gut durch Verfügung übertragen wird.[23] Die Lizenz ist damit grundsätzlich ein eigenständiges rechtsfähiges Gut mit einem messbaren wirtschaftlichen Wert.[24]

In der Historie wurde diese Lizenzgewährung teilweise als „beschränkte Übertragung"[25] bezeichnet. Begründer der Lehre von der „konstitutiven" und der „translativen" Übertragung war *Andreas v. Tuhr*.[26] Nach dem Verständnis der Lehre von der „konstitutiven" Übertragung stellt die Einräumung eines Nutzungsrechts eine Belastung des Stammrechts dar. Mit dieser Belastung geht ein Teil des Vollrechts auf den Inhaber der Lizenz über. Dieses sogenannte Teilrecht, welches nach der Theorie von *v. Tuhr*, lediglich eine Belastung des Schutzrechts darstellt, ist nicht mit eigenen Abwehrrechten gegenüber Dritten ausgestattet. Es fehlt somit an der Absolutheit des gewährten Rechts.[27] Dieser Mangel wird nach Meinung von *v. Tuhr* damit begründet, dass es sich eben le-

---

[21] Vgl. vertiefend *Kohler*, Hdb Deutsches Patentrecht, S. 508 ff. als Begründer der Lehre von der positiven, quasidinglichen Lizenz.

[22] Vgl. auch *Pahlow*, Lizenz und Lizenzvertrag, S. 47; *Kohler*, Deutsches Patentrecht systematisch bearbeitet, S. 158.

[23] BGH I ZR 69/08, GRUR 2010, 628 (631); *Haedicke*, ZGE 2011, 377 (381, 388).

[24] *Haedicke*, ZGE 2011, 377 (381, 388); vgl. für weitere Abgrenzungskriterien *Henn*, Patent- und Know-how-Lizenzvertrag, Rn 56 f.

[25] Vgl. Wortlaut des § 6 PatG 1891: „*Der Anspruch auf Erteilung des Patents und das Recht aus dem Patent gehen auf die Erben über. Der Anspruch und das Recht können beschränkt oder unbeschränkt durch Vertrag oder durch Verfügung von Todeswegen auf Andere übertragen werden.*", vgl. für den Wortlaut *Stenglein*, Reichsgesetze zum Geistigen Eigentum, S. 61.

[26] *v. Tuhr*, BGB AT II/1, S. 62; vgl. zur Lehre von v. Tuhr ohne eigene Stellungnahme *Pahlow*, Lizenz und Lizenzvertrag, S. 49 ff.

[27] Vgl. im Folgenden S. 14 f., 19 ff. für die Bedeutung von Abwehrrechten für die Dinglichkeit eines Rechts nach traditionell bürgerlich-rechtlichem Verständnis.

diglich um eine Belastung handelt. Gleichwohl spricht *v. Tuhr* diesem Teilrecht einen quasidinglichen Charakter zu.[28]

Festzuhalten ist demnach, dass nach der Lehre *v. Tuhrs*, die auf dem Wortlaut des § 6 PatG von 1891 beruht, durch Einräumung eines positiven Nutzungsrechts an einem Schutzrecht ein Teilrecht mit quasidinglichem Charakter gewährt wird, obwohl dieses Teilrecht nicht mit eigenen Abwehrrechten gegenüber Dritten ausgestattet ist. Auf die Lehre von der „translativen" Übertragung wird an gegebener Stelle noch eingegangen.[29]

Die Möglichkeit der quasidinglichen Lizenz wurde allerdings von großen Teilen der juristischen Literatur aus der Zeit um das Jahr 1900 abgelehnt.[30] Gegen die quasidingliche Natur wurde beispielsweise angeführt, dass eine Lizenz nicht mit den dem bürgerlichen Recht bekannten dinglichen Nutzungsrechten wie u.a. dem Nießbrauch vergleichbar sei, da die Gewährung einer Lizenz in unbegrenzt vielen Fällen möglich sei.[31] Undenkbar wäre, dass der Inhaber des Schutzrechts unbegrenzt oft einen dinglichen Teil seines Rechts überträgt.[32] Weiterhin wurde angeführt, dass jeder Lizenznehmer durch die Gewährung weiterer Lizenzen in seinem quasidinglichen Lizenzrecht verletzt wäre.[33] Allein diese beiden Argumente sind angesichts der Konstruktion des Rechtsinstituts der Lizenz unhaltbar.

Zum einen, wie bereits in den vorherigen Ausführungen festgestellt wurde, handelt es sich bei einer Lizenz um ein Nutzungsrecht an einem Immaterialgüterrecht und somit gerade nicht an einem körperlichen Gegenstand.[34] Ein solches Immaterialgüterrecht ist dadurch eben nicht gegenständlich begrenzt. So ist es

---

[28] Vgl. auch *v. Tuhr*, BGB AT II/1, S. 67 Fn 46.

[29] Vgl. unten S. 157 ff.

[30] Statt vieler *Martius*, Rechtliche Natur der Licenzerteilung, S. 56; *Stenglein*, Reichsgesetze zum Geistigen Eigentum, S. 62 f.

[31] Für die unbegrenzte Anzahl an Teilübertragungen *Kohler*, Deutsches Patentrecht systematisch bearbeitet, S. 157.

[32] *Stenglein*, Reichsgesetze zum Geistigen Eigentum, S. 62 f.

[33] *Martius*, Rechtliche Natur der Licenzerteilung, S. 56; dagegen *Kohler*, Deutsches Patentrecht systematisch bearbeitet, S. 157.

[34] Vgl. oben S. 2.

überhaupt erst möglich und vielmehr sogar gewollt, dass eine unbegrenzte Anzahl von Nutzern an diesem Immaterialgüterrecht teilhaben kann. Weder wird es durch die Benutzung verbraucht, noch geht eine Verschlechterung mit der Mehrfachnutzung einher.[35] Von rechtlichen Beschränkungen abgesehen, steht auch der Benutzung durch eine Partei faktisch nicht die Benutzung durch eine andere entgegen.

Daher ist es sehr wohl, auch eine unbegrenzte Anzahl von Lizenzen – in Form von Teilrechten – zu gewähren. Einzig kann gegebenenfalls der wirtschaftliche Wert der einzelnen Lizenz, durch eine Mehrfachnutzung, sinken.[36]

Ebenso läuft das zweite Argument leer. Ob ein Lizenznehmer durch Gewährung weiterer Lizenzen in seinem Recht verletzt wird oder nicht hängt allein vom Inhalt der Lizenzen nicht jedoch von deren quasidinglichem Charakter ab.

Überträgt man die gewonnenen Erkenntnisse nun auf die quasidingliche Lizenz gemäß dem Ansatz von *v. Tuhr* erscheint eine Verletzung anderer Lizenznehmer zwar möglich, nicht jedoch automatisch vorprogrammiert. Die Lizenz, die *v. Tuhr* als Belastung des Schutzrechts beschreibt, ist inhaltlich voll gestaltet und gleichwohl ohne spezifische Abwehrrechte ausgestattet.[37] Die Lizenz umfasst damit von vorneherein nicht das Recht des Lizenznehmers, sich gegen die Benutzung durch andere zu wehren. Weiterhin wird dem Lizenznehmer nicht die alleinige Benutzung und Ausbeutung des Schutzrechts gewährt. Folglich ist es ebenfalls nicht vom Recht des Lizenznehmers umfasst, dass niemand sonst von dem Schutzrecht Gebrauch macht. Und was nicht Teil der Rechte des Lizenznehmers ist, darin kann dieser schlichtweg nicht verletzt werden.[38]

Im Ergebnis greift damit auch das zweite Argument gegen die Dinglichkeit bzw. Quasidinglichkeit der nicht-exklusiven Patentlizenz nicht.

---

[35] Vgl. zur Verringerung des wirtschaftlichen Werts unten S. 159 f.

[36] Ebenso *Kohler*, Deutsches Patentrecht systematisch bearbeitet, S. 157.

[37] Vgl. dazu auch unten S. 19 f.

[38] Ebenso *Kohler*, Hdb Deutsches Patentrecht, S. 513.

Ein weiterer Einwand wurde auf den damaligen Wortlaut des § 11 Nr. 2 PatG aus dem Jahr 1891[39] gestützt. In dieser Vorschrift ist lediglich von einer „Erlaubnis" zur Nutzung eines Schutzrechts die Rede. Nach dieser Ansicht spricht die Benutzung des Wortes „Erlaubnis" für den Verzicht von Abwehrrechten seitens des Patentrechtsinhabers, nicht jedoch für die Gewährung eines positiven Nutzungsrechts.[40] Dagegen kann allerdings ebenfalls der Wortlaut des § 6 PatG aus dem Jahr 1891 angeführt werden, der von einer beschränkten Übertragung des Rechts an einem Patent spricht. Insoweit wurde die Begrifflichkeit innerhalb des Patentgesetzes von 1891 nicht einheitlich gebraucht und kann daher nicht als eindeutiges Indiz gegen die Dinglichkeit der nicht-exklusiven Patentlizenz herangezogen werden.

Im Ergebnis ist damit die Lehre *v. Tuhrs* vom positiven, quasidinglichen Nutzungsrecht vorzugswürdig. Heute wird die Lizenz generell als positives Nutzungsrecht charakterisiert.[41] Dieses Rechtsinstitut ist heute in § 15 II, III PatG kodifiziert.

2) Abgrenzung zwischen exklusiven und nicht-exklusiven Lizenzen im Hinblick auf deren Dinglichkeit

Wie zuvor bereits thematisiert, ist für die Rechtsnatur der Lizenz nach traditioneller Auffassung nicht nur deren Charakter als positives bzw. negatives Benutzungsrecht von besonderer Bedeutung, sondern es bleibt weiterhin zu klären, ob es sich um eine exklusive oder nicht-exklusive Lizenz handelt.

---

[39] Vgl. Wortlaut § 11 Nr. 2 PatG von 1891: *„Das Patent kann nach Ablauf von drei Jahren, von dem Tage der über die Erteilung des Patents erfolgten Bekanntmachung (§ 27 Absatz 1) gerechnet, zurückgenommen werden: [...] 2. wenn im öffentlich Interesse die Erteilung der Erlaubnis zur Benutzung der Erfindung an Andere geboten erscheint, der Patentinhaber aber gleichwohl sich weigert, diese Erlaubnis gegen angemessene Vergütung und genügende Sicherstellung zu erteilen."*, vgl. für den Wortlaut *Stenglein*, Reichsgesetze zum Geistigen Eigentum, S. 68.

[40] Vgl. für die richtige Bedeutung des Wortes „Erlaubnis" nach anderer Auslegung *Kohler*, Hdb Deutsches Patentrecht, S. 508.

[41] RGZ 155, 306 (313); *Aeberhard*, Rechtsnatur und Ausgestaltung der Patentlizenz, S. 21; *Knobloch*, Abwehransprüche für den Nehmer einer einfachen Patentlizenz?, Rn 661.

a) Die exklusive Lizenz

Die exklusive Lizenz wird weithin als dingliches oder zumindest quasidingliches Recht verstanden.[42] Diese Charakterisierung verdankt die exklusive Lizenz nicht zuletzt ihrer grundlegenden Eigenschaft als ausschließliches Recht und den damit einhergehenden Konsequenzen,[43] welche u.a. das Bestehen von Abwehrrechten umfassen. Bedenklich ist allerdings, dass schlichtweg vom Besitz der Eigenschaft der „Ausschließlichkeit" auf die dingliche Rechtsnatur geschlossen wird. Im Nachfolgenden soll nunmehr dargestellt werden, wie eine ausschließliche Lizenz beschaffen ist und inwieweit einzelne Faktoren und Eigenschaften tatsächlich Einfluss auf die Rechtsnatur der Lizenz ausüben.

i) Das Merkmal der Ausschließlichkeit

Unter einer exklusiven Lizenz ist ein Nutzungsrecht zu verstehen, das in einem bestimmten räumlich umgrenzten Gebiet in dem vereinbarten Zeitraum ausschließlich dem Lizenznehmer zusteht.[44]

Das Merkmal der Ausschließlichkeit der Lizenz zeigt sich also in dem fehlenden Recht des Patentrechtsinhabers, weitere Nutzungsrechte an dem Patent einzuräumen.[45] Ob es sich bei dieser Einräumung der exklusiven Lizenz um eine Belastung oder eine Teilabspaltung aus dem Schutzrecht handelt, wird an späterer Stelle erörtert.[46]

ii) Die Abwehrrechte

Mit der Ausschließlichkeit des Benutzungsrechts gehen regelmäßig auch Abwehrrechte gegen die Nutzung Dritter einher. Damit ist der Lizenznehmer nicht nur zur Verteidigung des Schutzrechts gegen Verletzungen Dritter berechtigt,

---

[42] BGH KZR 5/81, NJW 1983, 1790; *Bausch*, NZI 2005, 289 (290); *Henn*, Patent- und Know-how-Lizenzvertrag, Rn 71.

[43] *Groß*, Der Lizenzvertrag, Rn 36.

[44] *Knobloch*, Abwehransprüche für den Nehmer einer einfachen Patentlizenz?, Rn 122.

[45] *Groß*, Der Lizenzvertrag, Rn 364; *Henn*, Patent- und Know-how-Lizenzvertrag, Rn 144; *Knobloch*, Abwehransprüche für den Nehmer einer einfachen Patentlizenz?, Rn 122.

[46] Vgl. unten S. 157 ff.

sondern vielmehr sogar dazu verpflichtet.[47] Dies schließt insbesondere auch die Inanspruchnahme von Patentverletzern und die Legitimation zur Führung von Verletzungsprozessen mit ein.[48]

Das Bestehen von Abwehrrechten entspricht am ehesten dem sachenrechtlichen Prinzip der Absolutheit von dinglichen Rechten.[49] Mithin kommen Abwehrrechten in der heutigen Einordnung von Immaterialgüterrechten – wenn auch unverdient – eine besondere Bedeutung zu. Unverdient deshalb, weil die Rechte der Lizenzvertragsparteien, nach dem Prinzip der Privatautonomie, stets ausschließlich auf deren vertraglicher Absprache beruhen.[50] Daher ist es denkbar, dass sich der Patentrechtsinhaber die Verteidigung seines Schutzrechts vorbehält. Gerade in Fällen, in denen der Patentrechtsinhaber zur eigenen Benutzung des Patents berechtigt bleibt, erscheint dies möglich.

Folglich kann auch eine exklusive Lizenz ohne eigene Abwehrrechte eingeräumt werden.

Im Gegensatz dazu ist ebenfalls zu beachten, dass auch schuldrechtliche Rechte mit eigenen Abwehrrechten denkbar sind. So ist jeder Mieter, Entleiher oder auch Pächter zur Verteidigung seines Besitzes jedenfalls gemäß §§ 861 f. BGB berechtigt. Gleichwohl würden diese Rechtspositionen, trotz des Bestehens von Abwehrrechten nicht als dingliche Rechte eingeordnet werden. Diese Abwehrrechte beruhen allein auf der tatsächlichen Sachherrschaft der Person.[51]

Die obigen Ausführungen zeigen, dass das Bestehen bzw. Nichtbestehen von Abwehrrechten nicht allein entscheidend für die dingliche oder schuldrechtliche Natur eines Rechts sein kann.

---

[47] *Henn*, Patent- und Know-how-Lizenzvertrag, Rn 150; vgl. auch *Koehler/Ludwig*, NZI 2007, 79 (82).

[48] *Bausch*, NZI 2005, 289 (290); *Groß*, Der Lizenzvertrag, Rn 365; *Henn*, Patent- und Know-how-Lizenzvertrag, Rn 153.

[49] Vgl. unten S. 63 f.

[50] *Kellenter* in Keller/Plassmann/von Falck, FS für Winfried Tilmann - Zum 65. Geburtstag, S. 807 (817); *Hirte/Knof*, JZ 2011, 889 (890); vgl. im Ansatz ebenso *Knobloch*, Abwehransprüche für den Nehmer einer einfachen Patentlizenz?, Rn 634.

[51] *Chrocziel* in Krause/Veelken/Vieweg, Gedächtnisschrift für Wolfgang Blomeyer, S. 303 (312).

iii) Das Merkmal der Unwiderruflichkeit

Weiterhin ist die Unwiderruflichkeit einer Lizenz von besonderer Bedeutung für die Charakterisierung der Rechtsnatur des Nutzungsrechts. Unwiderruflichkeit beschreibt an dieser Stelle nicht den ewigen Bestand eines Rechts, sondern vielmehr den Umstand, dass der Patentrechtsinhaber nicht dazu in der Lage ist, dem Lizenznehmer das Nutzungsrecht einseitig zu entziehen. Verwirklicht wird dies durch die Vereinbarung, dass das Nutzungsrecht auch im Falle der außerordentlichen Kündigung – welche im Gegensatz zum ordentlichen Kündigungsrecht vertraglich nicht abdingbar ist – beim Lizenznehmer verbleibt.[52] Damit kann von einer faktischen Unkündbarkeit der Lizenz , nicht jedoch des Lizenzvertrags, gesprochen werden. Das Schicksal des zugrundeliegenden Lizenzvertrags ist für den Fortbestand der mit dinglicher Wirkung übertragenen Lizenz aufgrund des Trennungs- und Abstraktionsprinzips unerheblich.[53] Dingliche Rechte im bürgerlichen Recht, wie beispielsweise der Nießbrauch, können zwar in ihrer Geltung auf einen bestimmten Zeitraum beschränkt werden, sind aber stets aufgrund ihrer dinglichen Natur unkündbar. Das Rechtsinstitut der Kündigung ist typisch für vertragliche Verhältnisse und damit für rein schuldrechtliche Rechte, nicht aber für das dinglich eingeräumte Recht.

Dieser Grundsatz wird im Rahmen von Patentlizenzen nicht stringent verfolgt. So werden teilweise sogar exklusive Lizenzen, denen ja nach allgemeiner Meinung dingliche Wirkung zukommt, als Dauerschuldverhältnisse charakterisiert.[54] Nicht nur das widerspricht sich naturgemäß, sondern eben auch der Umstand, dass Dauerschuldverhältnisse stets die Möglichkeit der Kündigung in sich bergen, während dies für dingliche Rechte undenkbar erscheint. Die einzig mögliche Erklärung für diesen Umstand besteht in dem eben angesprochenen Verbleib des Nutzungsrechts beim Lizenznehmer im Falle einer außerordentlichen Kün-

---

[52] *Wündisch/Bauer*, GRUR Int 2010, 641 (644); vgl. dazu auch BGH IX ZR 162/04, NJW 2006, 915; a.A. *McGuire*, GRUR 2009, 13 (16) die, entgegen der gängigen Lizenzierungspraxis, davon ausgeht, dass allein aufgrund des Mangels eines gesetzlichen Schuldverhältnisses die Lizenz nicht über den Bestand des Lizenzvertrags hinaus bestehen kann.

[53] Vgl. zur Geltung des Abstraktionsprinzips unten S. 149 f., 162 ff.

[54] vgl. auch RGZ 75, 400 (405); RGZ 116, 78(82); BGH IX ZR 162/04, NJW 2006, 915 (916); *Kummer*, GRUR 2009, 293 (294); *Bausch*, NZI 2005, 289 (293).

digung durch den Lizenzgeber.[55] Andernfalls würde es zu einem offenen Widerspruch in der dinglichen Charakterisierung der exklusiven Lizenz führen, wenn das Lizenzrecht von der Kündigung des schuldrechtlichen Vertrags betroffen wäre.[56]

Dies würde einen klaren Dissens zu den Grundsätzen des bürgerlichen Rechts im Hinblick auf die Einordnung von dinglichen Rechten darstellen. Gleichwohl wird nicht an der dinglichen bzw. quasidinglichen Natur der exklusiven Lizenz gezweifelt.

iv) Das Merkmal der Übertragbarkeit

Ein weiteres Merkmal für die Dinglichkeit eines Rechts stellt dessen freie Übertragbarkeit an Dritte dar, da das dingliche Recht mit einem eigenen wirtschaftlichen Wert ein eigenständiges Wirtschaftsgut darstellt und als solches auch grundsätzlich frei übertragbar ist.

Im Gegensatz zu den bürgerlich-rechtlichen dinglichen Rechten – mit Ausnahme des Nießbrauchs als höchstpersönliches Recht[57] – ist die exklusive Lizenz regelmäßig nicht übertragbar.[58] Dies gilt unabhängig davon, ob die Unübertragbarkeit vertraglich vereinbart wurde, wie dies beispielsweise für Forderungen gemäß § 399 BGB möglich ist,[59] da die exklusive Lizenz vielmehr mit der höchstpersönlichen Natur des Nießbrauchs vergleichbar ist, als mit anderen bürgerlich-rechtlichen dinglichen Rechten.

So rechtfertigt sich der Mangel an Übertragbarkeit im Rahmen einer exklusiven Lizenz insbesondere durch das besondere Vertrauensverhältnis zwischen den Vertragsparteien.[60] Der Patentrechtsinhaber überlässt dem exklusiven Lizenz-

---

[55] *Wündisch/Bauer*, GRUR Int 2010, 641 (644); vgl. zur Anwendbarkeit des Trennungs- und Abstraktionsprinzips im Nachfolgenden S. 149 ff., 162 ff.

[56] Vgl. zur Geltung des Abstraktionsprinzips im Immaterialgüterrecht unten S. 149 f.

[57] *Martius*, Rechtliche Natur der Licenzerteilung, S. 59.

[58] a.A. *Martius*, Rechtliche Natur der Licenzerteilung, S. 59; BGH K ZR 15/68, GRUR 1968, 560 (561).

[59] RGZ 134, 91 (96); vgl. für das Urheberrecht BGH I ZR 81/57, GRUR 1959, 147.

[60] *Osterrieth* in Pfaff/Osterrieth, Lizenzverträge, Rn 100; *Groß*, Der Lizenzvertrag, Rn 367; *Isay*, PatG, § 6 Rn 37; *Scholz*, Lizenzen in der Insolvenz, S. 15.

nehmer die Nutzung und Ausbeutung des Patents in vollem Umfang, ohne sich eine eigene Einwirkungsmöglichkeit vorzubehalten. Dies entspricht am ehesten dem Nießbrauch, bei welchem dem Nießbraucher das vollumfassende und uneingeschränkte Nutzungsrecht am Eigentum eingeräumt wird.[61] Das besondere Vertrauensverhältnis zwischen den Vertragsparteien einer exklusiven Lizenz äußert sich ebenfalls dadurch, dass der Patentrechtsinhaber bei Gewährung einer exklusiven Lizenz in erhöhtem Maße von der Ausübung des Schutzrechts durch den Lizenznehmer abhängig ist. Diese Abhängigkeit spiegelt sich beispielsweise bei Vereinbarung einer Umsatzlizenzgebühr direkt in der Höhe der Lizenzeinnahmen des Patentrechtsinhabers wider. Aus diesen Gründen hat der Patentrechtsinhaber ein gesteigertes Interesse an der Identität des Inhabers einer exklusiven Lizenz, weswegen diese auch nicht einfach durch den Lizenznehmer auf einen Dritten übertragbar sein soll.[62]

Dies unterscheidet die exklusive Patenlizenz in einem weiteren Punkt von der traditionellen Auffassung des Sachenrechts. Unabhängig davon wird sie als dingliches bzw. quasidingliches Recht anerkannt.

v) Schlussfolgerung

Die exklusive Patentlizenz gibt dem Lizenzinhaber grundsätzlich das Recht, sich gegen die Benutzung des Schutzrechts durch Dritte zur Wehr zu setzen. Damit wäre das Sachenrechtsprinzip der Absolutheit erfüllt. Ebenfalls ist aber auch eine Gewährung einer exklusiven Lizenz mit gleichzeitigem Vorbehalt der Abwehrrechte seitens des Patentrechtsinhabers möglich. Folglich ist das Merkmal der Exklusivität nicht vom Bestehen von Abwehrrechten und umgekehrt, abhängig. Damit entfernt sich die exklusive Lizenz, als dingliches Recht, von den traditionellen sachenrechtlichen Grundsätzen.

Gleiches gilt für die Unwiderruflichkeit und Übertragbarkeit. Für klassische dingliche Rechte gelten grundsätzlich beide Merkmale. Für die exklusive Lizenz als dingliches Recht gilt keines der beiden Merkmale als zwingende Voraussetzung.

---

61 Vgl. zum uneingeschränkten Umfang des Nießbrauchs S. 117 f.

62 Vgl. auch *Wiedemann*, Lizenzen und Lizenzverträge in der Insolvenz, Rn 161; vgl. auch für die Markenlizenz *Bühling*, GRUR 1998, 196 (198 ff.).

Damit bleibt die Frage offen, warum ausgerechnet die exklusive Lizenz im Gegensatz zur nicht-exklusiven Lizenz als dinglich charakterisiert wird.

b) Die nicht-exklusive Lizenz

Im Gegensatz zur exklusiven Lizenz wurde die nicht-exklusive Patentlizenz in der juristischen Fachliteratur der Vergangenheit überwiegend als schuldrechtliches Recht eingeordnet.[63] Kennzeichnend für die nicht-exklusive, oder auch einfache, Lizenz ist, dass der Lizenznehmer kein Recht auf alleinige Benutzung und Ausbeutung des Schutzrechts inne hat, sondern andere Lizenznehmer neben sich dulden muss.[64]

Wie bereits angedeutet, ist die Charakterisierung der einfachen Lizenz – als lediglich schuldrechtliches Recht – mit dem Mangel an Ausschließlichkeit und den damit meist einhergehenden Abwehrrechten verbunden. Dieses Merkmal kann allerdings, angesichts der Möglichkeit der Einräumung einer exklusiven Lizenz ohne eigene Abwehrrechte,[65] nicht ausschließlich entscheidend sein.[66] Ebenso ist zu beachten, dass Abwehrrechte auch nur dann entscheidend sein können, wenn sie überhaupt Teil des gewährten Rechts sind.[67] Dies entfällt, soweit sich die Einräumung der Lizenz durch eine derartige inhaltliche Beschränkung auszeichnet, dass sie in einem System der Mehrfachlizenzierung gewährt wird, in dem der Lizenznehmer durch die Benutzung des Schutzrechts durch andere Lizenznehmer schlichtweg nicht in seinem Recht verletzt wird, da diese Art der Mitbenutzung bereits Teil des Rechts ist.[68] Vielmehr geht es allein um die Verteidigung des nicht-exklusiven Nutzungsrechts des Lizenzinhabers ge-

---

[63] Statt vieler *Ganter*, NZI 2011, 833; *Wündisch/Bauer*, GRUR Int 2010, 641.

[64] *Knobloch*, Abwehransprüche für den Nehmer einer einfachen Patentlizenz?, Rn 38.

[65] Vgl. oben S. 14.

[66] Ebenso *Isay*, PatG, § 6 Rn 31.

[67] Vgl. dazu bereits oben S. 9 ff.

[68] *Kohler*, Hdb Deutsches Patentrecht, S. 511; *Isay*, PatG, § 6 Rn 34.

genüber nicht nutzungsberechtigten Dritten[69] oder Patenterwerber und dies steht ihm in jedem Falle zu.[70]

Abgesehen davon ist auch für die dinglichen Rechte im bürgerlichen Recht die Ausschließlichkeit nicht immer entscheidend.[71] Betrachtet man das Miteigentum gemäß §§ 1008 ff. BGB näher, so wird deutlich, dass zwar jeder Miteigentümer ein absolutes Recht gemäß § 1011 BGB gegenüber fremden Dritten hat, nicht jedoch gegenüber seinen Miteigentümern.[72] Trotzdem wird Miteigentum ohne weiteres als dingliches Recht sowie als Aussonderungsrecht gemäß § 47 S. 1 Alt. 1 InsO anerkannt.[73] Als weitere Beispiele hierfür können die Dienstbarkeiten im Allgemeinen aufgeführt werden[74] oder auch das Wegerecht im Speziellen.[75] Gleiches gilt im Ergebnis für den Inhaber einer Alleinlizenz und den benutzungsberechtigten Inhaber des Patents. Im Außenverhältnis sind die Rechte absolut, während im Innenverhältnis Akzeptanz herrscht.[76] Ebenso ist es für die Inhaber einfacher Lizenzen. Die Lizenznehmer sind untereinander mitbenutzungsberechtigt, dass deshalb ihre Rechte im Außenverhältnis gegenüber Dritten nicht absolut sein sollen ist jedoch nicht ersichtlich.[77] Zumindest kann der Grundsatz der Dinglichkeit nicht allein auf die Geltendmachung von Abwehrrechten reduziert werden. Im Falle der Verletzung einer exklusiven Lizenz klagen auch nicht beide Parteien des Lizenzverhältnisses, also jeweils der Lizenz- und der Patentrechtsinhaber einzeln. Dies wäre prozessökonomisch un-

---

[69] Ebenso *Stöckl/Brandi-Dohrn*, CR 2011, 553 (557); *Forkel*, Gebundene Rechtsübertragungen, S. 104.

[70] *Seligsohn*, PatG, § 6 Rn 9.

[71] Ebenso *Leßmann*, DB 1987, 145 (152).

[72] *Fritzsche* in Bamberger/Roth, Beck OK BGB, § 1011 Rn 6 ff.; BGH V ZR 276/06, NJW 2007, 3636; BGH V ZB 27/90, NJW 1992, 978 (979).

[73] *Andres* in Nerlich/Römermann, InsO, § 47 Rn 5; *Bäuerle* in Braun, InsO, § 47 Rn 24.

[74] *Stöckl/Brandi-Dohrn*, CR 2011, 553 (554).

[75] *Isay*, PatG, § 6 Rn 31.

[76] Vgl. für die Aussonderungsberechtigung des Inhabers einer Alleinlizenz trotz mangelnder Absolutheit im bürgerlich-rechtlichen Sinne *Bausch*, NZI 2005, 289 (295).

[77] Ebenso für den Lizenzsicherungsnießbrauch *Berger*, GRUR 2004, 20 (24).

denkbar. Daher kann es nicht ausschließlich auf die Einräumung von Abwehr-rechten ankommen, da deren Inhaberschaft und Geltendmachung allein der Privatautonomie der Parteien unterliegt.[78] Eine Alleinschau dieses Kriteriums wäre damit gänzlich willkürlich. Auch das Vorliegen von mehreren koinzidenten Nutzungsrechten kann alleine nicht entscheidend für die dingliche Charakterisie-rung sein, da auch im Falle eines Nießbrauchs – dem unumstritten ein dinglicher Charakter zukommt – ein Nebeneinander von mehreren Nießbrauchsberechtig-ten gemäß § 1024 BGB zulässig ist.[79] Das Gesetz fordert lediglich ein Arrange-ment zwischen den Inhabern der Grunddienstbarkeiten. Warum dies nicht zwi-schen den Inhabern von einfachen Lizenzen möglich sein soll ist ebenfalls nicht nachvollziehbar. Weder stört ein Lizenznehmer den Inhaber einer weiteren nicht-exklusiven Lizenz in dessen Ausübung seines Nutzungsrechts, noch ver-hindert er diese Ausübung oder macht sie rechtlich gesehen weniger attraktiv.[80]

Angesichts des Bestehens von dinglichen Rechten wie dem Miteigentum oder dem Nießbrauch, die nicht zwingend exklusiv sind, gleichwohl aber Abwehr-rechte gegenüber Dritten beinhalten, muss ein direkter Zusammenhang zwischen der Exklusivität eines Rechts und dem Bestehen von Abwehrrechten abgelehnt werden.[81]

Folglich kann weder die Ausschließlichkeit allein noch das Bestehen von Ab-wehrrechten für den dinglichen Charakter einer Lizenz entscheidend sein. Dies gilt unabhängig davon, ob es sich um eine exklusive oder eine nicht-exklusive Lizenz handelt.

Daher müssen andere Kriterien für die Begründung der Dinglichkeit des Rechts herangezogen werden. Einerseits dienen hier wiederum die Unwiderruflichkeit

---

[78] *Isay*, PatG, § 6 Rn 15, 18 a.E.; 38; vgl. im Ansatz ebenso *Knobloch*, Abwehransprüche für den Nehmer einer einfachen Patentlizenz?, Rn 634; *Seligsohn*, PatG, § 6 Rn 9.

[79] *Berger*, GRUR 2004, 20 (24); *Knobloch*, Abwehransprüche für den Nehmer einer einfachen Patentlizenz?, Rn 715; a.A. *Chrociel* in Krause/Veelken/Vieweg, Gedächtnisschrift für Wolfgang Blomeyer, S. 303 (319) der allerdings die Möglichkeit des Nebeneinanders mehrerer Nießbrauchsberechtigter außer Acht lässt.

[80] *Knobloch*, Abwehransprüche für den Nehmer einer einfachen Patentlizenz?, Rn 720 f.

[81] Ebenso *Forkel*, NJW 1983, 1764 (1766); *Knobloch*, Abwehransprüche für den Nehmer einer einfachen Patentlizenz?, Rn 77, 715.

wie auch andererseits die Übertragbarkeit des Rechts als Anhaltspunkte für die Charakterisierung eines Rechts.

Auch eine nicht-exklusive Patentlizenz kann unwiderruflich gewährt werden. Dies geschieht ebenso wie dies bei der exklusiven Lizenz der Fall ist, insbesondere durch Ausschluss von ordentlichen Kündigungsrechten. Die Möglichkeit der außerordentlichen Kündigung des Lizenzvertrags ist de lege lata weder für exklusive noch für nicht-exklusive Lizenzverträge abdingbar.[82] Allerdings können die Rechtsfolgen der außerordentlichen Kündigung vertraglich so ausgestaltet werden, dass die Benutzungsrechte unabhängig von der Beendigung des zugrunde liegenden Vertragsverhältnisses gewährt bleiben sollen, bis der Patentschutz ausläuft.[83] Bei dieser Nutzungsmöglichkeit des Schutzrechts – nach Beendigung des Vertrags – handelt es sich aber keineswegs um eine nachvertragliche Pflicht, die der Patentrechtsinhaber zu erfüllen oder zu beachten hat.[84] Vielmehr wurde die Lizenz einmal zu Beginn eingeräumt und überdauert das Bestehen des Vertragsverhältnisses bis zu dem Zeitpunkt zu dem der Schutz des Patents ausläuft. Das Nutzungsrecht besteht somit unabhängig vom zugrunde liegenden schuldrechtlichen Vertragsverhältnis fort. Den Patentrechtsinhaber trifft nicht notwendigerweise eine Pflicht zur Aufrechterhaltung des Patents,[85] denn die privatautonom vereinbarte Einräumung gilt nur bis zum Erlöschen des Schutzrechts. Besondere Erlöschensgründe müssen nicht zwingend vereinbart werden. Hält der Patentrechtsinhaber das Schutzrecht nicht aufrecht und überlässt er dies auch nicht dem Lizenzinhaber, läuft die Vereinbarung über die unwiderrufliche Nutzungsrechtseinräumung höchstens leer bzw. wird sie für den Lizenznehmer wertlos. Dies ändert aber am Tatbestand der Einräumung nichts.

Das Nutzungsrecht wurde damit unabhängig vom Vertrag eingeräumt. Dies ähnelt dem traditionellen sachenrechtlichen Verständnis eines dinglichen Rechts

---

[82] Vgl. bereits zur exklusiven Lizenz oben S. 16 f.

[83] *Wündisch/Bauer*, GRUR Int 2010, 641 (644); *Ganter*, NZI 2011, 833 (838).

[84] Anders dagegen ohne weitere Begründung *Ganter*, NZI 2011, 833 (838).

[85] Ebenso *Hub*, Filmlizenzen in der Insolvenz des Lizenzgebers, S. 112 ff.

sehr, denn dingliche Rechte existieren aufgrund des Abstraktionsprinzips ebenso unabhängig von den ihnen zugrunde liegenden vertraglichen Vereinbarungen.[86]

Bei dem zweiten, bereits angesprochenen Punkt, handelt es sich um die Möglichkeit der Übertragbarkeit des Nutzungsrechts. Zwar ist auch die nicht-exklusive Lizenz, außer mit Zustimmung des Patentrechtsinhabers, grundsätzlich nicht übertragbar, allerdings sind die Gründe für die Nichtübertragbarkeit im Falle einer nicht-exklusiven Lizenz sehr viel schwächer als im Hinblick auf eine exklusive Lizenz.[87] So ist der Patentrechtsinhaber bei einer nicht-exklusiven Lizenz nicht allein von der Ausübung des Nutzungsrechts durch einen einzelnen Lizenznehmer abhängig. Dies spricht gegen ein besonderes Interesse des Schutzrechtsinhabers an der Identität des Lizenznehmers und damit für eine Übertragbarkeit der nicht-exklusiven Lizenz.

Abgesehen davon kann aber auch die Übertragbarkeit – angesichts der allgemein anerkannten dinglichen Natur der exklusiven Lizenz,[88] trotz mangelnder freier Übertragbarkeit – allein kein entscheidendes Kriterium für die Kategorisierung eines Rechts als dinglich sein.

Somit ist festzuhalten, dass zwar der überwiegende Teil der juristischen Literatur die nicht-exklusive Lizenz bis dato als schuldrechtliches Recht eingeordnet hat,[89] die exakten Gründe für eine solche Unterscheidung zur exklusiven Lizenz allerdings schwach sind.

Im Übrigen basiert diese Unterscheidung auf der überkommenen Ansicht des Reichsgerichts, dass nur die exklusive Lizenz ein positives Benutzungsrecht gewährt, während die nicht-exklusive Lizenz stets nur eine negative Lizenz darstellt.[90] Wie bereits erörtert, entspricht die Gewährung eines positiven Nutzungsrechts mittlerweile in jedem Fall der Regel.[91] Es ist durchaus einzusehen, dass

---

[86] *Jauernig*, BGB, Vorb. Sachenrecht Rn 13; *Schulte-Nölke* in Schulze, HK BGB, Vorb. zu §§ 854 - 1296 Rn 21; *Gaier* in Säcker/Rixecker, MüKo BGB, Vorb. Sachenrecht Rn 16.

[87] Vgl. hierzu bereits S. 17 f.

[88] Statt vieler BGH KZR 5/81, NJW 1983, 1790.

[89] Statt vieler *Ganter*, NZI 2011, 833; *Wündisch/Bauer*, GRUR Int 2010, 641.

[90] RGZ 75, 400 (405); RGZ 76, 235.

[91] Vgl. oben S. 13.

ein negatives Recht lediglich schuldrechtlicher Natur ist, während ein positives Recht dinglich ist. Allerdings finden sich heutzutage kaum mehr Vertreter für die Ansicht, dass nicht-exklusive Lizenzen stets als negative Rechte anzusehen sind. Damit ist auch nicht nachvollziehbar, warum ihnen, als positives Nutzungsrecht, nicht auch eine dingliche Natur inne wohnen sollte.[92]

c) Der Sukzessionsschutz

Sukzessionsschutz bedeutet generell, dass der Lizenznehmer im Falle einer Veräußerung des Schutzrechts oder einer Weiterlizenzierung durch den Schutzrechtsinhaber gegenüber dem neuen Schutzrechtsinhaber bzw. Lizenznehmer geschützt ist.[93]

Allerdings spaltet der Sukzessionsschutz der nicht-exklusiven Patentlizenz gemäß § 15 III PatG die juristische Fachliteratur. Er wird einerseits als eindeutiger Beleg für die schuldrechtliche Natur der nicht-exklusiven Lizenz[94] und andererseits als ein weiterer Anhaltspunkt für die Dinglichkeit der Lizenz herangezogen.[95]

Der Sukzessionsschutz im Patentrecht ist so ausgestaltet, dass jede Art von positiver Lizenz – gleich ob exklusiv oder nicht-exklusiv – trotz jeglicher Verfügung über das Patent – gleich ob dies die Übertragung des Patents oder eine spätere Einräumung einer Exklusivlizenz sein mag – fortbesteht und gegenüber dem Erwerber bzw. dem späteren exklusiven Lizenznehmer geltend gemacht werden kann.[96] Hintergrund dieser Regelung war die Entscheidung des Bundesgerichtshofs in *Verankerungsteil*, in welcher sich der Bundesgerichtshof gezwungen sah,

---

[92] Ebenso *Stöckl/Brandi-Dohrn*, CR 2011, 553 (559).

[93] *Leßmann*, DB 1987, 145.

[94] *Marotzke*, ZGE 2010, 233 (237 f.); vgl. für das Urheberrecht eher ablehnend *Esser*, Urheberrechtliche Lizenzen in der Insolvenz, S. 47 f.

[95] *Leßmann*, DB 1987, 145 (154); vgl. für das Urheberrecht *Hub*, Filmlizenzen in der Insolvenz des Lizenzgebers, S. 57 ff.

[96] *Ullmann* in Benkard, PatG, § 15 Rn 109; vgl. eingehend zur Wirkungsweise des § 15 III PatG *Gottzmann*, Sukzessionsschutz im Gewerblichen Rechtsschutz, Rn 120 ff.

den Fortbestand der nicht-exklusiven Lizenz in Ermangelung einer sukzessions-schutzrechtlichen Vorschrift zu verneinen.[97]

Die Argumentation um die schuldrechtliche oder dingliche Wirkung der Lizenz aufgrund des Sukzessionsschutzes dreht sich zumeist zum einen um einen Vergleich zum bürgerlich-rechtlichen Grundsatz „Kauf bricht nicht Miete" gemäß § 566 BGB.[98] Und zum anderen um den Umstand, dass die nicht-exklusive Lizenz keines Sukzessionsschutzes bedürfte, wenn sie dinglicher Natur wäre oder umgekehrt, dass der Sukzessionsschutz, der für den Fortbestand eines schuld-rechtlichen Rechts erforderlich ist, nicht dazu herangezogen werden darf, eine dingliche Natur des Rechts zu begründen.[99]

Der Vergleich zu „Kauf bricht nicht Miete" führt je nach Ergebnisorientierung dazu, dass man zum einen ausführen kann, dass die nicht-exklusive Lizenz ein rein schuldrechtliches Recht ist, ebenso wie die Miete, bei der eine Dinglichkeit nicht im Raum steht.[100] Zum anderen kann ein diffizilerer Vergleich zwischen dem Wortlaut der Normen allerdings auch zu der Feststellung führen, dass der Käufer im Mietrecht in einen bestehenden Mietvertrag mit allen Rechten und Pflichten eintritt, während der Erwerber im Patentrecht nicht in den Lizenzver-trag eintritt, sondern sich das Lizenzrecht unabhängig vom zugrunde liegenden Vertrag entgegenhalten lassen muss.[101] Mithin würde die Verpflichtung des Käufers im Mietrecht lediglich schuldrechtlich begründet, während das Recht des Lizenznehmers unabhängig vom ursprünglichen Lizenzvertrag bestünde und damit eher dingliche Wirkung entfalten würde.

Auch der Umstand selbst, dass der Sukzessionsschutz eingeführt wurde lässt sich zur argumentativen Unterstützung beider Ansichten heranziehen. Zum ei-

---

[97] BGH KZR 5/81, NJW 1983, 1790 (1791 f.); vgl. auch *Ullmann* in Benkard, PatG, § 15 Rn 108.

[98] *Esser*, Urheberrechtliche Lizenzen in der Insolvenz, S. 47 f., *Hub*, Filmlizenzen in der Insolvenz des Lizenzgebers, S. 57 f.

[99] *Marotzke*, ZGE 2010, 233 (237 f.).

[100] Vgl. für die urheberrechtliche Lizenz ebenso *Esser*, Urheberrechtliche Lizenzen in der Insolvenz, S. 48.

[101] Vgl. für die urheberrechtliche Lizenz ebenso *Hub*, Filmlizenzen in der Insolvenz des Lizenzgebers, S. 58.

nen, dass es den Sukzessionsschutz nur im Falle einer schuldrechtlichen Lizenz bedarf, aber auch zum anderen, dass die nicht-exklusive Lizenz mit dinglicher Wirkung ausgestattet werden sollte, um sie unabhängig vom Schicksal des Patents – nicht nur bei Weiterübertragung oder -lizenzierung des Patents – zu schützen.

Beide Ansichten sind im Ergebnis sowohl nachvollzieh- also auch vertretbar. Entscheidend ist allerdings, dass der Gesetzgeber durch Einführung des Sukzessionsschutzes, zumindest nicht absichtlich, eine dingliche Rechtsposition schaffen wollte.[102] Mit dieser Auffassung ist der Sukzessionsschutz zwar möglicherweise ein Anhaltspunkt, aber kein allein verlässliches Kriterium für die Dinglichkeit der nicht-exklusiven Lizenz.[103]

d) Der gutgläubiger Erwerb

Ebenfalls wird stets die Möglichkeit des gutgläubigen Erwerbs als Argumentationsgrundlage für und gegen die Dinglichkeit von immaterialgüterrechtlichen Lizenzen herangezogen.[104]

Die Anführung dieses Kriteriums ist aufgrund der Eigentümlichkeit des Immaterialgüterrechts irreführend. Der gutgläubige Erwerb nach traditionellen bürgerlich-rechtlichen Grundsätzen setzt stets das Bestehen eines Rechtsscheintatbestands voraus.[105] Dieser wird entweder durch den Besitz des körperlichen Gegenstands oder durch Grundbucheintragung im Falle von Immobiliarsachen und Rechten daran verkörpert.[106] Im Gegensatz dazu wird eine immaterialgüterrecht-

---

[102] BT-Drs. 10/5720 vom 23. Juni 1986, S. 23 f.; vgl. ebenso *Marotzke*, ZGE 2010, 233 (238 Fn 20).

[103] Vgl. ergänzend zum Meinungsstand *Leßmann*, DB 1987, 145.

[104] *Chrociel* in Krause/Veelken/Vieweg, Gedächtnisschrift für Wolfgang Blomeyer, S. 303 (315).

[105] *Kindl* in Bamberger/Roth, Beck OK BGB, § 932 Rn 1; *Staudinger* in Schulze, HK BGB, § 892 Rn 1 f.

[106] *Kindl* in Bamberger/Roth, Beck OK BGB, § 932 Rn 1; *Staudinger* in Schulze, HK BGB, § 892 Rn 1 f.

liche Lizenz weder durch eine Urkunde konstitutiv verkörpert, noch ist eine Eintragung in das Patentregister konstitutiv.[107]

Folglich existiert im Bereich der immaterialgüterrechtlichen Lizenz kein Rechtsscheintatbestand, auf den ein gutgläubiger Erwerb des Rechts gestützt werden könnte. Allerdings wäre es zu kurz gedacht, allein wegen des Fehlens eines Rechtsscheintatbestands und der damit einhergehenden mangelnden Möglichkeit des gutgläubigen Erwerbs direkt die dingliche Natur des Rechts auszuschließen.[108] Ein Beispiel hierfür ist wiederum die exklusive Patentlizenz, deren dinglicher bzw. quasidinglicher Charakter allgemein anerkannt ist.[109] Auch diese kann mangels Rechtsscheintatbestands nicht gutgläubig erworben werden, gleichwohl wird an deren dinglicher Natur nicht gezweifelt.

Dementsprechend kann die Möglichkeit des gutgläubigen Erwerbs lediglich ein Indiz für die Rechtsnatur eines Rechts sein, nicht jedoch allein entscheidend.

e) Zusammenfassung der bisherigen Ergebnisse

Im Ergebnis wurde also bislang die exklusive Lizenz stets als dingliches bzw. quasidingliches Recht charakterisiert, während die nicht-exklusive Lizenz lediglich als schuldrechtliches Recht eingeordnet wurde. Gleichwohl überzeugen weder die Abgrenzungskriterien zwischen beiden Arten von Lizenzen, noch die weiteren Merkmale, die für oder gegen die Dinglichkeit eines Rechts sprechen könnten.

Eine mögliche Erklärung für die Dinglichkeit der exklusiven Lizenz, trotz Abweichung vom traditionellen bürgerlich-rechtlichen Sachenrecht, könnte darin liegen, dass das traditionelle Sachenrecht nicht direkt auf Immaterialgüterrechte anwendbar ist.[110] Allerdings muss dies dann auch für die Charakterisierung der

---

[107] *Knobloch*, Abwehransprüche für den Nehmer einer einfachen Patentlizenz?, Rn 125, 572, 704; *Schäfers* in Benkard, PatG, § 30 Rn 27.

[108] a.A. *Chrocziel* in Krause/Veelken/Vieweg, Gedächtnisschrift für Wolfgang Blomeyer, S. 303 (315) der leider in seiner Begründung nicht den Unterschied zwischen der konstitutiven Eintragung eines Schutzrechts und der nicht konstitutiven Eintragung einer Lizenz erkennt.

[109] Statt vieler BGH KZR 5/81, NJW 1983, 1790.

[110] Vgl. zur Anwendbarkeit der traditionellen Sachenrechtsgrundsätzen des Bürgerlichen Rechts unten S. 162 ff.

Rechtsnatur der nicht-exklusiven Patentlizenz, die ebenso ein Immaterialgüterrecht darstellt, gelten.

3) Gewährung der Patentlizenz

Im Nachfolgenden wird die Einräumung eines positiven Nutzungsrechts behandelt. Abgesehen vom Rechtsinstitut der Zwangslizenz wird die Patentlizenz durch privatrechtliche Vereinbarung zwischen den Parteien gewährt. Allerdings existiert weder für die Einräumung einer Patentlizenz noch für die einer Lizenz an einem anderen Immaterialgüterrecht ein kodifizierter Vertragstyp.[111] Aus diesem Grund soll im Folgenden analysiert werden, ob und in wieweit der Lizenzvertrag unter eine der kodifizierten Arten von Verträgen subsumiert werden kann.[112]

a) Einordnung des Lizenzvertrags in das System kodifizierter Vertragstypen

Gegenstand der Betrachtung sollen diejenigen Arten von Verträgen sein, die am ehesten den Sinn und Zweck einer Lizenzgewährung widerspiegeln. Sinn und Zweck der Einräumung eines immaterialgüterrechtlichen Nutzungsrechts – gleich ob dinglich oder schuldrechtlich – ist es, dem Empfänger die Möglichkeit zu geben, entgeltlich oder unentgeltlich, von Geistigem Eigentum zu seinem eigenen Vorteil Gebrauch zu machen. Da es sich um die Nutzung von Geistigem Eigentum – also einem unkörperlichen Gegenstand – handelt, scheiden sowohl der entgeltliche Mietvertrag gemäß §§ 535 ff. BGB, wie auch der unentgeltliche Leihvertrag gemäß §§ 598 ff. BGB aus.[113] Beide Arten von Verträgen beziehen sich lediglich auf Sachen im Sinne von § 90 BGB, demnach auf körperliche Gegenstände.[114] Im Übrigen dient die Lizenz nicht nur der Benutzung, sondern vielmehr auch der Früchteziehung aus dem Geistigen Eigentum. Auch diese Verwertung ist im Rahmen eines Miet- oder Leihvertrags weder gesetzlich vorgesehen noch möglich.

---

[111] *Osterrieth*, Patentrecht, Rn 322.

[112] *Aeberhard*, Rechtsnatur und Ausgestaltung der Patentlizenz, S. 23.

[113] Ebenso *Scholz*, Lizenzen in der Insolvenz, S. 6; *Wiedemann*, Lizenzen und Lizenzverträge in der Insolvenz, Rn 1033.

[114] Vgl. jeweils den Wortlaut des § 535 I 1 BGB „[...] *Gebrauch der Mietsache [...] und des § 598 BGB „[...] der Verleiher einer Sache [...]“*; ebenso *Schwabe*, Filmlizenzen in der Insolvenz, S. 26.

Übrig bleiben also im Wesentlichen folgende Möglichkeiten der Lizenzgewährung: Pachtvertrag, Kaufvertrag, Nießbrauch und Gesellschaftsvertrag.[115] Jeder der eben angeführten Verträge kann auch Rechte zum Gegenstand haben.[116] Grundsätzlich kommt somit jeder dieser Verträge für die Einräumung eines immaterialgüterrechtlichen Nutzungsrechts in Betracht.

Unterschiede ergeben sich primär aus dem gewollten Inhalt der Lizenz. Im Nachfolgenden werden die einzelnen Vertragsausgestaltungen dargestellt und näher erläutert.

i) Der Lizenzvertrag als Pachtvertrag

Für den Fall, dass lediglich ein zeitlich begrenztes Nutzungsrecht schuldrechtlicher Natur eingeräumt werden soll, bietet sich grundsätzlich die Vereinbarung einer Rechtspacht an.[117] Ein Pachtvertrag ist dafür vorgesehen durch die von den Parteien vereinbarte Vertragslaufzeit zeitlich begrenzt zu sein. Ebenso erlaubt er dem Lizenznehmer die Früchteziehung, also die wirtschaftliche Verwertung des Nutzungsrechts.

Begründeterweise wendet *Groß*[118] gegen die Rechtspacht ein, dass nach der vom bürgerlichen Recht vorgesehenen Pacht der zu verpachtende Gegenstand nur einmal verpachtet werden kann. Vergleicht man dies mit klassischen nicht-exklusiven Lizenzverhältnissen, bei denen mehrfach Lizenzen an ein und demselben Schutzrecht zugunsten verschiedener Parteien ausgegeben werden, stellt dies einen Ausschlussgrund für die direkte Anwendbarkeit des Pachtrechts dar.

Aus diesem Grund wird vorgeschlagen, das Pachtrecht analog auf den Lizenzvertrag anzuwenden.

Zwar sind, wie bereits ausgeführt worden ist, die besonderen Charakteristika des Geistigen Eigentums zu beachten, allerdings ist dem Einwand von *Groß* insoweit zuzustimmen, als es um den Pachtvertrag im System des bürgerlichen

---

[115] Vgl. auch *Pahlow* in Gärditz/Pahlow, Hdb Hochschulerfinderrecht, Rn 50.

[116] Vgl. §§ 453 I, 1068 I 1 BGB für Kaufvertrag und Nießbrauch und den Wortlaut des § 581 I 1 BGB „[...] *den Gebrauch des verpachteten Gegenstands* [...]" für den Pachtvertrag; vgl. auch *Esser*, Urheberrechtliche Lizenzen in der Insolvenz, S. 67, 71.

[117] Vgl. vertiefend zur Rechtspacht *Henn*, Patent- und Know-how-Lizenzvertrag, Rn 94 ff.

[118] *Groß*, Der Lizenzvertrag, Rn 23.

Rechts geht. Dieser kennt schlichtweg die simultane Mehrfachverpachtung eines einzigen Gegenstands nicht. Somit können die bürgerlich-rechtlichen Regelungen zum Pachtvertrag folgerichtig auch nicht direkt auf Lizenzverträge angewendet werden. Übrig bleibt somit die Rechtspacht in analoger Anwendung.

ii) Der Lizenzvertrag als Kaufvertrag

Soll hingegen nach dem Willen der Parteien die endgültige und unwiderrufliche Einräumung des Nutzungsrechts im Vordergrund stehen, so kommt die Möglichkeit des Rechtskaufs in Betracht. Mithin soll das oder zumindest ein Teil des Rechts zur Benutzung und Ausbeutung der Erfindung auf den Lizenznehmer übertragen werden.[119] Im Rahmen dieses Lizenzkaufs wird dem Käufer nach gängiger Ansicht ein absolutes und vom Mutterrecht selbstständiges Recht gewährt.[120] Daraus lässt sich schließen, dass es um die Abspaltung eines dinglichen Teilrechts aus dem Schutzrecht geht.

Dagegen wird von *Groß*[121] eingewandt, dass eben nicht über das Patentrecht selbst verfügt wird, sondern nur über das Recht zur Benutzung desselben. Selbst wenn der Patentrechtsinhaber über jegliche Nutzungsmöglichkeit verfügt, bleibt er formaler Inhaber des Schutzrechts. Insoweit findet keine Übertragung statt.

Dieser Einwand ist zwar logisch nachvollziehbar, lässt jedoch die Grundcharakteristika des Geistigen Eigentums außer Betracht. Die einzig wertbildenden Faktoren des Geistigen Eigentums sind erstens dessen Einzigartigkeit und zweitens die Möglichkeit es durch Benutzung auszubeuten. Daher ist festzuhalten, dass ein Recht des Geistigen Eigentums grundsätzlich aus nichts anderem als seiner Einzigartigkeit, deren Ausbeutung rechtlich geschützt und geregelt ist, besteht. Folgerichtig handelt es sich bei dem Stammrecht um das uneingeschränkte Recht zur Benutzung und Ausbeutung. Gewährt nun der Schutzrechtsinhaber einem Dritten ein Benutzungs- und damit gleichzeitig ein Ausbeutungsrecht in einem vertraglich vereinbarten Rahmen, ist nicht ersichtlich, warum dies keine Abspaltung aus dem Stammrecht darstellen sollte.

---

[119] Gegen die Abspaltung eines Teilrechts *Schwabe*, Filmlizenzen in der Insolvenz, S. 25 f.

[120] *Henn*, Patent- und Know-how-Lizenzvertrag, Rn 111.

[121] *Groß*, Der Lizenzvertrag, Rn 20.

Aus diesem Grund sollte die Möglichkeit des Lizenzkaufs nicht grundsätzlich abgelehnt werden.

iii) Der Lizenzvertrag als Nießbrauch

Eine weitere Methode zur Einräumung einer Lizenz stellt der Nießbrauch an einem Recht dar. Die Bestellung eines Nießbrauchs gewährt den Parteien die Möglichkeit ein zeitlich begrenztes, aber gleichzeitig dingliches Nutzungsrecht an dem Patent zu gewähren. Allerdings ist dieses aufgrund des persönlichen Charakters des Nießbrauchs[122] in jedem Fall von einer Übertragung ausgeschlossen. Der Nießbrauch stellt somit kein verkehrsfähiges Wirtschaftsgut dar und bietet aus diesem Grund auch geringere wirtschaftliche Anreize für einen potenziellen Lizenznehmer.

Eine eingehendere Erläuterung und Abwägung der Vor- und Nachteile der Nießbrauchsbestellung erfolgt an späterer Stelle.[123]

iv) Der Lizenzvertrag als Gesellschaftsvertrag

Der Vollständigkeit halber wird an dieser Stelle auf die gesellschaftsrechtliche Natur des Lizenzvertrags eingegangen.

Vereinzelt wird auch die Meinung vertreten, dass es sich bei einem Lizenzvertrag unter bestimmten Voraussetzungen um einen Gesellschaftsvertrag handelt.[124] Dies wird insbesondere in den Fällen angenommen, in denen die Lizenzgewährung von einer zusätzlichen Zweckvereinbarung begleitet wird.[125] In einem solchen Fall sollen die Vorschriften der §§ 705 ff. BGB Anwendung finden.[126] Allerdings werden an einen gemeinsamen Zweck sehr hohe Anforderungen gestellt. So ließ es das Reichsgericht in seinem Urteil vom 26. Oktober 1929[127] nicht genügen, wenn *„[...] wie hier, gewerbliche Schutzrechte (Patent, Gebrauchsmuster) dergestalt vergeben [werden], daß sich der*

---

[122] Vgl. §§ 1059, 1061 BGB.

[123] Vgl. unten S. 117 ff.

[124] Vgl. eingehend zu den Voraussetzungen *Groß*, Der Lizenzvertrag, Rn 468 ff.

[125] *Pahlow*, Lizenz und Lizenzvertrag, S. 258 f.

[126] *Isay*, PatG, § 6 Rn 11.

[127] RGZ 126, 65 (67); *Henn*, Patent- und Know-how-Lizenzvertrag, Rn 104.

Veräußerer vom Erwerber einen bestimmten Teil (Hundertsatz oder ähnl.) vom Kaufpreis der zu vertreibenden Ware [...] als Lizenzgebühr versprechen lässt [...]". Ebenso reicht die erhöhte Treuebindung eines Lizenzvertrags nicht aus, um daraus einen gemeinsamen Zweck abzuleiten.[128]

Aus diesen Gründen ist die Charakterisierung eines Lizenzvertrags als Gesellschaftsvertrag nur unter sehr strengen und eingeschränkten Voraussetzungen möglich und ist somit in der Gesamtschau daher – mangels Praxistauglichkeit – grundsätzlich abzulehnen.

b) Zusammenfassung

Im Ergebnis wird deutlich, dass keine der erörterten Vertragsarten für sich alleine im Stande ist die mannigfaltigen Ansprüche der Lizenzgewährung zu erfüllen. Selbst wenn für jede einzelne Lizenzgewährung, angepasst an deren jeweiligen Inhalt, ein eigener Vertrag eines bekannten Typus verwendet werden würde, blieben doch Bedenken bestehen.

So sind die Regelungen des Rechtskaufs schlichtweg nicht auf eine zeitlich begrenzte Nutzung übertragbar. Ebenso sind die bürgerlich-rechtlichen Vorschriften des Pachtrechts nicht direkt auf eine simultane Mehrfachlizenzgewährung anwendbar. Gegen den Nießbrauch spricht dessen mangelnde Verkehrsfähigkeit. Und die Lizenzgewährung im Rahmen eines Gesellschaftsvertrags erfordert einen gemeinsamen Zweck der Vertragsparteien, der diese enger aneinander binden würde, als dies zumeist in der wirtschaftlichen Praxis gewollt ist.

Folglich erscheint eine Lizenzgewährung auf Basis der kodifizierten Vertragstypen als nicht praktikabel. Im Rahmen des Konkursrechts ist dies auch in den Blickwinkel des Reichsgerichts gerückt, welches daraufhin das Rechtsinstitut des Vertrags „sui generis" entwickelte.[129] Aufgrund des konkursrechtlichen Zusammenhangs mit der Entwicklung dieses Vertragstypus, soll dieser an späterer Stelle im Rahmen der Darstellung der Konkursordnung näher beleuchtet werden.[130]

---

[128] *Groß*, Der Lizenzvertrag, Rn 22.

[129] Vgl. für den Beginn dieser Entwicklung RGZ 75, 400 (405); RGZ 82, 155 (159); später RGZ 142, 212 (213); *Henn*, Patent- und Know-how-Lizenzvertrag, Rn 118.

[130] Vgl. unten S. 85 ff.

II. Aktuelle Problematik der Insolvenzfestigkeit nicht-exklusiver Patentlizenzen in Abgrenzung zu anderen Immaterialgüterrechtslizenzen

Im Nachfolgenden soll die besondere Problematik der Insolvenzfestigkeit von nicht-exklusiven Patentlizenzen anhand einer ausgewählten Abgrenzung zu den neuesten Entwicklungen im Urheber- und Softwarelizenzrecht verdeutlicht werden. Zwar bestehen seit langem Ansätze in der juristischen Literatur für eine parallele Entwicklung im Immaterialgüterrecht, allerdings bleiben diese bis zur höchstrichterlichen oder gesetzgeberischen Bestätigung – welche beide noch immer ausstehen – reine Theorie.[131] Folglich lässt sich in Abgrenzung zu der neuesten Rechtsprechung des Bundesgerichtshofs in den Bereichen Urheber- und Softwarerecht die Aktualität des Problems der Insolvenzfestigkeit von nicht-exklusiven Patentlizenzen darstellen.

1)   Die Rechtsnatur der nicht-exklusiven Urheberrechtslizenz

Traditionell wurden nicht-exklusive Urheberrechtslizenzen als schuldrechtliche Rechte charakterisiert.[132]

Eine Besonderheit von dinglichen im Gegensatz zu schuldrechtlichen Rechten ist grundsätzlich, dass der Inhaber des Rechts eine eigene Rechtsposition innehat, deren Verteidigung er verfolgen kann. Mithin ist er Inhaber eines eigenständigen rechtlichen Interesses. Dieses wirkt nicht nur relativ gegenüber seinem Vertragspartner, sondern vielmehr absolut gegenüber jedermann.

Dem kommt insbesondere im Rahmen der Abwehrrechte gegen eine Verletzung des eingeräumten urheberrechtlichen Nutzungsrechts eine immanente Bedeutung zu.[133] Unstreitig kann der Inhaber einer exklusiven Urheberrechtslizenz

---

[131] *Sosnitza* in Forkel/Sosnitza, Zum Wandel beim Recht der Persönlichkeit, S. 33 (39 ff.); *Haedicke*, ZGE 2011, 377 (390 ff.); *Pahlow* in Pahlow/Eisfeld, Grundlagen und Grundfragen des Geistigen Eigentums, S. 1 (3 f.); *Heimberg*, Lizenzen und Lizenzverträge in der Insolvenz, S. 220 f.

[132] *Spautz* in Möhring/Nicolini/Ahlberg, UrhG, 34 Rn 39.

[133] Vorausgesetzt für exklusive Nutzungsrechte in BGH I ZR 110/52, GRUR 1953, 299 (301); BGH I ZR 165/89, GRUR 1992, 310 (311); *Schulze* in Dreier/Schulze, UrhG, § 31 Rn 52, 56; *Wandtke/Grunert* in Wandtke/Bullinger, UrhR, § 31 Rn 29; *Spautz* in Möhring/Nicolini/Ahlberg, UrhG, § 34 Rn 39.

sein Recht gegenüber jedem Dritten geltend machen.[134] Fast ebenso unstreitig wird ein solches eigenes Abwehrrecht dem Nehmer einer nicht-exklusiven Urheberrechtslizenz versagt.[135]

Angesichts der traditionellen Charakterisierung der nicht-exklusiven Urheberrechtslizenz als rein schuldrechtliches Recht scheint die Versagung jeglicher Abwehrrechte als nicht verwunderlich. Allerdings stellt diese Auffassung schon lange nicht mehr die herrschende Meinung im Urheberrecht dar. Vielmehr sprechen sich zunehmend mehr Stimmen in der juristischen Literatur in jüngster Vergangenheit für eine zumindest quasi-dingliche Natur des einfachen Nutzungsrechts aus.[136] Als Argument wird von Autoren wie *Schricker* oder auch *Schulze* angeführt, dass der in § 33 UrhG für die nicht-exklusive Urheberrechtslizenz verankerte Sukzessionsschutz dieser eine Art Dinglichkeit verleiht.[137]

Dabei bleibt in der Diskussion nicht nur ungeklärt, sondern sogar ungefragt, wie ein dingliches oder auch quasi-dingliches, also nach herkömmlicher Betrachtung automatisch auch gleichzeitig absolutes, Recht ohne eigene Abwehrrechte existieren kann. Dass dies zumindest für die Patentlizenz im Rahmen der Privatautonomie der Parteien möglich ist, wurde bereits dargelegt.[138]

Diese dogmatische Weiterentwicklung in der urheberrechtlichen Literatur hin zur dinglichen Lizenz geschah bereits vor der aktuellen Rechtsprechung des Bundesgerichtshofs in den Jahren 2009 und 2010.[139]

---

[134] BGH I ZR 110/52, GRUR 1953, 299 (301); BGH I ZR 165/89, GRUR 1992, 310 (311); *Kotthoff* in Dreyer/Kotthoff/Meckel, UrhG, § 31 Rn 104.

[135] *Kotthoff* in Dreyer/Kotthoff/Meckel, UrhG, 31 Rn 102; *Schricker* in Schricker/Loewenheim, UrhR, § 31 Rn 15.

[136] *Schmid/Wirth* in Schmid/Wirth/Seifert, HK UrhG, § 31 Rn 4; *Schricker* in Schricker/Loewenheim, UrhR, § 31 Rn 14; vgl. auch LG München I 21 O 6123/04, GRUR-RR 2004, 350.

[137] *Schricker* in Schricker/Loewenheim, UrhR, Vor § 28 Rn 83; *Schulze* in Dreier/Schulze, UrhG, § 31 Rn 52.

[138] Vgl. oben S. 19 ff.; vgl. auch *Kellenter* in Keller/Plassmann/von Falck, FS für Winfried Tilmann - Zum 65. Geburtstag, S. 807 (817).

[139] BGH I ZR 153/06, GRUR 2009, 946; BGH I ZR 69/08, GRUR 2010, 628.

Grundlage dafür war, wie bereits angedeutet, ein bedeutender Einschnitt in die Dogmatik des Urheberrechts im Jahr 2002 durch die Neufassung des Sukzessionsschutzes in § 33 UrhG durch das Gesetz zum Urhebervertragsrecht vom 01. Juli 2002.[140] Der Sukzessionsschutz führt dazu, dass der Inhaber eines urheberrechtlichen Nutzungsrechts nicht durch spätere Verfügungen des Urhebers beeinträchtigt wird.[141]

Vor der Reform des Urheberrechts im Jahr 2002 galt dieser Schutz de lege lata lediglich für den Fall der Beeinträchtigung einfacher Nutzungsrechte durch Verfügungen des Urhebers, wurde jedoch analog auf ausschließliche Nutzungsrechte sowie auf Verfügungen anderer Nutzungsrechtsinhaber ausgedehnt.[142]

Einerseits wurde in der Reform des Sukzessionsschutzes und der damit einhergehenden Gleichstellung zwischen exklusiven und nicht-exklusiven Nutzungsrechten eine Bestätigung der dinglichen Rechtsnatur der nicht-exklusiven Urheberrechtslizenz gesehen.[143] Andererseits wird das Bestehen eines gesetzlich geregelten Sukzessionsschutzes gerade als eindeutige Bestätigung für die schuldrechtliche Natur eines Nutzungsrechts aufgefasst.[144] Wäre das einfache Nutzungsrecht dinglicher Natur, bedürfte es keines Schutzes im Falle von späteren Verfügungen, da schlichtweg das Prioritätsprinzip gelten würde.[145] Nach diesem Prinzip würde die spätere Verfügung – durch das bestehende dingliche Nutzungsrecht belastet – erfolgen. Ein Erwerber müsste das vorher eingeräumte Nutzungsrecht also gegen sich gelten lassen. Für einen gesetzlich geregelten Sukzessionsschutz wäre damit nicht nur kein Raum, er wäre vielmehr sogar überflüssig.[146]

---

[140] BT-Drs. 14/6433 vom 26. Juni 2001, S. 3, 16.

[141] *Wandtke/Grunert* in Wandtke/Bullinger, UrhR, § 33 Rn 1.

[142] *Schulze* in Dreier/Schulze, UrhG, § 33 Rn 2; *Wandtke/Grunert* in Wandtke/Bullinger, UrhR, § 33 Rn 12; BT-Drs. 14/6433 vom 26. Juni 2001, S. 16.

[143] *Wandtke/Grunert* in Wandtke/Bullinger, UrhR, 33 Rn 2, § 31 Rn 31; ebenso allgemein oben S. 24 f.

[144] *Spautz* in Möhring/Nicolini/Ahlberg, UrhG, § 34 Rn 39; ebenso allgemein oben S. 24 f.

[145] Vgl. für das exklusive Nutzungsrecht *Schulze* in Dreier/Schulze, UrhG, § 31 Rn 56.

[146] Vgl. auch *Wandtke/Grunert* in Wandtke/Bullinger, UrhR, § 33 Rn 1.

Im Ergebnis brachte die Neufassung des Sukzessionsschutzes in § 33 UrhG durch das Gesetz zum Urhebervertragsrecht vom 01. Juli 2002 keine weitere Klarheit für die Frage nach der Rechtsnatur der nicht-exklusiven Urheberrechtslizenz.[147]

Kürzlich wurde diese Unsicherheit allerdings durch Urteil des Bundesgerichtshofs beendet. Der Bundegerichtshof entschied im Jahr 2009 in I ZR 153/06 *Reifen Progressiv*, dass *„[d]as einfache Nutzungsrecht [...] – wie auch das ausschließliche Nutzungsrecht – keinen schuldrechtlichen, sondern dinglichen Charakter"*[148] hat. Dabei handelt es sich um keine Einzelfallentscheidung, sondern die rechtliche Einordnung der nicht-exklusiven Urheberrechtslizenz wurde ein Jahr später im Jahr 2010 vom Bundesgerichtshof in I ZR 69/08 *Vorschaubilder* bestätigt.[149]

Folglich wird das nicht-exklusive urheberrechtliche Nutzungsrecht vom Bundesgerichtshof als dingliches Recht charakterisiert. Somit ist im Bereich der einfachen Urheberrechtslizenz eine entscheidend wichtige Vorfrage für die insolvenzrechtliche Behandlung des Nutzungsrechts grundsätzlich bereits beantwortet.

2) Softwarelizenzen

Ebenso bemerkenswert ist die Entwicklung im Bereich der Softwarelizenzen, welche sowohl urheber- als auch patentrechtlich geschützt werden können.[150] Unter Software im urheberrechtlichen Sinne ist ein Programm zu verstehen, welches in einer Abfolge von Befehlen das Tätigwerden eines Computers in einer bestimmten Art und Weise veranlasst.[151] Nach Ansicht des IX. Senats des Bundesgerichtshofs in IX R 162/04 *Softwarelizenz* ist ein Lizenzvertrag über Software *„[...] entsprechend der Rechtspacht als Dauernutzungsvertrag i.S. der*

---

[147] Vgl. für eine ausführliche Darstellung des Meinungsstands *Pahlow*, ZUM 2005, 865.

[148] BGH I ZR 153/06, GRUR 2009, 946 (948).

[149] BGH I ZR 69/08, GRUR 2010, 628 (631).

[150] *Kammel* in Kilian/Heussen, Hdb Computerrecht, Teil 17 Rn 7.

[151] *Chrociel* in Martinek/Semler/Habermeier/Flohr, Hdb Vertriebsrecht, § 47 Rn 2; *Hoeren* in Möhring/Nicolini/Ahlberg, UrhG, § 69a Rn 2; *Dreier* in Dreier/Schulze, UrhG, § 69a Rn 12.

§§ 108, 112 InsO [...]"[152] einzuordnen. Dies spiegelt allerdings nur die Kategorisierung des Lizenzvertrags unter Geltung der Konkursordnung wider.[153] Unter insolvenzrechtlicher Betrachtung ist jedoch vielmehr entscheidend, ob und inwieweit einfache Lizenzen an Software insolvenzfest eingeräumt werden können. Grundsätzlich würden einfache Softwarelizenzen – nach der Charakterisierung des Bundesgerichtshofs – als schuldrechtliche Rechte unter das Nichterfüllungswahlrecht des Insolvenzverwalters gemäß § 103 InsO fallen.[154] Damit würde ihr Fortbestehen im Falle der Insolvenz des Softwareinhabers allein von der Ausübung des Wahlrechts des Insolvenzverwalters abhängen.

Entscheidend von diesem Grundsatz abweichend stellt sich allerdings im Ergebnis das Urteil des Bundesgerichtshofs in IX ZR 162/04 *Softwarelizenz* dar. Der Bundesgerichtshof hat die Möglichkeit einer aufschiebend bedingten Übertragung einer dinglichen Abspaltung der urheberrechtlich geschützten Software als insolvenzfest anerkannt. Diese Verfügung verstieß nach Ansicht des erkennenden Gerichts weder gegen § 91 InsO noch gegen § 119 InsO.[155]

Inwieweit und ob dies überhaupt auf das Patentrecht übertragbar ist, bleibt jedoch bislang, in Ermangelung einer klaren Entscheidung, abzuwarten.

Unabhängig davon besteht nach einhelliger Ansicht in der juristischen Literatur die Möglichkeit, Software durch einen einmaligen abschließenden Übertragungsakt käuflich zu erwerben.[156] Im Zeitpunkt der Bezahlung bzw. Übergabe der Software wäre der Vertrag damit vollständig erfüllt und würde nicht in den Anwendungsbereich des § 103 InsO fallen.[157]

---

[152] BGH IX ZR 162/04, NJW 2006, 915 (916).

[153] *Hess* in Hess, KO, § 19 Rn 6.

[154] *Kroth* in Braun, InsO, § 103 Rn 12.

[155] Zur näheren Erläuterung der Urteilsgründe vgl. unten S. 100 f.

[156] Vgl. *Niesert* in Andersen Freihalter Rechtsanwaltsgesellschaft mbH, Aus- und Absonderungsrechte in der Insolvenz, Rn 333; vgl. vertiefend zur Typologie von Softwareüberlassungsverträgen *Lutz*, Softwarelizenzen, S. 23 ff.; *Schwarz*, Die rechtliche Einordnung von Softwareüberlassungsverträgen, S. 74 ff.

[157] *Kellenter* in Keller/Plassmann/von Falck, FS für Winfried Tilmann - Zum 65. Geburtstag, S. 807 (823 f.).

Insofern wäre auch für diese Fälle eine Diskussion zur Insolvenzfestigkeit von Softwareüberlassungsverträgen überflüssig.

3) Schlussfolgerung

Im Gegensatz zu den diskutierten immaterialgüterrechtlichen Lizenzen existiert im Bereich des Patentrechts seit dem Jahr 1982 keine höchstrichterliche Rechtsprechung.[158] Weder im Hinblick auf die Rechtsnatur der nicht-exklusiven Patentlizenz noch auf deren insolvenzrechtliche Behandlung. Angesichts der seitdem vollzogenen Gesetzesreformen, wie der Einführung der Insolvenzordnung im Jahr 1999[159] oder dem patentrechtlichen Sukzessionsschutz in § 15 III PatG im Jahr 1987[160], ist unklar, wie mit nicht-exklusiven Patentlizenzen im Fall der Insolvenz des Lizenzgebers in Gegenwart und Zukunft verfahren werden soll.

Die Frage der Charakterisierung der nicht-exklusiven Patentlizenz als schuldrechtliches, quasidingliches oder gar dingliches Recht, ist grundlegend für eine weitere insolvenzrechtliche Behandlung. Würde die nicht-exklusive Lizenz als dingliches oder quasi-dingliches Recht anerkannt werden, würde sie in den Anwendungsbereich des § 47 InsO fallen und wäre damit dem Erfüllungswahlrecht des Insolvenzverwalters entzogen.

---

[158] Vgl. zuletzt BGH KZR 5/81, NJW 1983, 1790.

[159] BGBl. I 1994, S. 2866.

[160] BT-Drs. 10/5720 vom 23. Juni 1986, S. 19, 23.

C. Einführende Überlegungen zum Insolvenzrecht

I. Grundzüge des Insolvenzrechts

Zum grundlegenden Verständnis der hier behandelten Problematik soll an dieser Stelle ein kurzer Abriss zum Ablauf der umfassenden Thematik des Insolvenzverfahrens gegeben werden, welcher sich auf die Abwicklung der Unternehmensinsolvenz durch Bestellung eines Insolvenzverwalters beschränkt. Nichtsdestoweniger wird aus Gründen der Verständlichkeit die Darstellung an einigen Stellen weiter gefächert.

1) Ziele des Insolvenzverfahrens

Die Ziele des Insolvenzverfahrens sind in § 1 InsO manifestiert. Im Einzelnen sind dies die gemeinschaftliche Befriedigung der Gläubiger, der Erhalt des schuldnerischen Unternehmens sowie die Restschuldbefreiung natürlicher Personen. Inwieweit es sich dabei um Primär- und Sekundärziele – auch Haupt- und Nebenziele genannt – handelt bzw. um gleichrangige Ziele, ist für den hier zu betrachtenden Gegenstand nachrangig.[161] Für eine erleichterte Darstellung wird allerdings die Unterscheidung in Primär- und Sekundärziele angenommen.

a) Das Primärziel der gemeinschaftlichen Gläubigerbefriedigung

Das überragende Ziel des Insolvenzverfahrens stellt die gleichmäßige Befriedigung derer Insolvenzgläubiger dar.[162] *Beck* bezeichnet dieses Verfahren als Verwirklichung der Vermögenshaftung.[163] Dies steht im Gegensatz zur Einzelzwangsvollstreckung. Im Rahmen der Einzelzwangsvollstreckung gilt stets das Prioritätsprinzip.[164] Nach diesem wird derjenige Gläubiger zuerst befriedigt,

---

[161] Vgl. vertiefend *Ganter* in Kirchhof/Lwowski/Stürner, MüKo InsO, § 1 Rn 20; BGH IX ZR 281/03, NJW 2005, 2015 (2016); BVerfG 1 BvR 2530/04, NZI 2006, 453 (454); *Pape* in Uhlenbruck/Hirte/Vallender, InsO, § 1 Rn 1, 7.

[162] *Moersch* in Hannemann/Wiegner, Anwaltshandbuch Mietrecht, 73 Rn 18 ff.; *Pape/Uhlenbruck/Voigt-Salus*, Insolvenzrecht, 10. Kap. Rn 1, 4; vgl. vertiefend zur Entstehung und Geschichte des Grundsatzes der Gläubigergleichbehandlung *Pluta*, Insolvenzaufrechnung und der Grundsatz der par conditio creditorum, S. 119 ff.; ebenso *Bauer*, Ungleichbehandlung der Gläubiger, S. 72 ff.

[163] *Beck* in Beck/Depré, Praxis der Insolvenz, § 1 Rn 121.

[164] *Pape/Uhlenbruck/Voigt-Salus*, Insolvenzrecht, 10. Kap. Rn 3; vgl. weiterführend *Knoche/Biersack*, NJW 2003, 476; *Bauer*, Ungleichbehandlung der Gläubiger, S. 72 ff.

der als Erster eine Rechtsposition an dem Vermögensobjekt, in das vollstreckt werden soll, erworben hat und in dieses vollstreckt.[165] Im Insolvenzverfahren ist die Einzelzwangsvollstreckung gesetzlich gemäß §§ 87 ff. InsO ausgeschlossen. Es gilt das Prinzip der Gesamt- oder auch der Universalvollstreckung. Der Kampf „*aller gegen alle*"[166] soll damit ausgeschlossen werden. Es wird ein Kampf alle gegen einen – nämlich alle gegen den Insolvenzschuldner bzw. gegen die Insolvenzmasse – geschaffen. Grund dafür ist schlichtweg die Knappheit der verwertbaren Vermögensgegenstände des Schuldners, die den höheren Verbindlichkeiten desselben gegenüber stehen.

Wie bereits angesprochen, dient dieses Verfahren der gleichmäßigen Befriedigung der Insolvenzgläubiger. Nunmehr ist also abzugrenzen, wodurch sich diese Gruppe der Gläubiger von Massegläubigern und gesicherten Gläubigern unterscheidet. Der Begriff des Insolvenzgläubigers ist in § 38 InsO legal definiert als ein persönlicher Gläubiger, der zur Zeit der Eröffnung des Insolvenzverfahrens einen begründeten Vermögensanspruch gegen den Schuldner hat.

Aus dieser Definition geht hervor, dass der Insolvenzschuldner für den Anspruch persönlich haftbar sein muss. Ausgeschlossen sind damit Ansprüche, die nicht direkt gegen den Schuldner als Haftungsobjekt gerichtet sind.

Des Weiteren muss der Anspruch des Gläubigers im Zeitpunkt der Verfahrenseröffnung begründet sein. Gemeint ist damit allerdings nicht das Vorliegen aller anspruchsbegründenden Tatsachen, sondern lediglich das Bestehen des Schuldverhältnisses aus dem der Anspruch hervorgeht, als anspruchsbegründendem Tatbestand.[167] Begründet nach dieser Definition ist folglich jeder Anspruch, der auf einem vor Verfahrenseröffnung bestehenden Schuldverhältnis beruht.

Letztlich wird vorausgesetzt, dass der Anspruch vermögensrechtlicher Natur ist, also auf die Zahlung einer Geldsumme gerichtet ist bzw. zumindest in eine sol-

---

[165] *Knoche/Biersack*, NJW 2003, 476 (477 f.).

[166] *Pape/Uhlenbruck/Voigt-Salus*, Insolvenzrecht, 10. Kap. Rn 1.

[167] BGH IX ZB 129/03; *Sinz* in Uhlenbruck/Hirte/Vallender, InsO, § 38 Rn 26; vgl. für die gleiche Rechtslage unter der Konkursordnung BGH VIII ZR 179/77, NJW 1979, 310.

che Zahlungsforderung umgerechnet werden kann[168]. Ausgeschlossen sind damit u.a. höchstpersönliche und dingliche Ansprüche, sowie Gestaltungsrechte.[169]

Aus der Gruppe der gleichmäßig zu befriedigenden Insolvenzgläubiger fallen somit im ersten Schritt die dinglich Berechtigten heraus. Im Übrigen werden auch dinglich gesicherte Gläubiger, welchen gemäß §§ 49 ff. InsO ein Absonderungsrecht zusteht, nicht erfasst.[170]

Zuletzt beinhaltet die Gruppe der einfachen Insolvenzgläubiger auch nicht diejenigen, deren Ansprüche nach Verfahrenseröffnung durch den Insolvenzverwalter begründet wurden. Deren Forderungen stellen gemäß § 53 InsO Masseforderungen dar, welche bevorzugt befriedigt werden.[171]

Damit bleibt festzuhalten, dass sich das primäre Ziel des Insolvenzverfahrens – die gleichmäßige Gläubigerbefriedigung – lediglich auf eine bestimmte, wenn auch in der Regel eine der Anzahl nach, große Gruppe von Gläubigern bezieht.

b) Die Sekundärziele des Insolvenzverfahrens

Im Rahmen der Sekundärziele ist zwischen Unternehmensinsolvenzen auf der einen und der Insolvenz natürlicher Personen auf der anderen Seite zu differenzieren. Aufgrund der geringen Bedeutung dieser Ziele für den Gegenstand der vorliegenden Arbeit sollen diese lediglich in verkürzter Form dargestellt werden.

i) Fortführung des Unternehmens

Dreht sich das Insolvenzverfahren um ein Unternehmen, so steht grundsätzlich die Fortführung desselben nach Abschluss des Insolvenzverfahrens im Vordergrund. Es geht mithin um eine Sanierung oder auch Reorganisation des Unternehmens. Die Gründe, die hinter diesem Ziel stehen sind vielfältiger Natur. Zum einen sollen weitestgehend die im Unternehmen vorhandenen Arbeitsplätze erhalten und gesichert werden und damit die Interessen der Arbeitnehmer des

---

[168] Vgl. §§ 45 f. InsO.

[169] Vgl. für eine beispielhafte Aufzählung von Gestaltungsrechten und höchstpersönlichen Ansprüchen *Henckel* in Jaeger/Henckel, InsO, § 38 Rn 64, 69.

[170] *Sinz* in Uhlenbruck/Hirte/Vallender, InsO, § 38 Rn 2.

[171] *Bäuerle* in Braun, InsO, § 53 Rn 3.

Schuldnerunternehmens bestmöglich gewahrt werden.[172] Zum anderen dient die Fortführung des Unternehmens dem marktwirtschaftlichen Gleichgewicht und soll Monopolstellungen von Mitbewerbern verhindern. Weitgehend steht aber auch im Vordergrund, dass durch eine Sanierung und spätere Fortführung des Unternehmens auch die gleichmäßige Befriedigung der Insolvenzgläubiger, als Primärziel, bestmöglich verwirklicht werden kann, da der Fortführungswert eines Unternehmens im Normalfall den Liquidationswert bei weitem übersteigt.[173]

ii) Restschuldbefreiung

Geht es hingegen um die Insolvenz einer natürlichen Person, spielt die Restschuldbefreiung eine gewichtige Rolle, um dem Schuldner die Möglichkeit zu gewähren, sich im Anschluss an die Insolvenz wirtschaftlich neu aufzubauen und weiter zu entwickeln. Hierfür wird nach Abschluss des Insolvenzverfahrens eine Schuldenbereinigung durchgeführt, die dem redlichen Schuldner „[...] einen Ausweg aus dem modernen Schuldturm [...]"[174] ermöglichen soll. Um dies zu verwirklichen – und dem Primärziel der gemeinschaftlichen Gläubigerbefriedigung nicht zuwider zu laufen – wird auf der ersten Stufe das Vermögen des Schuldners im Rahmen des Insolvenzverfahrens zur Befriedigung der Gläubiger gepfändet. Daran schließt sich eine Treue- oder auch Wohlverhaltensperiode an, während der die Lohnpfändung, soweit möglich, weiterhin zur gemeinschaftlichen Befriedigung der Insolvenzgläubiger herangezogen wird.[175] Somit wird die Insolvenzmasse auf den künftigen Erwerb des Schuldners während der Wohlverhaltensperiode ausgedehnt.[176] Während dieses zumeist sechsjährigen Zeitraums sollen die in Aussicht stehende Restschuldbefreiung und der damit verbundene Neuanfang dem Schuldner als Motivation dienen.[177]

---

[172] *Pape* in Uhlenbruck/Hirte/Vallender, InsO, § 1 Rn 16 a.E.

[173] *Ganter* in Kirchhof/Lwowski/Stürner, MüKo InsO, § 1 Rn 85; *Pape* in Uhlenbruck/Hirte/Vallender, InsO, § 1 Rn 1.

[174] *Pape* in Uhlenbruck/Hirte/Vallender, InsO, § 1 Rn 15.

[175] *Vallender* in Uhlenbruck/Hirte/Vallender, InsO, § 295 Rn 1 ff.

[176] *Ganter* in Kirchhof/Lwowski/Stürner, MüKo InsO, § 1 Rn 29, 101.

[177] *Kießner* in Braun, InsO, § 1 Rn 11.

2) Einleitung des Insolvenzverfahrens

Nach Erläuterung der Ziele des Insolvenzverfahrens soll im weiteren Verlauf der Beginn des Verfahrens, im Fall der Insolvenz einer juristischen Person, dargestellt werden.

Das Insolvenzverfahren kann gemäß § 13 I 1 InsO nur auf einen schriftlichen Antrag zur Insolvenzeröffnung hin eröffnet werden. Antragsberechtigt sind nach § 15 I 2 InsO sowohl die Gläubiger wie auch der Schuldner selbst. Demzufolge können die Insolvenzgerichte nicht von Amts wegen tätig werden.[178] Aus diesem mangelnden Initiativrecht der Insolvenzgerichte folgt eine Antragspflicht des Schuldners bei Insolvenzreife des Unternehmens. Von der Insolvenzreife eines Unternehmens wird allgemein bei Vorliegen eines Eröffnungsgrunds für das Insolvenzverfahren gesprochen.

a) Eröffnungsgründe

Die Szenarien, die einen Insolvenzantrag sowohl erfordern wie auch begründen, sind sowohl gemäß § 17 I InsO die Zahlungsunfähigkeit wie auch gemäß § 19 I InsO die Überschuldung.[179] Beide Tatbestände stellen jeder für sich einen Eröffnungsgrund für das Insolvenzverfahren dar. Gleichzeitig begründen sie auch gemäß § 15a I 1 InsO eine Insolvenzantragspflicht des Schuldners,[180] sowie ein Insolvenzantragsrecht der Insolvenzgläubiger[181].

Ein weiterer Grund für die Eröffnung eines Insolvenzverfahrens besteht gemäß § 18 I InsO in der drohenden Zahlungsunfähigkeit des Schuldners. Im Gegensatz zu Zahlungsunfähigkeit und Überschuldung, räumt die drohende Zahlungsunfähigkeit dem Schuldner allerdings lediglich ein Recht zur Insolvenzantragstellung ein. Dadurch wird jedoch weder ein Antragsrecht der Gläubiger, noch eine Antragspflicht des Schuldners begründet.[182]

---

[178] *Gogger*, Hdb Insolvenzgläubiger, § 2 Rn 26.

[179] *Hirte* in Uhlenbruck/Hirte/Vallender, InsO, § 15a Rn 6.

[180] *Römermann*, NZI 2010, 241.

[181] Zur Unterscheidung zu anderen Arten von Gläubigern vgl. oben S. 39.

[182] *Drukarczyk* in Kirchhof/Lwowski/Stürner, MüKo InsO, § 18 Rn 2; vgl. auch *Leithaus* in Andres/Leithaus, InsO, § 18 Rn 3.

Im Nachfolgenden werden die Eröffnungsgründe dargestellt, wobei allerdings von einer abschließenden Behandlung dieser Thematik abgesehen wird.

i) Zahlungsunfähigkeit

Nach dem Wortlaut des § 17 II 1 InsO ist der Schuldner zahlungsunfähig, wenn er nicht mehr dazu in der Lage ist, seine fälligen Zahlungsverpflichtungen zu erfüllen. Demnach muss eine Geldschuld vorliegen, welche fällig und einwendungsfrei besteht, vom Schuldner jedoch mangels ausreichend liquider Mittel nicht erfüllt werden kann. Daraus folgt, dass weder offene Warenlieferungsverpflichtungen, noch geschuldete Dienstleistungen zur Zahlungsunfähigkeit beitragen. Zur Frage nach der Fälligkeit der Verpflichtung kann zwar – mangels insolvenzspezifischer Regelungen zur Fälligkeit – auf das allgemeine Zivilrecht gemäß § 271 BGB zurückgegriffen werden,[183] allerdings wurde vom Bundesgerichtshof eine weitere Voraussetzung für die Fälligkeit einer Zahlungsverpflichtung im Rahmen der Zahlungsunfähigkeit aufgestellt. *„Regelmäßig ist eine Forderung also dann i.S. von § 17 II InsO fällig, wenn eine Gläubigerhandlung feststeht, aus der sich der Wille, vom Schuldner Erfüllung zu verlangen, im Allgemeinen ergibt. "*[184] Im Übrigen muss die bestehende Illiquidität auch erheblich sein. Eine Erheblichkeit wird im Allgemeinen bei einer Deckungslücke in Höhe von zehn Prozent aller fälligen Gesamtverbindlichkeiten angenommen.[185] Gleichwohl kann nicht verbindlich von einer starren Prozentgrenze ausgegangen werden.[186]

ii) Drohende Zahlungsunfähigkeit

Die drohende Zahlungsunfähigkeit umfasst im Gegensatz zur bereits eingetretenen Zahlungsfähigkeit einen Prognosezeitraum, für den der Schuldner festzu-

---

[183] *Eilenberger* in Kirchhof/Lwowski/Stürner, MüKo InsO, § 17 Rn 7.

[184] BGH IX ZB 36/07, NZI 2007, 579 (580).

[185] Vgl. vertiefend zur Zahlungsunfähigkeit: *Neumaier*, NJW 2005, 3041; BGH IX ZR 123/04, NJW 2005, 3062; *Wolf/Kurz*, DStR 2006, 1339; BGH IX ZR 17/01, NJW 2002, 512; *Wengel*, DStR 2001, 1769; *Krüger/Pape*, NZI 2011, 617; BGH IX ZR 9/10, NZI 2011, 536; *Dahl/Schmitz*, NZG 2009, 567.

[186] Vgl. für eine betriebswirtschaftliche Betrachtung der Zahlungsunfähigkeit IDW Prüfungsstandard: Beurteilung eingetretener oder drohender Zahlungsunfähigkeit bei Unternehmen (IDW PS 800).

stellen hat, ob er dazu in der Lage ist seinen Zahlungsverpflichtungen im Zeitpunkt ihrer jeweiligen Fälligkeit nachzukommen.[187] Dies muss anhand der Erstellung eines umfassenden Finanzplans geschehen.[188] In diesen Finanzplan müssen zur Feststellung drohender Zahlungsunfähigkeit fernere Verbindlichkeiten eingestellt werden als dies bei bereits bestehender Zahlungsunfähigkeit erforderlich ist. So umfasst die Prognose auch alle bestehenden, vorhersehbaren, wenn auch noch nicht begründeten Verpflichtungen.[189] Bezüglich des zu betrachtenden Zeitraums für die Beurteilung der drohenden Zahlungsunfähigkeit muss in die Überlegung mit einbezogen werden, dass die bereits bestehenden einzubeziehenden Verbindlichkeiten erst künftig fällig werden. Daher müsste grundsätzlich der Prognosezeitraum auf den Zeitpunkt ausgedehnt werden, an dem die letzte Verbindlichkeit fällig wird.[190] Da dies den entscheidenden Zeitraum aber auf Jahre hinweg ausdehnen könnte und damit kaum erwartet werden kann, dass für einen solch unüberschaubaren Zeitraum ein vernünftiger Wirtschaftsplan erstellt werden kann, muss eine angemessene Begrenzung des Prognosezeitraums erfolgen.[191] Üblicherweise sollte die geschäftsinterne Liquiditätsplanung für das laufende und das darauffolgende Geschäftsjahr durchgeführt werden.[192] Dieser Zeitraum von somit maximal zwei Jahren sollte daher auch als Maßstab für die Prognose einer drohenden Zahlungsunfähigkeit herangezogen werden. Wie auch bei bereits eingetretener Zahlungsunfähigkeit bleiben geringfügige Liquiditätslücken und Zahlungsstockungen außer Betracht. Entscheidend

---

[187] *Wengel*, DStR 2001, 1769 (1771); *Uhlenbruck/Gundlach* in Gottwald, Hdb Insolvenzrecht, § 6 Rn 17.

[188] *Ampferl* in Beck/Depré, Praxis der Insolvenz, § 2 Rn 108 ff.; IDW Prüfungsstandard: Beurteilung eingetretener oder drohender Zahlungsunfähigkeit bei Unternehmen (IDW PS 800).

[189] *Ampferl* in Beck/Depré, Praxis der Insolvenz, § 2 Rn 103; *Uhlenbruck/Gundlach* in Gottwald, Hdb Insolvenzrecht, § 6 Rn 18.

[190] *Uhlenbruck/Gundlach* in Gottwald, Hdb Insolvenzrecht, § 6 Rn 19; *Ampferl* in Beck/Depré, Praxis der Insolvenz, § 2 Rn 112.

[191] *Gogger*, Hdb Insolvenzgläubiger, § 2 Rn 173; *Uhlenbruck/Gundlach* in Gottwald, Hdb Insolvenzrecht, § 6 Rn 19; *Uhlenbruck* in Uhlenbruck/Hirte/Vallender, InsO, § 18 Rn 18.

[192] *Uhlenbruck* in Uhlenbruck/Hirte/Vallender, InsO, § 18 Rn 19; *Ampferl* in Beck/Depré, Praxis der Insolvenz, § 2 Rn 112.

ist, dass der künftige Eintritt der Zahlungsunfähigkeit überwiegend wahrscheinlich ist, also wahrscheinlicher, als die Vermeidung der Zahlungsunfähigkeit.[193]

iii) Überschuldung

Der Überschuldungsbegriff befindet sich derzeit noch immer in einem gesetzgeberischen Umbruch. Vor Einführung der Insolvenzordnung im Jahr 1999 galt die modifizierte zweistufige Überschuldungsprüfung, welche in der Insolvenzordnung durch die zweistufige Überschuldungsprüfung ersetzt wurde. Im Jahr 2008 kehrte der Gesetzgeber – aus wirtschaftspolitischen Gründen – für einen Überbrückungszeitraum, der mittlerweile bis zum 31. Dezember 2013 verlängert wurde, wieder zur modifizierten zweistufigen Überschuldungsprüfung zurück.[194] Da dies die aktuelle Rechtslage darstellt, sollen die Ausführungen an dieser Stelle auf die modifizierte zweistufige Überschuldungsprüfung beschränkt bleiben.

Zur Bestimmung der Überschuldung muss im ersten Schritt – im Rahmen einer Überschuldungsbilanz – rechnerisch festgestellt werden, ob das Unternehmen überschuldet ist. Hierfür ist auf der Seite der Aktiva der Liquidationswert des Unternehmens heranzuziehen.[195] Ergibt sich daraus ein positives Ergebnis der Schuldendeckungsprüfung, so ist eine Fortführungsprognose nicht mehr erforderlich.[196] Das Unternehmen ist bei positiver Schuldendeckungsprüfung faktisch nicht überschuldet. Fällt die Überschuldungsbilanz hingegen negativ aus, ist das Unternehmen – rein rechnerisch – überschuldet. Mit einbezogen werden muss allerdings noch die Fortführungsprognose. Nach der modifizierten zweistufigen Überschuldungsprüfung negiert eine positive Fortführungsprognose den rein rechnerischen Überschuldungsstatus.[197] Damit kommt der Fortführungsprognose

---

[193] *Bußhardt* in Braun, InsO, § 18 Rn 4; vgl. auch vertiefend *Drukarczyk* in Kirchhof/Lwowski/Stürner, MüKo InsO, § 18 Rn 32 ff.

[194] Vgl. zur Gesetzgebungshistorie *Uhlenbruck/Gundlach* in Gottwald, Hdb Insolvenzrecht, § 6 Rn 22 ff.; *Pape/Uhlenbruck/Voigt-Salus*, Insolvenzrecht, Kap. 17 Rn 25 ff.; *Frystatzki*, NZI 2011, 521; BT-Drs. 16/10600 vom 14. Oktober 2008, S. 12 f.

[195] *Uhlenbruck* in Uhlenbruck/Hirte/Vallender, InsO, § 19 Rn 57, 82; *Ampferl* in Beck/Depré, Praxis der Insolvenz, § 2 Rn 135.

[196] *Ampferl* in Beck/Depré, Praxis der Insolvenz, § 2 Rn 145.

[197] *Dahl/Schmitz*, NZG 2009, 567; *Pape/Uhlenbruck/Voigt-Salus*, Insolvenzrecht, Kap. 17 Rn 46; *Uhlenbruck/Gundlach* in Gottwald, Hdb Insolvenzrecht, § 6 Rn 27.

weit mehr Gewicht zu als der eigentlichen Überschuldungsbilanz des Unternehmens.

Zur Erstellung der Prognose müssen sowohl der Fortführungswille des Unternehmers wie auch die Finanzplanung des Unternehmens für den entscheidenden Prognosezeitraum eruiert und bewertet werden.[198] Der Prognosehorizont entspricht dem der drohenden Zahlungsunfähigkeit und beläuft sich damit ebenfalls auf maximal zwei Jahre, bestehend aus dem laufenden und dem nachfolgenden Geschäftsjahr.[199] Ergibt sich aus der Finanzplanung mit hinreichender Wahrscheinlichkeit, dass das Unternehmen die erforderliche Finanzkraft sicherstellen kann um den Geschäftsbetrieb fortzuführen, was insbesondere die Zahlungsfähigkeit miteinschließt, so fällt, die Fortführungsprognose positiv aus.[200]

Mithin ist ein Unternehmen nach aktueller Rechtslage nicht im Sinne der Insolvenzordnung überschuldet, sobald und solange eine positive Fortführungsprognose besteht.

Besteht einer der eben erläuterten Insolvenzeröffnungsgründe, hängt das Tätigwerden der Insolvenzgerichte lediglich von der Antragstellung durch eine berechtigte Partei ab.

b) Antragstellung durch Gläubiger

Wie bereits dargestellt,[201] steht den Insolvenzgläubigern[202] lediglich bei bestehender Zahlungsunfähigkeit und bzw. oder bei Überschuldung der Gesellschaft gemäß §§ 17, 19 InsO ein Antragsrecht auf Eröffnung des Insolvenzverfahrens zu. Der Antrag muss ordnungsgemäß beim zuständigen Gericht eingereicht wer-

---

[198] BGH II ZR 303/05, NZI 2007, 44; *Pape/Uhlenbruck/Voigt-Salus*, Insolvenzrecht, Kap. 17 Rn 47.

[199] Vgl. Ausführungen bereits auf S. 44 f. und ebenso *Ampferl* in Beck/Depré, Praxis der Insolvenz, § 2 Rn 158.

[200] Vgl. auch *Ampferl* in Beck/Depré, Praxis der Insolvenz, § 2 Rn 149 ff.; *Pape/Uhlenbruck/Voigt-Salus*, Insolvenzrecht, Kap. 17 Rn 46; *Leithaus* in Andres/ Leithaus, InsO, § 19 Rn 9; *Mönning* in Nerlich/Römermann, InsO, § 19 Rn 18 ff.

[201] Vgl. oben S. 43.

[202] Vgl. zur Antragsberechtigung dinglich gesicherter Gläubiger BGH IX ZB 12/07, NJW 2008, 1380; vgl. zur Unterscheidung zu anderen Arten von Gläubigern oben S. 39.

den. Abgesehen von der Einhaltung der hierzu bestehenden Formvorschriften,[203] muss der antragstellende Gläubiger gemäß § 14 I 1 InsO das Bestehen und die Erheblichkeit seiner Forderung substantiiert und nachvollziehbar darlegen, sowie sein Interesse an der Eröffnung des Insolvenzverfahrens und das Bestehen eines Eröffnungsgrunds glaubhaft machen.[204] Zwar stehen dem Schuldner keine Möglichkeiten zur Verfügung, sich gegen die Zulassung des Antrags zu wehren, insbesondere ist eine sofortige Beschwerde nicht statthaft,[205] allerdings muss er gemäß § 14 II InsO zur Sache gehört werden, wenn die gerichtsinterne Prüfung ergeben sollte, dass der gestellte Antrag zulässig ist.[206] Im Rahmen dieser Anhörung steht es dem Schuldner frei, den Gegenbeweis im Wege der Gegenglaubhaftmachung anzutreten. Gelingt ihm dies, wird der Insolvenzantrag als unbegründet abgewiesen. Andernfalls geht das Insolvenzverfahren seinen weiteren Gang, welcher im weiteren Verlauf noch dargestellt wird.

c) Antragstellung durch Schuldner

Im Übrigen steht es auch dem Schuldner gemäß § 13 I 2 Alt. 2 InsO selbst zu, einen Eröffnungsantrag zu stellen. Wie bereits vorhergehend erläutert, besteht im Falle von Zahlungsunfähigkeit und Überschuldung einer juristischen Person gemäß § 15a InsO sogar eine Antragspflicht für die Organe von juristischen Personen und Gesellschaften ohne eigene Rechtspersönlichkeit.[207] Gemäß § 13 I 3 InsO ist dem Antrag auf Insolvenzeröffnung ein Gläubigerverzeichnis beizufügen. Dieses ist um weitere Angaben gemäß § 13 I 4 InsO zu ergänzen, wenn eine Eigenverwaltung oder die Einsetzung eines vorläufigen Gläubiger-

---

[203] Vgl. hierzu ausführlich *Uhlenbruck* in Uhlenbruck/Hirte/Vallender, InsO, § 14 Rn 21 ff.; *Gogger*, Hdb Insolvenzgläubiger, § 2 Rn 28 ff.

[204] Vgl. hierzu ausführlich *Dahl*, NJW-Spezial 2009, 741; *Schmahl* in Kirchhof/Lwowski/Stürner, MüKo InsO, § 14 Rn 9 ff.; *Mönning* in Nerlich/Römermann, InsO, § 14 Rn 8 ff.; *Gogger*, Hdb Insolvenzgläubiger, § 2 Rn 37; BGH III ZR 55/85, NJW-RR 1986, 1188; BGH IX ZB 214/10, NZI 2011, 540.

[205] Vgl. die Regelung in § 6 I InsO im Zusammenspiel mit § 21 I InsO.

[206] Vgl. zur Anhörung des Schuldners *Mönning* in Nerlich/Römermann, InsO, § 14 Rn 3 ff.

[207] Vgl. oben S. 43; *Dahl*, NJW-Spezial 2009, 613.

ausschusses beantragt wird, sowie wenn die Einsetzung eines vorläufigen Gläubigerausschusses gemäß § 22a I InsO verpflichtend ist.[208]

Ist der Eröffnungsantrag zulässig, wurde er also in Schriftform, mit den notwendigen Angaben und unbedingt eingereicht, obliegt es dem Insolvenzgericht zu prüfen, ob ein Eröffnungsgrund vorliegt und ob ausreichend Masse zur Verfügung steht, um die Kosten des Insolvenzverfahrens decken zu können.[209] Sind beide Vorrausetzungen gegeben, wird das Verfahren fortgeführt.

3) Ablauf des Insolvenzverfahrens

Nach Eingang eines Antrags auf Insolvenzeröffnung liegt der weitere Gang des Verfahrens in den Händen des Insolvenzgerichts. Dieses entscheidet von Amts wegen über anzuordnende Maßnahmen und den weiteren Verlauf.

a) Vorläufiges Verfahren

Zu Beginn wird durch das Insolvenzgericht ein vorläufiges Verfahren eingeleitet, welches bis zur Entscheidung über die Eröffnung des Hauptinsolvenzverfahrens andauert. Diese Maßnahme soll dazu dienen Vermögensverluste auf Seiten des Schuldners im Zeitraum zwischen Insolvenzantragsstellung und Eröffnung des Hauptverfahrens zu vermeiden.[210] Um dieses – in § 21 I 1 InsO normierte – Ziel zu verwirklichen stehen dem Insolvenzgericht u.a., die im Katalog des § 21 InsO nicht abschließend aufgeführten Sicherungsmaßnahmen zur Verfügung.[211] Voraussetzung für die Anordnung der einzelnen Maßnahmen ist allerdings, dass die jeweilige Maßnahme für den Erhalt des Vermögens erforderlich ist.[212]

---

[208] Vgl. vertiefend zur neuen Rechtslage nach ESUG allgemein *Fridgen*, GWR 2011, 535; *Römermann*, NJW 2012, 645; *Dahl*, NJW-Spezial 2012, 21; *Simon/Merkelbach*, NZG 2012, 121; *Hirte*, ZInsO 2011, 401.

[209] BGH IX ZB 426/02, NJW 2003, 1187; *Hänel* in Büchting/Heussen, Rechtsanwaltshandbuch, § 45 Insolvenzrecht Rn 29; *Dahl*, NJW-Spezial 2009, 613 f.

[210] *Seagon* in Buth/Herrmanns, Restrukturierung, Sanierung, Insolvenz, § 27 Rn 20.

[211] *Haberhauer/Meeh*, DStR 1995, 1442 (1443); vgl. für weitere Maßnahmen *Vallender* in Uhlenbruck/Hirte/Vallender, InsO, § 21 Rn 10.

[212] BGH III ZR 55/85, NJW-RR 1986, 1188 (1889); *Vallender* in Uhlenbruck/Hirte/Vallender, InsO, § 21 Rn 3 f.

In der Regel wird durch das Insolvenzgericht ein vorläufiger Insolvenzverwalter bestellt, dessen Aufgabe darin besteht, das Vermögen des Schuldners zu verwalten und zu sichern.[213] Im Rahmen der Bestellung eines vorläufigen Insolvenzverwalters ist zu unterscheiden, ob es sich dabei grundsätzlich um einen „starken" oder „schwachen" Insolvenzverwalter handelt. Bei ersterem Fall wird dem Schuldner gemäß § 21 I 1 InsO ein allgemeines Verfügungsverbot auferlegt, so dass die Verwaltungs- und Verfügungsbefugnis über das schuldnerische Vermögen auf den vorläufigen Insolvenzverwalter übergeht. Regelmäßig wird allerdings, unter Anordnung eines Zustimmungsvorbehalts gemäß § 21 II 1 Nr. 2 Alt. 2 InsO, lediglich ein „schwacher" Insolvenzverwalter bestellt, dessen Befugnisse jeweils einzeln durch das Insolvenzgericht festgelegt werden.[214] Zu beachten ist dabei insbesondere die Beschränkung des § 22 II 2 InsO nach der die Pflichten, und damit im Umkehrschluss auch die Rechte, des „schwachen" nicht über die eines „starken" Insolvenzverwalters hinausgehen dürfen.[215]

Der Befugnis- und gleichzeitig Aufgabenkreis des „starken" Insolvenzverwalters bestimmt sich nach § 22 I 2 Nr. 1 bis 3 InsO.[216] Besondere Bedeutung kommt in diesem Fall der Möglichkeit der Begründung von Masseverbindlichkeiten – im Rahmen der Unternehmensfortführung nach § 22 I 2 Nr. 2 InsO – gemäß § 55 II 1 InsO zu. Werden diese Verbindlichkeiten am Ende nicht von der Masse gedeckt, kommt eine persönliche Haftung des vorläufigen „starken" Verwalters gemäß § 61 InsO in Betracht.[217]

---

[213] *Seagon* in Buth/Herrmanns, Restrukturierung, Sanierung, Insolvenz, § 27 Rn 20.

[214] BGH IX ZR 195/01, NJW 2002, 3326 (3328); *Leithaus* in Andres/Leithaus, InsO, § 22 Rn 3, 13.

[215] BGH IX ZR 195/01, NJW 2002, 3326 (3328 ff.).

[216] Vgl. vertiefend zum „starken" Insolvenzverwalter *Ampferl*, Der "starke" vorläufige Insolvenzverwalter.

[217] BGH IX ZR 185/03, NZI 2005, 222; *Vallender* in Uhlenbruck/Hirte/Vallender, InsO, § 22 Rn 23 ff.; *Leithaus* in Andres/Leithaus, InsO, § 22 Rn 8; *Delhaes*, NZI 1998, 102 (103 f.); *Wallner/Neuenhahn*, NZI 2004, 63; vgl. aber auch zur Haftung des „schwachen" Insolvenzverwalters OLG Frankfurt 26 U 43/06, ZInsO 2007, 548; OLG Schleswig 1 U 42/03, NZI 2004, 92; OLG Celle 16 U 95/03, NZI 2004, 89; *Wallner/Neuenhahn*, NZI 2004, 63 (67 f.).

Im Gegensatz zur Stellung des vorläufigen „starken" Insolvenzverwalters, kommt dem „schwachen" Insolvenzverwalter meist lediglich ein Zustimmungsvorbehalt gemäß § 21 II 1 Nr. 2 Alt. 2 InsO, zumeist gepaart mit Einzelermächtigungen durch das Insolvenzgericht gemäß § 22 II 1 InsO, zu.[218] Keiner besonderen Ermächtigung durch das Gericht bedarf der Verwalter für die Erhaltung des Vermögens, die Prüfung der Massezulänglichkeit sowie der Prüfung des Bestehens eines Eröffnungsgrunds, da es sich hierbei um die allgemeinen Pflichten eines jeden vorläufigen Insolvenzverwalters handelt.[219] Zumeist wird dem „schwachen" vorläufigen Verwalter neben einem allgemeinen Zustimmungsvorbehalt – nach dem alle Verfügungen des Schuldners, die weder mit Zustimmung noch mit nachträglicher Genehmigung erfolgt sind, unwirksam sind – eine sogenannte gegenstandsbezogene Verfügungsbefugnis eingeräumt.[220] In Bezug auf die von dieser Verfügungsbefugnis erfassten Vermögensgegenstände verliert der Schuldner seine eigene Verfügungsbefugnis, wodurch jede darauf bezogene Verfügung seinerseits unwirksam ist.

Ein von der Rechtsprechung mittlerweile eingeschlagener Mittelweg besteht in der Schaffung des sogenannten vorläufigen „halbstarken" Insolvenzverwalters.[221] Auch dieser ist im Rahmen von Einzel- oder auch Gruppenermächtigungen zur Begründung von Masseverbindlichkeiten fähig. Wie der Bundesgerichtshof letztlich deutlich gemacht hat, darf eine solche Ermächtigung allerdings nicht pauschal vom zuständigen Insolvenzgericht erteilt werden.[222] Vielmehr muss das Insolvenzgericht im Voraus bestimmen, welche Art von Verbindlichkeiten eingegangen und in welchem Umfang diese für die Masse begründet werden dürfen.[223]

---

[218] *Delhaes*, NZI 1998, 102 (103).

[219] *Uhlenbruck*, NZI 2000, 289 (290 f.); *Vallender* in Uhlenbruck/Hirte/Vallender, InsO, § 22 Rn 7.

[220] *Haarmeyer* in Kirchhof/Lwowski/Stürner, MüKo InsO, § 22 Rn 31 f.

[221] BGH IX ZR 195/01, NJW 2002, 3326.

[222] BGH IX ZR 195/01, NJW 2002, 3326 (3329 f.).

[223] BGH IX ZR 195/01, NJW 2002, 3326 (3329 f.); *Haarmeyer* in Kirchhof/Lwowski/Stürner, MüKo InsO, § 22 Rn 64, 70.

Im Übrigen kann das Insolvenzgericht, sofern erforderlich, noch darüber hinausgehende Sicherungsmaßnahmen treffen.[224]

Das vorläufige Insolvenzverfahren wird durch Beschluss des Gerichts über die Eröffnung des Hauptinsolvenzverfahrens gemäß § 27 InsO oder durch Abweisung des Insolvenzeröffnungsantrags mangels Masse gemäß § 26 I 1 InsO beendet.

b) Wirkungen des eröffneten Insolvenzverfahrens

Mit Erlass des Eröffnungsbeschlusses des Insolvenzgerichts wird das Insolvenzverfahren eröffnet.[225] Damit treten die endgültigen Wirkungen des Insolvenzverfahrens ein. Im Rahmen des Eröffnungsbeschlusses wird gemäß § 27 I 1, II Nr. 2 InsO ein endgültiger Insolvenzverwalter ernannt, welcher aber in der Praxis zumeist personengleich mit dem vorläufigen Verwalter ist.[226] Gleichwohl muss das Insolvenzgericht im Rahmen der Bestellung die Anforderungen des § 56 I InsO beachten. Danach kann als Verwalter nur eine natürliche Person bestellt werden, welche für das jeweilige Insolvenzverfahren geeignet ist und von den Gläubigern wie auch dem Schuldner unabhängig sein soll.

Als Gegenpol zur Vorschrift des § 56 InsO besteht das Recht der Gläubigerversammlung nach § 57 InsO, den bestellten Verwalter abzuwählen und einen neuen zu wählen. Als Schutzmechanismus bedarf es hierfür neben der „Summenmehrheit" nach § 76 II InsO auch der „Kopfmehrheit" der abstimmenden Gläubiger.[227] Gleichwohl erscheint gerade die gesetzlich geforderte Unabhängigkeit des Insolvenzverwalters bei einem von den Gläubigern gewählten Verwalter in Gefahr zu geraten unterlaufen zu werden.[228] Trotz dieser Gefahr kann das Insolvenzgericht die Bestellung des gewählten Insolvenzverwalters gemäß § 57 S. 3 InsO nur dann verweigern, wenn dieser für das Amt nicht geeignet ist.

---

[224] Vgl. § 21 II 1 Nr. 3-5; vgl. für weitere Maßnahmen *Vallender* in Uhlenbruck/Hirte/Vallender, InsO, § 21 Rn 10.

[225] Zur Ausnahme vgl. § 27 III InsO.

[226] *Haberhauer/Meeh*, DStR 1995, 2005.

[227] *Klopp/Kluth* in Gottwald, Hdb Insolvenzrecht, § 22 Rn 15.

[228] *Haberhauer/Meeh*, DStR 1995, 2005.

Gleiches gilt nach neuer Rechtslage gemäß § 56a II 1 InsO, wenn der vorläufige Gläubigerausschuss einstimmig einen Insolvenzverwalter vorschlägt.[229]

i) Allgemeine Wirkungen

Unabhängig davon geht gemäß § 80 I InsO mit Eröffnung des Insolvenzverfahrens und der damit einhergehenden Bestellung eines endgültigen Insolvenzverwalters die allgemeine Verwaltungs- und Verfügungsbefugnis des Schuldners – im Hinblick auf massezugehöriges Vermögen – vollumfänglich auf den Verwalter über.[230] Insbesondere zu beachten ist, dass der Insolvenzverwalter mit Übergang der Verwaltungs- und Verfügungsbefugnis in die Rechtsposition des Schuldners eintritt und ihm mithin keine weitergehenden Rechte zustehen, als sie dem Schuldner zum Zeitpunkt der Eröffnung zustanden.[231] Gleichzeitig treffen ihn aber auch dieselben Pflichten, welche die Beachtung dinglicher Rechte Dritter miteinschließen.[232]

Der Übergang der Verwaltungs- und Verfügungsbefugnis schließt auch die Empfangszuständigkeit gemäß § 82 InsO mit ein. Daher kann ein Schuldner des Insolvenzschuldners nach Eröffnung des Verfahrens nur dann mit befreiender Wirkung an den Insolvenzschuldner leisten, wenn der Schuldner noch keine positive Kenntnis von der Eröffnung des Verfahrens hat oder der Insolvenzschuldner das Geleistete letztendlich der Insolvenzmasse zuführt oder es ohne sein Zutun in die Masse gelangt.[233]

---

[229] Vgl. vertiefend zur neuen Rechtslage nach ESUG *Fridgen*, GWR 2011, 535; *Römermann*, NJW 2012, 645; *Dahl*, NJW-Spezial 2012, 21; *Simon/Merkelbach*, NZG 2012, 121; *Hirte*, ZInsO 2011, 401.

[230] Vgl. vertiefend *Eickmann* in Gottwald, Hdb Insolvenzrecht, § 30 Rn 37 f.; *Holzer* in Beck/Depré, Praxis der Insolvenz, § 7 Rn 1 ff.; *Uhlenbruck* in Uhlenbruck/Hirte/Vallender, InsO, § 80 Rn 2; *Ott/Vuia* in Kirchhof/Lwowski/Stürner, MüKo InsO, § 80 Rn 43.

[231] *Ott/Vuia* in Kirchhof/Lwowski/Stürner, MüKo InsO, § 80 Rn 43; *Uhlenbruck* in Uhlenbruck/Hirte/Vallender, InsO, § 80 Rn 160; vgl. zur Konkursordnung BGH VII ZR 204/56, NJW 1957, 791; BGH VII ZR 85/69, NJW 1971, 1750; BGH II ZR 217/62, NJW 1965, 1585 (1586 f.); BGH IX ZR 252/93, NJW 1995, 1484 (1485).

[232] *Ott/Vuia* in Kirchhof/Lwowski/Stürner, MüKo InsO, § 80 Rn 46; RGZ 42, 85 (86); RGZ 69, 85 (92); RGZ 74, 106 (109); vgl. für die Verletzung eines fremden Patents BGH X ZR 37/72, GRUR 1975, 652.

[233] *Eickmann* in Gottwald, Hdb Insolvenzrecht, § 31 Rn 93 ff.

Abgesehen von diesen allgemeinen Wirkungen der Eröffnung des Insolvenzverfahrens sollen im Folgenden die speziellen Wirkungen lediglich exemplarisch aufgezeigt werden.

ii) Spezielle Wirkungen

Bei den speziellen Wirkungen des Insolvenzverfahrens ist grundsätzlich zu unterscheiden, ob es sich um Wirkungen im Hinblick auf den Schuldner oder im Hinblick auf die Position der Gläubiger handelt.

Der Schuldner verliert zwar mit Eröffnung des Insolvenzverfahrens sowohl die Verwaltungs- wie auch die Verfügungsbefugnis über alle massezugehörigen Gegenstände, dennoch bleibt er Eigentümer bzw. Inhaber sämtlicher Vermögensgegenstände und Rechte.[234] Darüber hinaus trifft den Schuldner gemäß § 97 I InsO gegenüber dem Verwalter, dem Insolvenzgericht und gegebenenfalls nach gerichtlicher Anordnung gegenüber der Gläubigerversammlung eine umfassende Auskunftspflicht bezüglich aller verfahrensrelevanter Fragen.[235] Diese wird durch die Möglichkeit des Insolvenzgerichts gemäß § 98 InsO die Abgabe einer eidesstattlichen Versicherung durch den Schuldner anzuordnen verstärkt. Zusätzlich obliegt es dem Schuldner gemäß § 97 II, III InsO, das Verfahren zu fördern und sich jederzeit zu diesem Zweck bereitzuhalten. Von einer eingehenderen Darstellung der einzelnen Wirkungszusammenhänge der Eröffnung des Verfahrens auf den Schuldner wird an dieser Stelle aufgrund der eingeschränkten Relevanz für den Gegenstand dieser Arbeit abgesehen.[236]

Als Beteiligte am Insolvenzverfahren treffen die Gläubiger ebenfalls einige spezielle Wirkungen der Insolvenzeröffnung. Zum einen müssen Insolvenzgläubiger zur Durchsetzung ihrer Insolvenzforderungen diese gemäß § 174 InsO zur Tabelle anmelden. Eine Einzelvollstreckung ist nicht mehr möglich.[237] Zum anderen sind gegenseitige, nicht vollständig erfüllte Verträge – bis auf einige Aus-

---

[234] *Kroth* in Braun, InsO, § 80 Rn 11.

[235] *Eickmann* in Gottwald, Hdb Insolvenzrecht, § 30 Rn 6.

[236] Vgl. weiterführend *Eickmann* in Gottwald, Hdb Insolvenzrecht, § 30 Rn 1 ff.; *Uhlenbruck* in Uhlenbruck/Hirte/Vallender, InsO, § 80 Rn 6 ff.

[237] Vgl. oben S. 39 f.

nahmen – ab Eröffnung des Insolvenzverfahrens für dessen Gesamtdauer nicht mehr durchsetzbar.[238]

II. Die Massezugehörigkeit von Immaterialgüterrechten

Im Rahmen der Beurteilung und der Einordnung von Immaterialgüterrechten in das Insolvenzrecht ist zwischen dem Stammrecht und den dazugehörigen Lizenzrechten zu unterscheiden.

1) Das Stammrecht

Ein immaterialgüterrechtliches Stammrecht, gleich ob es sich dabei um ein Patent, eine Marke oder ein Urheberrecht handelt, stellt einen wertmäßig bezifferbaren und – außer im Falle des Urheberrechts – übertragbaren Vermögensgegenstand dar.[239] Folglich sind sie, soweit übertragbar, als „andere Vermögensrechte" im Sinne von § 857 I ZPO pfändbar.[240] Eine Besonderheit gilt im Urheberrecht aufgrund dessen Unübertragbarkeit gemäß §§ 28, 29 UrhG, allerdings sind zumindest die urheberrechtlichen Nutzungsrechte gemäß § 34 UrhG übertragbar und somit pfändbar.[241]

Aufgrund ihrer Pfändbarkeit fallen die immaterialgüterrechtlichen Stammrechte auch unstreitig in die Insolvenzmasse im Falle der Insolvenz des Immaterialgüterrechtsinhabers.[242]

2) Die Lizenzrechte

Aufgrund der bislang pauschal erfolgten Charakterisierung der nicht-exklusiven Patentlizenz als lediglich schuldrechtliches, nicht übertragbares Recht, wurde dieses traditionell nicht zur Insolvenzmasse des Lizenznehmers gezählt.[243] Be-

---

[238] BGH IX ZR 313/99, NJW 2002, 2783 (2785).

[239] *Wiedemann*, Lizenzen und Lizenzverträge in der Insolvenz, Rn 148.

[240] Ebenso *Scholz*, Lizenzen in der Insolvenz, S. 19.

[241] Vgl. auch *Scholz*, Lizenzen in der Insolvenz, S. 19.

[242] *Bäuerle* in Braun, InsO, § 35 Rn 21; *Hirte* in Uhlenbruck/Hirte/Vallender, InsO, § 35 Rn 238; *Lwowski/Peters* in Kirchhof/Lwowski/Stürner, MüKo InsO, § 35 Rn 283; *Leithaus* in Andres/Leithaus, InsO, § 35 Rn 7.

[243] *Lwowski/Peters* in Kirchhof/Lwowski/Stürner, MüKo InsO, § 35 Rn 310.

gründet wurde dies damit, dass es sich bei der nicht-exklusiven Patentlizenz eben nicht um ein eigenständiges Recht handelt, welches damit auch nicht pfändbar sei.[244] Deswegen könne es auch nicht Gegenstand der Insolvenzmasse sein.[245] Dass diese Annahme, die grundsätzlich einem Mangel von Abwehrrechten beruht, weder im Interesse der Vertragsparteien, noch im Interesse der Gläubigergemeinschaft steht, wird im weiteren Verlauf der Arbeit deutlich. Gleichermaßen besteht keine rechtstechnische Notwendigkeit davon auszugehen, dass die nicht-exklusive Patentlizenz kein eigenständiges Recht darstellt.

Im Gegensatz dazu wird die Massezugehörigkeit der exklusiven Lizenz nicht in Zweifel gezogen. Bei dieser handelt es sich nach allgemeinem Verständnis um ein dingliches Recht, welchem daher unumstritten ein eigener Vermögenswert zukommt, der es auch erstrebenswert macht die Lizenz in die Insolvenzmasse zu ziehen. Ebenso unterliegt die exklusive Lizenz als „anderes Vermögensrecht" gemäß § 857 ZPO der Einzelzwangsvollstreckung.[246] Dieser Umstand wird als weiterer Grund dafür herangezogen, dass dieses Recht auch stets in die Insolvenzmasse fallen soll. Für die Pfändbarkeit der exklusiven Lizenz wird deren freie Übertragbarkeit und Unabhängigkeit von persönlichen Beziehungen angeführt.[247]

Dieser Argumentation nicht ohne Weiteres gefolgt werden. Weder ist die exklusive Lizenz stets frei übertragbar, noch ist sie weniger von persönlichen Bindungen abhängig als dies bei einer nicht-exklusiven Lizenz der Fall ist.[248] Dies erscheint lediglich auf den ersten Blick so. Betrachtet man jede der beiden Lizenzen und ihre jeweilige Bedeutung eingehender, fällt schnell auf, dass eigentlich das Gegenteil der Fall ist. Die Übertragbarkeit der Lizenz hängt allein von der vertraglichen Vereinbarung zwischen den Lizenzvertragsparteien ab.[249] So ist –

---

[244] *Scholz*, Lizenzen in der Insolvenz, S. 20.

[245] *Abel*, NZI 2003, 121 (122); *Lwowski/Peters* in Kirchhof/Lwowski/Stürner, MüKo InsO, § 35 Rn 311.

[246] *Abel*, NZI 2003, 121 (122); *Lwowski/Peters* in Kirchhof/Lwowski/Stürner, MüKo InsO, § 35 Rn 311.

[247] *Abel*, NZI 2003, 121 (122); *Hirte* in Uhlenbruck/Hirte/Vallender, InsO, § 35 Rn 254.

[248] *Heimberg*, Lizenzen und Lizenzverträge in der Insolvenz, S. 144 f.

[249] BGH K ZR 15/68, GRUR 1968, 560.

selbst wenn man die Unterscheidung zwischen dinglichem und schuldrechtlichem Charakter annimmt – die nicht-exklusive Lizenz ebenso übertragbar wie die exklusive. Eine Übertragung erfolgt gemäß §§ 413, 398 BGB.[250] Einfach anzunehmen, dass die Möglichkeit der Übertragung gemäß §§ 413, 399 Alt. 1 BGB ausgeschlossen sein soll ist ein Zirkelschluss. Dieser ergibt sich aus der Annahme, dass der persönlichen Beziehung bei der nicht-exklusiven Lizenz ein höherer Stellenwert eingeräumt werde, als bei der exklusiven Lizenz. Diese Annahme beruht auf der Einordnung der nicht-exklusiven Lizenz als schuldrechtliches Recht. Schuldrechtliche Rechte wirken generell nur relativ zwischen den Parteien und mögen deshalb auch bei erster Betrachtung suggerieren, dass eine stärkere Bindung zwischen den Parteien bestünde. Bei Nutzungsrechten ist allerdings genau gegenteiliges der Fall. Der Lizenzgeber ist von einem exklusiven Lizenznehmer in weit stärkerem Ausmaß abhängig, als von einem nicht-exklusiven Lizenznehmer.[251]

Aus diesem Grund ist es ein Trugschluss, allein aufgrund einer angenommenen schuldrechtlichen Natur der nicht-exklusiven Lizenz, von einer stärkeren persönlichen Bindung oder gar einer Abhängigkeit auszugehen. Der Lizenzgeber einer exklusiven Lizenz hat ein viel stärkeres eigenes Interesse an der Identität seines Lizenznehmers. So entspricht es auch der Bedeutung der exklusiven Lizenz eigentlich sehr viel mehr, nicht von einer freien Übertragbarkeit auszugehen.

Somit ist es ein Zirkelschluss, allein von einer angenommenen schuldrechtlichen Natur auf eine persönliche Bindung und damit auf eine Unübertragbarkeit der Lizenz zu schließen. Es besteht schlichtweg kein Grund, die nicht-exklusive Lizenz als unübertragbar anzusehen[252] und schon erst recht nicht, wenn ihr eine dingliche Wirkung zukommt.

Nimmt man das Beispiel der Forderung, so besteht für diesen Fall Einigkeit, dass eine Forderung grundsätzlich gemäß § 398 BGB übertragbar ist, die Übertragbarkeit im Einzelfall gemäß § 399 BGB ausgeschlossen werden kann und

---

[250] So schon seit über 100 Jahren *Seligsohn*, PatG, § 6 Rn 5.

[251] Vgl. dazu auch bereits oben S. 17 ff.

[252] Ebenso geht es im, oft missverstandenen, Urteil des BGH vom 23. April 1974 nicht um die Übertragbarkeit der nicht-exklusiven Lizenz, sondern um die Unterlizenzierung, vgl. BGH X ZR 4/71, GRUR 1974, 463.

die Forderung gemäß §§ 828 ff. ZPO pfändbar ist. Ebenso ist sie Teil der Insolvenzmasse.[253] Weswegen – trotz vergleichbarer Voraussetzungen dank der Vorschrift des § 413 BGB – nicht das Gleiche für die nicht-exklusive Patentlizenz, falls dieser schuldrechtliche Wirkung zukommt, gelten soll, ist unklar.

Aus diesen hier angeführten Gründen sollte die Nichteinbeziehung der nicht-exklusiven Lizenz in die Insolvenzmasse des Lizenznehmers erneut überdacht werden. Im Übrigen ist die Argumentation, die bislang allein auf der Übertragbarkeit des Rechts beruhte, schon allein angesichts der Pfändbarkeit des Nießbrauchs nicht haltbar.[254]

Entscheidend für die Massezugehörigkeit der Lizenz bleibt somit wiederum nur die Rechtsnatur der Lizenz allein.[255]

Abgesehen davon kommt auch der nicht-exklusiven Lizenz unbestritten, ein wirtschaftlicher, nicht unbedeutender, Wert zu. Diesen einfach aus der Insolvenzmasse auszunehmen kann nicht dem Interesse der Gläubigergemeinschaft entsprechen.[256]

---

[253] *Leithaus* in Andres/Leithaus, InsO, § 35 Rn 7; *Andres* in Nerlich/Römermann, InsO, § 35 Rn 36; *Lwowski/Peters* in Kirchhof/Lwowski/Stürner, MüKo InsO, § 35 Rn 383.

[254] *Becker* in Musielak, ZPO, § 857 Rn 14; *Riedel* in Vorwerk/Wolf, Beck OK ZPO, § 857 Rn 6; vgl. auch für die Pfändbarkeit der gesetzlich unübertragbaren exklusiven Lizenz *Onderka* in Kindl/Meller-Hannich/Wolf, HK Zwangsvollstreckung, Schwerpunktbeiträge Kap. 5 VII Rn 30.

[255] Vgl. für die Beurteilung der Pfändbarkeit nach der Rechtsnatur *Onderka* in Kindl/Meller-Hannich/Wolf, HK Zwangsvollstreckung, Schwerpunktbeiträge Kap. 5 VII Rn 27.

[256] Ebenso *Wiedemann*, Lizenzen und Lizenzverträge in der Insolvenz, Rn 233.

D. Die Patentlizenz in der Insolvenz

I. Abgrenzung zwischen § 47 und § 103 Insolvenzordnung

Weiterhin entscheidend für die Beantwortung der grundlegenden Frage nach der Insolvenzfestigkeit der nicht-exklusiven Patentlizenz in der Insolvenz des Lizenzgebers ist die Abgrenzung zwischen den Anwendungsbereichen und -voraussetzungen von § 47 und § 103 InsO.

1) Exklusivitätsverhältnis der Normen

Beide Vorschriften stehen zueinander in einem Exklusivitätsverhältnis. Dies lässt sich anhand der Systematik und dem Regelungszweck der Insolvenzordnung veranschaulichen.

a) Systematische Einordnung des § 47 Insolvenzordnung

Wird über das Vermögen des Schuldners das Insolvenzverfahren eröffnet, fallen grundsätzlich alle geldwerten Güter des Schuldners in die Insolvenzmasse.[257] Die Masse erfasst die Gesamtheit des Vermögens, welches für die ausstehenden Verbindlichkeiten der Gläubiger haftet.[258] Wie schon begrifflich klar beschrieben wird, betrifft dies nur dasjenige Vermögen an welchem der Schuldner Eigentum hat.[259] Ausgenommen sind damit diejenigen Güter, die nach materieller Rechtslage im Eigentum eines Dritten stehen, Forderungen, deren Inhaber ein Dritter ist[260] sowie dingliche Nutzungsrechte Dritter,[261] also Vermögensgegenstände und -rechte, die haftungsrechtlich einem Dritten zugewiesen sind.[262] Damit wird deutlich, dass der nach § 47 InsO aussonderungsberechtigte Einzel-

---

[257] Vgl. für die Legaldefinition der Insolvenzmasse § 35 InsO.

[258] *Apel*, Herausgabeansprüche im bürgerlichrechtlichen und insolvenzrechtlichen Haftungssystem, S. 200 f.

[259] *Niesert* in Andersen Freihalter Rechtsanwaltsgesellschaft mbH, Aus- und Absonderungsrechte in der Insolvenz, Rn 35.

[260] *Spickerhoff*, Aus- und Absonderung in der Insolvenz , S. 40.

[261] *Ganter* in Kirchhof/Lwowski/Stürner, MüKo InsO, § 47 Rn 34; *Andres* in Nerlich/Römermann, InsO, § 47 Rn 3; *Niesert* in Andersen Freihalter Rechtsanwaltsgesellschaft mbH, Aus- und Absonderungsrechte in der Insolvenz, Rn 5.

[262] *Brinkmann* in Uhlenbruck/Hirte/Vallender, InsO, § 47 Rn 8; *Delhaes*, NZI 1999, 47 (50).

gläubiger sein Recht gegenüber dem Insolvenzverwalter, als Passivlegitimiertem,[263] im Wege der Aussonderung geltend machen kann.

b) Systematische Einordnung des § 103 Insolvenzordnung

Im Gegensatz dazu erfasst § 103 InsO gemäß seines Wortlauts schuldrechtliche, gegenseitige Vertragsverhältnisse. Dies sind eben keine Rechte, die einem Dritten zustehen bzw. diesem zugewiesen sind, sondern privatrechtliche Sonderverbindungen, die grundsätzlich erfüllt werden müssen und deren Inhalt rechtlich durchsetzbar ist. Dementsprechend steht dem Dritten als Vertragspartner des Insolvenzschuldners lediglich ein Anspruch auf Erfüllung der vertraglichen Verpflichtungen zu, mithin ein Erfüllungsanspruch. Hiervon abzugrenzen ist die von § 47 InsO erfasste Verteidigung eines massefremden Rechts.[264] Im Detail bedeutet dies, dass ein Aussonderungsrecht erst entsteht, nachdem das zugrunde liegende schuldrechtliche Verhältnis dinglich erfüllt wurde. Folglich kann einem Vertragsgläubiger des Insolvenzschuldners kein Aussonderungsrecht an einer Sache zustehen, die noch Gegenstand eines Erfüllungsanspruchs ist, da als Erfüllung regelmäßig erst die Einräumung einer dinglichen Rechtsposition geschuldet wird. Bis zum Zeitpunkt der Erfüllung dieser Pflicht ist die Sache schlichtweg nicht dem Vertragsgläubiger haftungsrechtlich zugewiesen.

Im Ergebnis kann damit jedes Aussonderungsgut nicht Gegenstand des Erfüllungswahlrechts des Insolvenzverwalters gemäß § 103 InsO sein, da es nicht Teil der von ihm zu verwaltenden Insolvenzmasse ist. Ebenso kann das, was dem Erfüllungswahlrecht unterliegt, nicht dem Gläubiger bereits haftungsrechtlich zugewiesen sein und damit auch kein Aussonderungsrecht begründen. Allenfalls bestünde für den Insolvenzverwalter die Möglichkeit, die Nichterfüllung des dem dinglichen Recht zugrundeliegenden Vertrags zu wählen.[265] Allerdings sollte dies aufgrund des Trennungs- und Abstraktionsprinzips keinerlei Auswir-

---

[263] *Niesert* in Andersen Freihalter Rechtsanwaltsgesellschaft mbH, Aus- und Absonderungsrechte in der Insolvenz, Rn 13; *Spickerhoff*, Aus- und Absonderung in der Insolvenz , S. 52.

[264] *Ganter* in Kirchhof/Lwowski/Stürner, MüKo InsO, § 47 Rn 5; zur Vorgängervorschrift § 43 KO *Schmidt*, ZZP 90, 38 (46); vgl. auch *Spickerhoff*, Aus- und Absonderung in der Insolvenz , S. 37.

[265] *Berger*, Insolvenzschutz für Markenlizenzen, S. 112 f.

kungen auf das bereits eingeräumte und zur Aussonderung berechtigende dingliche Recht haben.[266]

Dies festgestellt ist im Weiteren entscheidend, was als Aussonderungsgut im Sinne von § 47 InsO anerkannt ist und welche Verträge in den Anwendungsbereich des § 103 InsO fallen.

2) Das dingliche Recht als Aussonderungsgut gemäß § 47 Insolvenzordnung

Wie schon der Wortlaut des § 47 InsO vorschreibt, ist derjenige nicht Insolvenzgläubiger, der aufgrund eines dinglichen Rechts geltend machen kann, dass ein Gegenstand nicht Teil der Insolvenzmasse ist.[267] Es geht mithin nicht nur um die Dinglichkeit des in Frage stehenden Rechts, sondern, wie bereits erwähnt, zusätzlich auch um dessen haftungsrechtliche Zuweisung.[268]

Folglich dient § 47 InsO der Verteidigung des massefremden Rechts.[269]

a) Die haftungsrechtliche Zuordnung eines Vermögenswertes

Dass ein Gegenstand oder ein Recht nicht Teil der Insolvenzmasse ist, bedeutet im Umkehrschluss, dass eine haftungsrechtliche Zuweisung an einen Dritten besteht. Grundsätzlich dient die Insolvenzmasse, wie bereits erläutert,[270] der gemeinschaftlichen Befriedigung der Insolvenzgläubiger. Sie haftet damit für diese Verbindlichkeiten. Bezieht man dies nun auf die haftungsrechtliche Zuordnung, so ergibt sich, dass alle Vermögenswerte, die zur Insolvenzmasse gehören, den Insolvenzgläubigern gemeinschaftlich haftungsrechtlich zugewiesen

---

[266] Vgl. unten S. 149 f.

[267] *Niesert* in Andersen Freihalter Rechtsanwaltsgesellschaft mbH, Aus- und Absonderungsrechte in der Insolvenz, Rn 5.

[268] Ebenso *Seemann*, Der Lizenzvertrag in der Insolvenz, S. 39.

[269] *Ganter* in Kirchhof/Lwowski/Stürner, MüKo InsO, § 47 Rn 5; zur Vorgängervorschrift § 43 KO *Schmidt*, ZZP 90, 38 (46); vgl. auch *Spickerhoff*, Aus- und Absonderung in der Insolvenz , S. 37.

[270] Vgl. oben S. 39 f.

sind.[271] Steht aber das Recht an sich bzw. an einem Gegenstand einem Dritten zu, so kann es billigerweise nicht den Insolvenzgläubigern haften, nur weil es sich im Zeitpunkt der Insolvenzeröffnung u.U. zufällig in der tatsächlichen Sachherrschaft des Schuldners befunden hat. Diese lässt schließlich keinen Rückschluss auf die materiell-rechtliche Zuordnung des Eigentums bzw. der Inhaberschaft zu. Durch die Insolvenz findet keine Umverteilung der haftungsrechtlich zugeordneten Güter statt.[272] Damit bleibt auch im Insolvenzfall das Recht des Dritten unberührt. Um dieses Recht des Dritten im Rahmen eines Insolvenzverfahrens zu wahren, muss der Gegenstand bzw. das Recht von den übrigen Gütern der Insolvenzmasse getrennt werden. Mithin wird es ausgesondert und damit endgültig der Haftung zu Gunsten der Insolvenzgläubiger entzogen.

Aussonderungsfähig ist folglich jedes Recht an einem Gegenstand bzw. jegliche vermögenswerte Berechtigung, die haftungsrechtlich einem Dritten zugewiesen ist. Dazu zählen insbesondere auch immaterialgüterrechtliche Nutzungsrechte.[273]

b) Das dingliche Recht

Zumeist findet diese haftungsrechtliche Zuordnung an einen Dritten im Rahmen von dinglichen Rechten statt.[274] Dementsprechend ist das Konzept der Dinglichkeit eines Rechts erörterungsbedürftig. Grundlegend wird nach dem Gedanken der Einheit der Rechtsordnung das traditionelle bürgerlich-rechtliche Verständnis vom dinglichen Recht zur Charakterisierung der unter § 47 InsO fallenden Rechte herangezogen.[275] Allerdings ist auch positiv festzustellen, dass der Wortlaut des § 47 S. 1 InsO nicht von „Sachen", sondern von „Gegenständen", die aufgrund eines persönlichen oder dinglichen Rechts nicht zur Insolvenzmasse

---

[271] *Hirte/Knof*, JZ 2011, 889 (896 f.); vgl. vertiefend zur haftungsrechtlichen Zuordnung *Apel*, Herausgabeansprüche im bürgerlichrechtlichen und insolvenzrechtlichen Haftungssystem, S. 200 ff.

[272] *Hirte/Knof*, JZ 2011, 889 (897).

[273] *Haedicke*, ZGE 2011, 377 (399); vgl. insbesondere auch *Hirte/Knof*, JZ 2011, 889 (901) zur vermögensrechtlichen Zuweisung und folglich Aussonderung der Lizenz als Recht ohne wirtschaftlichen Wert.

[274] BGH IX ZR 75/01, NJW 2003, 3414 (3415).

[275] *Häsemeyer*, Insolvenzrecht, Rn 1.06.; *Hirte/Knof*, JZ 2011, 889 (895).

gehören, spricht. Dementsprechend muss auch dieser terminologische Unterschied und dessen Konsequenzen in die Betrachtung miteinfließen.[276]

i) Das sachenrechtliche Verständnis

Nach bürgerlich-rechtlicher Auffassung sind dingliche Rechte solche, „... *die eine bewegliche oder unbewegliche Sache [...] zum Gegenstand haben und eine unmittelbare Beziehung zwischen Rechtsinhaber und Sache begründen.*"[277] In der Vergangenheit wurden verschiedene Kriterien entwickelt, die traditionell erfüllt sein mussten, damit ein dingliches Recht im bürgerlich-rechtlichen Sinne vorliegt. Dabei handelt es sich im Einzelnen um die Absolutheit, die Bestimmtheit, die Publizität, den Typenzwang und die Abstraktheit der Rechte, zusammengefasst die Sachenrechtsgrundsätze.

(1) Absolutheit des Rechts

Überragende Bedeutung wird der Absolutheit des Rechts beigemessen. Diese beinhaltet zum einen, dass das Recht an einer Sache gegenüber jedermann gilt und zum anderen, dass es auch gegenüber jedermann durchgesetzt werden kann.[278] Hierin liegt nach traditioneller Auffassung der entscheidende Unterschied zu rein schuldrechtlichen Rechten, welche lediglich relative Wirkung zwischen den Vertragsparteien entfalten. Die Geltendmachung gegenüber Dritten erfolgt durch Ausübung der dem dinglichen Rechtsinhaber zustehenden negativen Abwehrrechte.[279] Wer Inhaber eines dinglichen Rechts ist, kann diese Abwehrrechte gegenüber jedermann geltend machen und so jeden von der Benutzung, dem Betreten oder der Beeinträchtigung seines Rechts abhalten. Zur Verfügung steht dem Berechtigten – je nach Ausgestaltung seines dinglichen Rechts – eine Reihe von negativen Abwehrrechten. Abschließend mögen hier beispielhaft die Ansprüche des Eigentümers auf Herausgabe nach § 985 BGB und Unterlassung nicht zu duldender Beeinträchtigungen gemäß § 1004 BGB genannt werden.

---

[276] *Hirte/Knof*, JZ 2011, 889 (895) die richtigerweise darauf hinweisen, dass „Gegenstände" nicht vom Dritten Buch des BGB erfasst sind.

[277] *Jauernig*, BGB, Vorb. Sachenrecht Rn 1; vgl. zum engen Bezug des bürgerlichen Rechts zur Definition der Sache im Eigentumsrecht *Pahlow*, Lizenz und Lizenzvertrag, S. 193.

[278] *Gaier* in Säcker/Rixecker, MüKo BGB, Vorb. Sachenrecht Rn 10.

[279] Beispielhaft: *Baur/Stürner*, Sachenrecht, § 4 Rn 4.

(2) Bestimmtheits- und Spezialitätsgrundsatz

Ein weiteres Merkmal des dinglichen Rechts ist dessen Bestimmbarkeit. Dies bedeutet, dass die Sache, an der ein dingliches Recht besteht oder erst begründet werden soll, individuell bzw. als Teil einer Sachgesamtheit bestimmt sein muss.[280] Dies dient der Rechtsklarheit, sowohl im Hinblick auf die Parteien wie auch bzgl. des Gegenstands der Übertragung.[281] Ausgeschlossen ist damit der Erwerb dinglicher Rechte an Sachgesamtheiten, deren Inhalt nicht individuell bestimmt werden kann und deren Bestand von einem Dritten durch äußerliche, leicht identifizierbare Abgrenzungskriterien nicht erkennbar ist.[282] Gleiches gilt auch für einzelne, gleichwohl nicht individuell bestimmte, Sachen.

(3) Publizitätsgrundsatz

Zusätzlich spielt auch, gerade im Rahmen der Begründung und Übertragung eines dinglichen Rechts, der Publizitäts-, auch Offenkundigkeitsgrundsatz genannt, eine gewichtige Rolle. Der grundlegende Gedanke hierbei ist der Verkehrsschutz. Wenn es dem dinglich Berechtigten möglich sein soll, dass er seine Berechtigung gegenüber jedermann durchsetzen kann, dann soll zumindest auch jedem Dritten die Möglichkeit gegeben werden, Kenntnis von der Rechtsinhaberschaft eines anderen zu erlangen.[283] Verwirklicht wird dies im Fall von Rechten an beweglichen Sachen, durch die Besitzübergabe und im Rahmen von unbeweglichen Sachen mittels Grundbucheintragung.[284] Beides stellt den notwendigen Publizitätsakt dar, welcher für die Vollendung des Rechtserwerbs nach bürgerlichem Recht unabdingbar ist.[285]

---

[280] Vgl. für die „All-Formel" BGH IX ZR 88/85, NJW 1986, 1985 (1986).

[281] *Baur/Stürner*, Sachenrecht, § 4 Rn 17 ff.

[282] BGH VIII ZR 93/78 , NJW 1979, 976; BGH IV ZR 24/56, NJW 1956, 1315 (1316); BGH VIII ZR 205/57, NJW 1958, 1133.

[283] *Jauernig*, BGB, Vorb. Sachenrecht Rn 4; *Schulte-Nölke* in Schulze, HK BGB, Vorb. zu §§ 854 - 1296 Rn 17.

[284] *Gaier* in Säcker/Rixecker, MüKo BGB, Vorb. Sachenrecht Rn 21; *Baur/Stürner*, Sachenrecht, § 4 Rn 9.

[285] *Baur/Stürner*, Sachenrecht, § 4 Rn 10; vgl. aber *Schulte-Nölke* in Schulze, HK BGB, Vorb. zu §§ 854 - 1296 Rn 17. Dies mag auch weitere Zweifel an der Fassung des § 934 BGB hervorrufen und die Frage nach der Notwendigkeit einer teleologischen Reduktion dieser Norm aufwerfen.

(4) Numerus Clausus

Der Numerus Clausus des Sachenrechts schreibt eine feste Anzahl der existenten dinglichen Rechtspositionen vor.[286] Man spricht hier auch von Typenfixierung bzw. Typenzwang. Zutreffend sind diese Bezeichnungen vor allem im Hinblick auf die starr vorgegebenen Arten der dinglichen Rechte.[287] Abweichend von den bestehenden Kategorien ist – nach bürgerlich-rechtlichem Verständnis – die Existenz eines dinglichen Rechts nur schwer vorstellbar. Eine privatautonome vertragliche Vereinbarung über die Schaffung oder Übertragung einer dinglichen Rechtsposition ist nach traditionell sachenrechtlicher Auffassung grundsätzlich nicht denkbar.[288] Anders dagegen im Immaterialgüterrecht, in dem die Schaffung der exklusiven Lizenz mit dinglicher Wirkung, entgegen Interessen des Verkehrsschutzes zulässig ist.[289]

Gleichwohl existieren Durchbrechungen dieses starren Grundsatzes, wie es beispielsweise an den Rechtsfiguren des „Sicherungseigentums" und des „Anwartschaftsrechts" erkennbar ist. Keines dieser beiden dinglichen Rechte ist im Dritten Buch des BGB kodifiziert. Vielmehr wurden beide ergänzend zu den kodifizierten dinglichen Rechten von der Rechtsprechung entwickelt.[290] Dass eine solche richterliche Rechtsfortbildung möglich und anerkannt ist wird für die weitere Arbeit im Hinblick auf die Rechtsnatur der nicht-exklusiven Patentlizenz noch von Bedeutung sein.

---

[286] *Schulte-Nölke* in Schulze, HK BGB, Vorb. zu §§ 854 - 1296 Rn 19; *Jauernig*, BGB, Vorb. Sachenrecht Rn 3.

[287] *Gaier* in Säcker/Rixecker, MüKo BGB, Vorb. Sachenrecht Rn 11; *Jauernig*, BGB, Vorb. Sachenrecht Rn 3; *Schulte-Nölke* in Schulze, HK BGB, Vorb. zu §§ 854 - 1296 Rn 19.

[288] *Schulte-Nölke* in Schulze, HK BGB, Vorb. zu §§ 854 - 1296 Rn 19; vgl auch *Jauernig*, BGB, Vorb. Sachenrecht Rn 3.

[289] Ebenso *Knobloch*, Abwehransprüche für den Nehmer einer einfachen Patentlizenz?, Rn 698.

[290] Vgl. für das Anwartschaftsrecht und dessen Anerkennung im Konkurs RGZ 133, 40; BGH VIII ZR 205/57, NJW 1958, 1133; BGH IV ZR 184/53, NJW 1954, 1325; LG Köln 1 S 147/54, NJW 1954, 1773; LG Bückeburg 0 106/55, NJW 1955, 1156; *Wilhelm*, Sachenrecht, Rn 2151 ff. m.w.N.; vgl. auch *Stadler*, Gestaltungsfreiheit und Verkehrsschutz durch Abstraktion, S. 102 ff. m.w.N.

(5) Trennungs- und Abstraktionsprinzip

Nach dem Trennungsprinzip erfolgt die Übertragung des dinglichen Rechts durch das dingliche Verfügungsgeschäft. Das lediglich schuldrechtliche Verpflichtungsgeschäft ist für die Wirksamkeit der Verfügung grundsätzlich nicht von Bedeutung.[291] Dazu korrelierend gilt das Abstraktionsprinzip. Nach diesem Prinzip sind das dingliche Verfügungsgeschäft und das schuldrechtliche Verpflichtungsgeschäft unabhängig voneinander wirksam.[292] Folglich braucht es für die wirksame Übertragung eines dinglichen Rechts keine zugrunde liegende wirksame schuldrechtliche Vereinbarung.

Besondere Bedeutung wird diesem sachenrechtlichen Grundsatz im Zusammenhang mit dem Urheberrecht zuteil, welches als artverwandtes Immaterialgüterrecht auch mittelbaren Einfluss auf den Charakter der nicht-exklusiven Patentlizenz hat.

(6) Zusammenfassung

Insgesamt ist festzuhalten, dass sich das traditionelle bürgerlich-rechtliche Verständnis des dinglichen Rechts stark an festgelegten Kriterien wie den oben erläuterten Grundsätzen orientiert. Inwieweit diese sachenrechtlichen Grundsätze auf das Immaterialgüterrecht passen und ob sie sinnvollerweise überhaupt auf die davon erfassten Rechte angewendet werden können und zum Zwecke der Insolvenzfestigkeit der nicht-exklusiven Lizenz müssen, bleibt im weiteren Verlauf der vorliegenden Arbeit zu klären.

ii) Die insolvenzrechtliche Charakterisierung

Eine entscheidende Rolle für die Beantwortung der Frage nach der Insolvenzfestigkeit von nicht-exklusiven Patentlizenzen kommt der Charakterisierung des dinglichen Rechts im Insolvenzrecht zu.

---

[291] *Baur/Stürner*, Sachenrecht, § 5 Rn 40; *Schulte-Nölke* in Schulze, HK BGB, Vorb. zu §§ 854 - 1296 Rn 20 f.

[292] *Gaier* in Säcker/Rixecker, MüKo BGB, Vorb. Sachenrecht Rn 16; *Schulte-Nölke* in Schulze, HK BGB, Vorb. zu §§ 854 – 1296 Rn 21; *Baur/Stürner*, Sachenrecht, § 5 Rn 41.

(1) Anlehnung an den bürgerlich-rechtlichen Begriff des dinglichen Rechts

Dass dingliche Rechte den Rechtsinhaber gemäß § 47 S. 1 Alt. 1 InsO zur Aussonderung berechtigen, wurde bereits eingangs dargestellt.[293] Der 2. Satz der Norm gibt darüber hinaus vor, dass sich der Anspruch auf Aussonderung nach den Gesetzen, die außerhalb des Insolvenzverfahrens gelten, bestimmt.[294] Hieraus ergibt sich, dass das Insolvenzrecht grundsätzlich nicht selbst definiert, was als dingliches Recht und damit als Aussonderungsrecht zählt, sondern sich zu diesem Zwecke an der Gesamtheit der Rechtsordnung orientiert.

Unterschiede zwischen dem traditionellen Sachenrechtsverständnis und dem Insolvenzrecht bleiben aufgrund des Wortlauts des § 47 S. 1 InsO dennoch denkbar.[295] Gerade durch neuere Rechtsfiguren des Immaterialgüterrechts ist eine Anpassung der historischen Auffassung vom dinglichen Recht nicht mehr nur erstrebenswert, sondern wie beispielsweise im Fall der exklusiven Lizenz auch tatsächlich verwirklicht worden.

(2) Begriffsbestimmung der „Sache"

Nach der bürgerlich-rechtlichen Definition der Sache in § 90 BGB sind Sachen körperliche Gegenstände. Darunter zu verstehen sind Dinge, die mit den Sinnen des Menschen wahrgenommen werden können und technisch beherrschbar sind.[296] Damit werden nicht nur bewegliche körperliche Gegenstände, sondern ebenso unbewegliche, so genannte Immobilien, erfasst.

Gegenstand des bereits danach benannten, bürgerlich-rechtlichen Sachenrechts sind damit grundsätzlich nur Sachen in ihrer Natur des körperlichen Gegenstands und von ihnen ausgehende Rechtsverhältnisse.[297] Aber auch hierzu gibt es Ausnahmen. Als Beispiel können das Pfandrecht an einer Forderung gemäß §§

---

[293] Vgl. oben S. 61 f.

[294] *Esser*, Urheberrechtliche Lizenzen in der Insolvenz, S. 45; *Brinkmann* in Uhlenbruck/Hirte/Vallender, InsO, § 47 Rn 3.

[295] Ebenso *Seemann*, Der Lizenzvertrag in der Insolvenz, S. 36 ff.

[296] *Stresemann* in Säcker/Rixecker, MüKo BGB, § 90 Rn 8; *Fritzsche* in Bamberger/Roth, Beck OK BGB, § 90 Rn 5 ff.

[297] *Dörner* in Schulze, HK BGB, § 90 Rn 4; *Baur/Stürner*, Sachenrecht, § 2 Rn 1.

1273 ff. BGB oder auch der Nießbrauch an einer Forderung gemäß §§ 1068 ff. BGB angeführt werden.[298]

(3) Abgrenzung zwischen „Sachen" und „Gegenständen"

Abzugrenzen von der Sache ist der Begriff des Gegenstands, da dieser den Oberbegriff, unter den die Definition der Sachen fällt, darstellt. Als Gegenstand werden jedwede Objekte bezeichnet, welche in der natürlichen Welt individualisierbar sind und denen ein Vermögenswert inne wohnt.[299]

Immaterialgüterrechte, die lediglich Rechte bzw. Rechte an diesen Rechten in Form von Lizenzen darstellen, sind weder greifbar noch in irgendeiner technischen Form beherrschbar. Sie können damit definitionsgemäß lediglich unter den Begriff des Gegenstands subsumiert werden, nicht jedoch unter den der Sache.[300] Dazu zählt auch die nicht-exklusive Patentlizenz.

(4) Schlussfolgerung

Entscheidend ist, dass § 47 InsO nach seinem Wortlaut nicht von einem dinglichen Recht an einer Sache, sondern von einem dinglichen Recht an einem Gegenstand spricht, wenn es um eine Aussonderungsberechtigung geht. Somit beschränkt sich das Insolvenzrecht nicht einfach auf das bürgerlich-rechtliche Verständnis des Sachenrechts und der dinglichen Rechte, sondern erweitert diesen Begriff um Gegenstände, zu welchen grundsätzlich auch die nicht-exklusive Patentlizenz zählt.[301] Zumindest für die exklusive Patentlizenz, als Recht an einem unkörperlichen Gegenstand, ist schon seit langem ein Aussonderungsrecht anerkannt.[302] Daher wird deutlich, dass die insolvenzrechtliche Aussonderung auf-

---

[298] *Baur/Stürner*, Sachenrecht, § 2 Rn 1.

[299] *Fritzsche* in Bamberger/Roth, Beck OK BGB, § 90 Rn 4; *Stresemann* in Säcker/Rixecker, MüKo BGB, § 90 Rn 1.

[300] Vgl. auch *Dörner* in Schulze, HK BGB, § 90 Rn 1; *Fritzsche* in Bamberger/Roth, Beck OK BGB, § 90 Rn 18 f.; vgl. auch *Paulus*, ZIP 1996, 2 (3); vgl. für Forderungsrechte RGZ 17, 57 (58); vgl. ebenso für das schweizerische ZGB *Frey*, Die Rechtsnatur der Patentlizenz, S. 9.

[301] *Hirte/Knof*, JZ 2011, 889 (895); vgl. auch *Schmidt*, ZZP 90, 38 (50).

[302] *Ganter* in Kirchhof/Lwowski/Stürner, MüKo InsO, § 47 Rn 339; *Brinkmann* in Uhlenbruck/Hirte/Vallender, InsO, § 47 Rn 67; *Bausch*, NZI 2005, 289 (293 f.); *Koehler/Ludwig*, NZI 2007, 79 (82 f.).

grund eines dinglichen Rechts weit über das bürgerlich-rechtliche Verständnis hinausgeht.[303]

Im Ergebnis kann also das dingliche Recht gemäß § 47 InsO, welches zur Aussonderung berechtigt, nicht nur an einer Sache, sondern ebenso an einem Gegenstand und somit auch an einer immaterialgüterrechtlichen Lizenz bestehen.[304]

iii) Zusammenfassung der bisherigen Erkenntnisse

Abschließend ist demnach festzuhalten, dass eine immaterialgüterrechtliche Lizenz – gleich ob exklusiv oder nicht-exklusiv – den Lizenznehmer zur Aussonderung gemäß § 47 S. 1 InsO berechtigen kann. Voraussetzung dafür ist, dass das Nutzungsrecht dem Lizenzinhaber haftungsrechtlich zugewiesen wurde. Diese haftungsrechtliche Zuweisung lässt sich am deutlichsten anhand der Dinglichkeit des Nutzungsrechts nachweisen. Allein entscheidend für die Dinglichkeit nach § 47 S. 1 Alt. 1 InsO ist allerdings nicht das bürgerlich-rechtliche Sachenrecht, da dieses die Rechte an unkörperlichen Gegenständen, wie sie von § 47 S. 1 InsO erfasst werden nicht regelt.[305] Dass die nicht-exklusive Lizenz, gleichwohl oder gerade deshalb, tatsächlich mit dinglicher Wirkung eingeräumt werden kann wurde bereits[306] und wird noch im Laufe der Arbeit[307] abschließend dargestellt.

3) Das Erfüllungswahlrecht des Insolvenzverwalters gemäß § 103 Insolvenzordnung

Gegenstück zum Aussonderungsrecht dinglich bzw. auch persönlich Berechtigter ist das Nichterfüllungswahlrecht des Insolvenzverwalters gegenüber rein schuldrechtlich berechtigten Vertragspartnern des Schuldners.

---

[303] Vgl. auch *Hirte/Knof*, JZ 2011, 889 (896).

[304] Ebenso *Hirte/Knof*, JZ 2011, 889 (895).

[305] *Hirte/Knof*, JZ 2011, 889 (895) die richtigerweise darauf hinweisen, dass „Gegenstände" nicht vom Dritten Buch des BGB erfasst sind.

[306] Vgl. oben S. 19 ff.

[307] Vgl. unten S. 157 ff.

a) Der gegenseitige, vollständig erfüllte Vertrag

Um eine Entscheidung treffen zu können, ob die nicht-exklusive Patentlizenz Aussonderungsgut oder Gegenstand des Nichterfüllungswahlrechts des Insolvenzverwalters sein soll, wird im Weiteren der gegenseitige, vollständig erfüllte Vertrag erörtert.

Ziel und Zweck des Erfüllungswahlrechts des § 103 InsO ist es sowohl den Bestand der Masse wie auch die Befriedigungsinteressen der Gläubiger zu schützen.[308] Die Masse soll nicht durch unvorteilhafte Erfüllungsansprüche geschmälert werden, wenn ihr dafür nicht direkt ein Vorteil zugeflossen ist.

i) Wirkungen des § 103 Insolvenzordnung

Um den Masseschutz vollumfänglich zu verwirklichen hat die Rechtsprechung bereits zur Vorgängervorschrift des § 103 InsO, dem § 17 KO, Ansätze zur Wirkung der Insolvenzeröffnung und der Nichterfüllungswahl des Insolvenzverwalters entwickelt.[309] Im Speziellen geht es um die Wirkungen von jeweils der Eröffnung des Insolvenzverfahrens und der späteren Ausübung des Wahlrechts durch den Insolvenzverwalter auf gegenseitige, nicht bzw. nicht vollständig erfüllte vertragliche Schuldverhältnisse.

Um die Darstellung nicht unnötig auszuweiten wird im Nachfolgenden keine explizite Unterscheidung zwischen nicht und nicht vollständig erfüllten Verträgen getroffen. Dem Verständnis dienend werden allerdings kurz die jeweiligen Folgen dargestellt.

(1) Frühere Rechtsprechung vor dem Jahr 1988

Bis zum Beginn der 1980er Jahre wurde vom Bundesgerichtshof die ursprüngliche Rechtsprechung des Reichgerichts zum Fortbestand des Vertrags in der Insolvenz fortgeführt.[310] Das Reichsgericht unterstellte, dass gegenseitige Verträge von der Eröffnung des Insolvenzverfahrens nicht betroffen sind.[311] Eine Wir-

---

[308] *Wegener* in Uhlenbruck/Hirte/Vallender, InsO, § 103 Rn 1 f.

[309] Vgl. zur Darstellung der Rechtsprechungsentwicklung auch *Huber*, NZI 2002, 467; *Wegener* in Uhlenbruck/Hirte/Vallender, InsO, § 103 Rn 4 ff.

[310] Vgl. zur Wirkung der Nichterfüllungswahl BGH II ZR 268/64, NJW 1967, 2203 (2204); BGH VII ZR 85/76, NJW 1977, 1345; BGH V ZR 144/80, NJW 1982, 768 (769).

[311] RGZ 11, 49 (51); RGZ 135, 167 (170).

kung im Rahmen des Insolvenzverfahrens auf nicht vollständig erfüllte gegenseitige Verträge trat nach dieser Rechtsprechung erst mit Ausübung des Nichterfüllungswahlrechts des Insolvenzverwalters gemäß § 17 I KO ein. Die Ausübung des Wahlrechts hatte damit konstitutive Wirkung und die Erfüllungsansprüche erloschen endgültig.[312]

Im Laufe der 1980er Jahre wich der Bundesgerichtshof von der bis dato geltenden Rechtsprechung ab.[313] In der Folgezeit vertrat der IX. Senat des Bundesgerichtshofs, dass mit Eröffnung des Insolvenzverfahrens der Erfüllungsanspruch des Vertragspartners den Status einer Konkursforderung erhielt. Durch die darauffolgende Ausübung des Nichterfüllungswahlrechts wurde dieser Erfüllungsanspruch dann in einen Schadensersatzanspruch wegen Nichterfüllung – ebenfalls mit dem Status einer Konkursforderung – umgewandelt.[314] Folglich bestanden nach der Wahl der Nichterfüllung keinerlei Erfüllungsansprüche mehr.

Aus Masseschutzgesichtspunkten war allerdings problematisch, dass bei bereits an den Schuldner erbrachter Teilleistung und späterer Erfüllungswahl durch den Insolvenzverwalter dem Vertragspartner ein Anspruch auf vollständige Erfüllung zustand, obwohl der an den Schuldner geleistete Teil u.U. nicht der Masse zu Gute kam.[315] Der Erfüllungsanspruch, der vor der Wahl der Erfüllung lediglich den Status einer Konkursforderung hatte, wurde durch die Erfüllungswahl in vollem Umfang zu einer Masseforderung aufgewertet.

Damit wurde die Masse stets mit dem vollen Anspruch belastet, obwohl ihr bei vorheriger Teilleistung an den Schuldner nur eine verminderte Leistung zugeflossen ist. Folglich war diese Lösung unter Masseschutzgesichtspunkten in einem nicht unbeachtlichen Teil der Fälle nachteilhaft.

---

[312] RGZ 79, 209 (211 f.); RGZ 135, 167 (170).

[313] BGH VIII ZR 352/82, NJW 1984, 1557 (1558); BGH VIII ZR 256/82, KTS 1984, 288.

[314] BGH VIII ZR 149/60, NJW 1962, 153; BGH VIII ZR 352/82, NJW 1984, 1557 (1558); BGH VIII ZR 203/61, NJW 1962, 2296 (2297); BGH VII ZR 138/85, NJW 1986, 1176.

[315] BGH VIII ZR 142/81, NJW 1982, 2196 (2197).

(2) Erlöschenstheorie

Aus dem oben geschilderten Grund wurde diese Rechtsprechung alsbald wieder aufgegeben und der Bundesgerichtshof entwickelte die sogenannte Erlöschenstheorie.[316] Nach dieser Auffassung erloschen alle Erfüllungsansprüche zum Zeitpunkt der Eröffnung des Insolvenzverfahrens. Daraufhin entstand ein Anspruch des Vertragspartners auf Schadensersatz wegen Nichterfüllung, welcher dann an die Stelle des Erfüllungsanspruchs trat. Dieser Schadensersatzanspruch hatte den Rang einer Konkursforderung bzw. später – nach Inkrafttreten der Insolvenzordnung – einer Insolvenzforderung.

Wählte der Insolvenzverwalter daraufhin die Nichterfüllung des Vertrags, hatte dies lediglich deklaratorische Wirkung, da der Erfüllungsanspruch bereits vorher erloschen war und durch einen entsprechenden Schadensersatzanspruch ersetzt wurde. Entschloss sich der Verwalter hingegen zu Gunsten der Masse die Erfüllung des Vertrags zu wählen, hatte dies wiederum konstitutive Wirkung und ließ jedoch den Erfüllungsanspruch nicht wieder aufleben, sondern neu entstehen. Aufgrund dieser Rechtsfolge wird die Erlöschenstheorie auch teilweise als Neubegründungstheorie bezeichnet.

Eben durch diese Neubegründung wurde der Mangel der bis zum Jahr 1988 vertretenen Theorie bezüglich der Behandlung von vorher erfolgten Teilleistungen behoben. Dadurch, dass der ursprüngliche Erfüllungsanspruch nicht im Ganzen wieder auflebte, sondern insoweit neu begründet wurde, als der Insolvenzverwalter die Erfüllung wählte, bemaß sich der Erfüllungsanspruch des Gläubigers der Höhe nach nur nach dem Teil, der tatsächlich auch an die Masse geleistet wurde.[317] Denn nur dieser war Gegenstand des Erfüllungsverlangens.

Durch Einführung der Insolvenzordnung, wurde diese Rechtsprechung zu Teilleistungen im Rahmen von § 105 S. 1 InsO kodifiziert.

---

[316] BGH IX ZR 36/87, NJW 1988, 1790 (1791); BGH IX ZR 50/88, NJW 1989, 1282.

[317] BGH IX ZR 256/93, NJW 1995, 1966 (1967); BGH IX ZR 5/96, DtZ 1997, 196.

(3) Theorie von der Undurchsetzbarkeit und Neubegründung

Nach Einführung der Insolvenzordnung ist der Bundesgerichtshof von der – bis dahin herrschenden – Erlöschenstheorie wieder abgewichen.[318]

In der Entscheidung des Bundesgerichtshofs vom 25. April 2002 lautete der dritte Leitsatz wie folgt:

> *„Die Eröffnung des Insolvenzverfahrens bewirkt kein Erlöschen der Erfüllungsansprüche aus gegenseitigen Verträgen im Sinne einer materiell-rechtlichen Umgestaltung. Vielmehr verlieren die noch offenen Ansprüche im Insolvenzverfahren ihre Durchsetzbarkeit, soweit sie nicht auf die anteilige Gegenleistung für vor Verfahrenseröffnung erbrachte Leistungen gerichtet sind. Wählt der Verwalter Erfüllung, so erhalten die zunächst nicht durchsetzbaren Ansprüche die Rechtsqualität von originären Forderungen der und gegen die Masse"*[319]

Folglich wird der Erfüllungsanspruch des Vertragspartners durch Eröffnung des Insolvenzverfahrens lediglich undurchsetzbar, erlischt jedoch nicht.[320] Der Vertrag selbst bleibt also wirksam bestehen.

(4) Zwischenergebnis

Aus der heutigen Auslegung des § 103 InsO lässt sich festhalten, dass die Erfüllungsansprüche aus dem gegenseitigen, noch nicht vollständig erfüllten vertraglichen Schuldverhältnis durch die Eröffnung des Insolvenzverfahrens lediglich undurchsetzbar werden. Des Weiteren hat die Wahl der Nichterfüllung keine konstitutive Wirkung auf den Erfüllungsanspruch des Vertragspartners. Erst wenn dieser einen Anspruch wegen Nichterfüllung geltend macht, wandelt sich der Erfüllungsanspruch in einen Ersatzanspruch um. Diesem kommt die Qualität einer Insolvenzforderung zu. Sieht der Vertragspartner von der Geltendmachung dieses Ersatzanspruchs ab, so kann der Erfüllungsanspruch sogar die Insolvenz

---

[318] Vgl. zur Entwicklung seit 2000 BGH IX ZR 227/99, NJW 2001, 1136 (1137); BGH IX ZR 493/00, NJW-RR 2002, 191.

[319] BGH IX ZR 313/99, NJW 2002, 2783.

[320] BGH IX ZR 313/99, NJW 2002, 2783 (2785); BGH IX ZR 214/08, NZI 2010, 180.

überdauern. Im Falle der Erfüllungswahl erhält der Erfüllungsanspruch den Status einer Masseforderung.[321]

Nach Darstellung der mit § 103 InsO einhergehenden Wirkungen sollen im Folgenden die Anwendungsvoraussetzungen der Ausübung des Wahlrechts des Insolvenzverwalters nach dieser Vorschrift erörtert werden.

ii) Der gegenseitige Vertrag

Grundlegende Voraussetzung der Anwendbarkeit der Vorschrift des § 103 InsO ist, dass vor Verfahrensbeginn zwischen dem Schuldner und dem Vertragspartner ein gegenseitiger Vertrag geschlossen wurde. Die Gegenseitigkeit des Vertrags wird im Sinne von § 320 BGB verstanden.[322] Dies bedeutet, dass es sich um einen vollkommen zweiseitig verpflichtenden Vertrag handeln muss, in dem die Hauptleistungspflichten in einem Abhängigkeitsverhältnis zueinander stehen – also synallagmatisch sind.[323] Welche der vereinbarten Leistungspflichten in einer Abhängigkeit zueinander stehen, bestimmt sich nach dem Willen der Parteien.[324] Zumeist ist hierbei von den Hauptleistungspflichten, also den Pflichten die den Charakter des Vertrags bestimmen, auszugehen. Diese Abhängigkeit wird nach dem Grundsatz „do ut des" auch als gegenseitige Bedingtheit der Leistungen bezeichnet.[325] Hingegen kommt es auf eine Gleichwertigkeit der vereinbarten Leistungen nicht an.[326]

iii) Die vollständige Erfüllung

Die eben erklärten synallagmatischen Leistungspflichten müssten vollständig erfüllt sein, um den Vertrag aus dem Anwendungsbereich des § 103 InsO aus-

---

[321] Vgl. für weitere Auswirkungen *Huber*, NZI 1998, 97; *Huber*, NZI 2002, 467.

[322] *Huber* in Kirchhof/Lwowski/Stürner, MüKo InsO, § 103 Rn 55.

[323] *Kepplinger*, Das Synallagma in der Insolvenz, S. 18 ff.

[324] RGZ 81, 364 (365); *Rühle*, Gegenseitige Verträge, S. 22; *Kepplinger*, Das Synallagma in der Insolvenz, S. 21 f.

[325] *Rühle*, Gegenseitige Verträge, S. 22 m.w.N.; *Wegener*, Das Wahlrecht des Insolvenzverwalters, Rn 97; *Huber* in Kirchhof/Lwowski/Stürner, MüKo InsO, § 103 Rn 55.

[326] RGZ 81, 364 (365); *Huber* in Kirchhof/Lwowski/Stürner, MüKo InsO, § 103 Rn 55; *Rühle*, Gegenseitige Verträge, S. 22; *Smid/Lieder*, DZWIR 2005, 7 (10).

zunehmen.[327] Der Begriff der vollständigen Erfüllung bezieht sich wiederum auf die Vorschriften des BGB, also auf die Erfüllung im Sinne von § 362 BGB.

Wurden nach dieser Vorschrift die Leistungen wie geschuldet und in vollem Umfang von zumindest einer der beiden Seiten erbracht,[328] so erlöschen die Ansprüche aus dem Schuldverhältnis und die Leistungen verbleiben, vorbehaltlich der insolvenzrechtlichen Anfechtung, bei den Parteien.[329] Die Vorschrift des § 103 InsO ist damit nicht anwendbar.[330] Klärungsbedürftig bleibt damit, welche Leistungen im Rahmen einer vollständigen Erfüllung erbracht worden sein müssen. Abgesehen von den für den Vertrag charakteristischen Hauptleistungspflichten, bestehen für beide Seiten Nebenleistungspflichten, Nebenpflichten wie beispielsweise Schutz- und Treuepflichten sowie weitere nachgelagerte Sekundärpflichten im Falle von Leistungsstörungen bei Erbringung der Hauptleistung.[331]

Unstrittig ist, dass ein Vertrag, dessen Hauptleistungspflichten noch nicht erfüllt wurden, nicht im Sinne von § 103 InsO vollständig erfüllt ist und daher in den Anwendungsbereich dieser Norm fällt. Denn diese Pflichten sind der Grund und die Bedingung des Vertrags.[332]

Anders verhält es sich hingegen bei der Erfüllung von Neben- und Nebenleistungspflichten. Nebenpflichten sind solche, die der Erfüllung des Vertrags nicht unmittelbar dienen, sondern deren Zweck im Schutz der sonstigen Rechtsgüter der Parteien liegt. *Wegener* spricht hier von unselbstständigen Nebenpflichten, deren Erfüllung nicht einklagbar ist, deren Verletzung aber durch Schadenser-

---

[327] *Kellenter* in Keller/Plassmann/von Falck, FS für Winfried Tilmann - Zum 65. Geburtstag, S. 807 (810).

[328] BGH II ZR 98/98, NJW-RR 2000, 576 (578); a.A. *Kellenter* in Keller/Plassmann/von Falck, FS für Winfried Tilmann - Zum 65. Geburtstag, S. 807 (813 f.) entgegen dem Wortlaut des § 103 I InsO.

[329] *Huber* in Kirchhof/Lwowski/Stürner, MüKo InsO, § 103 Rn 58.

[330] BGH II ZR 98/98, NJW-RR 2000, 576 (578).

[331] *Wegener*, Das Wahlrecht des Insolvenzverwalters, Rn 100.

[332] *Wegener* in Uhlenbruck/Hirte/Vallender, InsO, § 103 Rn 58; *Wegener*, Das Wahlrecht des Insolvenzverwalters, Rn 101.

satzforderungen sanktioniert ist.[333] Solche Pflichten sind somit nicht Bestandteil des Synallagmas und sollen aus diesem Grund auch nicht in die Betrachtung der vollständigen Erfüllung miteinbezogen werden.[334]

Gleiches gilt *Wegeners* Ansicht nach ebenfalls für nicht vollständig erfüllte Sekundärpflichten.[335]

Dem stehen die Nebenleistungspflichten gegenüber, die der Erfüllung der Hauptleistungspflichten dienen, da sie zu deren Vorbereitung, Förderung und Durchführung bestimmt sind.[336] Nach Ansicht *Wegeners* führt deren nicht vollständige Erfüllung zur nicht vollständigen Erfüllung des Vertrags insgesamt.[337]

Dem steht die über lange Zeit entwickelte und gehaltene Rechtsprechung sowohl des Reichsgerichts wie auch des Bundesgerichtshofs entgegen.[338] Nach dieser Rechtsprechung ist ein Vertrag auch dann noch nicht vollständig erfüllt, solange eine nicht völlig unbedeutende Nebenpflicht noch aussteht.

Diese Ansicht dehnt den Anwendungsbereich des § 103 InsO unangemessen weit und auf unvorhersehbare Art und Weise aus.[339] Beschränkt man das Kriterium der vollständigen Erfüllung auf Haupt- und Nebenleistungspflichten eines Vertrags, so ist es für die Parteien leichter erkennbar, wie und wann ein Vertrag vollständig erfüllt ist. Eine Anknüpfung an die Erfüllung aller denkbaren Schutzpflichten erscheint schon allein deshalb willkürlich, weil das Bestehen von Schutzpflichten und deren Art für jeden einzelnen Vertrag individuell bestimmt werden muss.[340] Zwar gibt es eine grobe Übereinkunft in welchem Fall

---

[333] *Wegener* in Uhlenbruck/Hirte/Vallender, InsO, § 103 Rn 58.

[334] *Wegener*, Das Wahlrecht des Insolvenzverwalters, Rn 105; *Wegener* in Uhlenbruck/Hirte/Vallender, InsO, § 103 Rn 58.

[335] *Wegener*, Das Wahlrecht des Insolvenzverwalters, Rn 106.

[336] *Grüneberg* in Palandt § 241 Rn 5.

[337] *Wegener*, Das Wahlrecht des Insolvenzverwalters, Rn 106; *Wegener* in Uhlenbruck/Hirte/Vallender, InsO, § 103 Rn 58.

[338] RGZ 142, 296 (299); BGH V ZR 53/70, NJW 1972, 875 (876).

[339] Ebenso *Redeker*, ITRB 2005, 263 (264).

[340] Vgl. auch *Klauze*, Urheberrechtliche Nutzungsrechte in der Insolvenz, S. 135.

welche Schutzpflichten greifen sollen, allerdings gilt diese nicht für den Einzelfall. Im Übrigen bestimmt sich, wie bereits vorhergehend erläutert wurde, die vollständige Erfüllung nach § 362 BGB. Diese Vorschrift erfasst jedoch nur und ausschließlich Leistungspflichten – gleich ob Neben- oder Hauptleistungspflicht – nicht jedoch Schutzpflichten. Dies ist schon aus dem Sinn und Zweck dieser Vorschrift erkennbar. Sie regelt den Eintritt des Leistungserfolgs. Hingegen gelten die Schutzpflichten zwischen den Parteien gänzlich unabhängig vom Erbringen und Eintreten des Leistungserfolgs. Diese Nebenpflichten haben keinerlei Verbindung zur vertraglich vereinbarten Leistung, außer, dass sie die sonstigen Interessen der Parteien, die von dem Vertrag beeinflusst sein könnten, schützen sollen. Somit können die Nebenpflichten auch aus diesem Grund keinen Einfluss auf die vollständige Erfüllung im Rahmen von § 103 InsO haben.[341] Eine Unterscheidung allein nach der Erheblichkeit einer Nebenpflicht wäre demnach mehr als willkürlich.

Im Ergebnis ist daher die Ansicht der Rechtsprechung abzulehnen und der von *Wegener* vertretenen Meinung zu folgen.

b) Die Leistungspflichten im Lizenzvertrag

Um eine Aussage über die Anwendbarkeit des § 103 InsO auf Lizenzverträge treffen zu können, werden die Leistungspflichten im Lizenzvertrag und deren Erfüllung Gegenstand der weiteren Betrachtung sein.

i) Leistungspflichten des Lizenzgebers

Die Pflichten des Lizenzgebers beschränken sich im Wesentlichen auf die Einräumung des Benutzungsrechts, die Aufrechterhaltung des Schutzrechts sowie die allgemeine Gewährleistung.[342] Darüber hinaus steht es den Parteien frei eine Pflicht zur Weiterentwicklung des Schutzrechts zu vereinbaren.[343]

Unter der Einräumung des Benutzungsrechts versteht man die Verschaffung der tatsächlichen Möglichkeit eine patentrechtlich geschützte Erfindung zu benutzen, sei es durch Übergabe von technischen Dokumenten oder durch Übertra-

---

[341] Vgl. auch *Klauze*, Urheberrechtliche Nutzungsrechte in der Insolvenz, S. 35.

[342] *Osterrieth*, Patentrecht, Rn 366 ff.; *Groß*, Der Lizenzvertrag, Rn 243 ff.

[343] *Osterrieth*, Patentrecht, Rn 377; *Groß*, Der Lizenzvertrag, Rn 287.

gung des Erfindungsbesitzes.[344] Zur Aufrechterhaltung des Schutzrechts zählen unter anderem die Bezahlung der Aufrechterhaltungsgebühren und die Verteidigung gegen Nichtigkeitsklagen, Einsprüche sowie Lösungsanträge. Gerade die Pflicht zur Gebührenzahlung gilt unabhängig von der Einräumung einer exklusiven oder nicht-exklusiven Lizenz.[345] Die weitere Haftung des Lizenzgebers für Sach- und Rechtsmängel richtet sich nach den Vorschriften des BGB.[346]

Folglich obliegt es dem Lizenzgeber, dem Lizenznehmer über den gesamten Lizenzierungszeitraum hinweg eine mangelfreie Lizenz einzuräumen. Ob dies allerdings stets zwingend mit einer Aufrechterhaltungspflicht des Lizenzgebers einhergeht, erscheint jedoch zweifelhaft.[347] Im Übrigen sind sowohl Gewährleistungs-, Aufrechterhaltung wie auch Weiterentwicklungspflichten vertraglich abdingbar.[348]

ii) Leistungspflichten des Lizenznehmers

Ebenso wie den Lizenzgeber, treffen auch den Lizenznehmer eine Reihe von vertraglichen Pflichten. Dazu zählt insbesondere die Zahlung von Lizenzgebühren, welche mit einer Pflicht zur Rechnungslegung einhergehen kann.[349] Unabhängig davon können die Parteien weitere Pflichten des Lizenznehmers vertraglich vereinbaren. In Frage kommen hierfür im Wesentlichen eine Ausübungspflicht, ein Nichtangriffspakt, Verwendungs- und Unterlizenzierungsbeschränkungen sowie respektive die Pflicht zur Fortentwicklung des Schutzrechts.

---

[344] Vgl. auch *Kraßer*, Patentrecht, § 41 II. 1.; RGZ 155, 306 (313 f.).

[345] *Kraßer/Schmid*, GRUR Int 1982, 324 (330 f.); *Kraßer*, Patentrecht, § 41 II. 1.; *Groß*, Der Lizenzvertrag, Rn 201; *Henn*, Patent- und Know-how-Lizenzvertrag, Rn 327.

[346] Vgl. vertiefend *Kraßer*, Patentrecht, § 41 IV., V.; *Henn*, Patent- und Know-how-Lizenzvertrag, Rn 300 ff.; *Groß*, Der Lizenzvertrag, Rn 290 ff., 330.

[347] Vgl. ebenso für das Urheberrecht *Hub*, Filmlizenzen in der Insolvenz des Lizenzgebers, S. 112 ff.

[348] *Haedicke*, ZGE 2011, 377 (387).

[349] *Osterrieth*, Patentrecht, Rn 379 ff., 388 f.; *Groß*, Der Lizenzvertrag, Rn 98 ff., 142 ff.; *Isay*, PatG, § 6 Rn 18.

Kernstück oder auch Hauptleistungspflicht auf Seiten des Lizenznehmers ist die Entrichtung der Lizenzgebühr bzw. eine vergleichbare vertraglich vereinbarte Gegenleistung.[350]

c) Der gegenseitige, vollständig erfüllte Lizenzvertrag im Sinne von § 103 I Insolvenzordnung

Wie schon *Aeberhard*[351] im Jahr 1951 zutreffend feststellte, ist *„[d]er Lizenzvertrag [...] seinen Wirkungen nach ein zweiseitiger und zwar ein synallagmatischer Vertrag.“* Damit fällt er grundsätzlich in den Anwendungsbereich der Norm des § 103 I InsO.

Der nicht-exklusive Lizenzvertrag wurde bislang nach überwiegender Ansicht in der juristischen Literatur und Rechtsprechung, ohne Differenzierung, als Dauerschuldverhältnis klassifiziert.[352] Diese Charakterisierung würde im Lichte der Voraussetzungen des § 103 I InsO dazu führen, dass der Vertrag, freilich angesichts der stets fortlaufenden Hauptleistungsverpflichtungen eines Dauerschuldverhältnisses, zu keinem Zeitpunkt vor Beendigung des Vertrags vollständig erfüllt wäre.[353] Diese generalisierte Einordnung des Lizenzvertrags widerspricht allerdings sowohl der Privatautonomie der Vertragsparteien wie auch der gängigen Lizenzierungspraxis.[354] Den Parteien steht es frei, den Lizenzvertrag so auszugestalten, dass es sich um einen einmaligen Leistungsaustausch ohne fortlaufende Verpflichtungen – ähnlich einem Kaufvertrag – handelt.[355] Nach Abschluss eines einmaligen Einräumungs- bzw. Übertragungsakts wären die Leis-

---

[350] *Ullmann* in Benkard, PatG, § 15 Rn 123; vgl. auch BGH I ZR 144/53, GRUR 1955, 468 (474); *Klauze*, Urheberrechtliche Nutzungsrechte in der Insolvenz, S. 37.

[351] *Aeberhard*, Rechtsnatur und Ausgestaltung der Patentlizenz, S. 20.

[352] BGH I ZR 67/75, GRUR 1977, 551 (553); BGH I ZR 184/89, GRUR 1992, 112 (114); BGH IX ZR 162/04, NJW 2006, 915 (916); *Haedicke*, GRUR 2004, 123 (125); *Pahlow*, WM 2008, 2041 (2043).

[353] Ebenso *Hölder/Schmoll*, GRUR 2004, 830 (834 f.).

[354] Vgl. auch *Esser*, Urheberrechtliche Lizenzen in der Insolvenz, S. 75 f.

[355] *Dieselhorst*, CR 2010, 69 (75); vgl. für eine ähnliche Konstruktion im Softwarerecht S. 36 und für den Lizenzvertrag als Kaufvertrag S. 30; *Hölder/Schmoll*, GRUR 2004, 830 (836); *Esser*, Urheberrechtliche Lizenzen in der Insolvenz, S. 75 f., 172 ff.; *Berger*, Insolvenzschutz für Markenlizenzen, S. 168 f.

tungspflichten dieses Vertrags vollständig erfüllt und der Vertrag aus dem Anwendungsbereich des § 103 I InsO ausgenommen.[356] Jede der hierfür denkbaren vertraglichen Konstruktionen zu erläutern würde an dieser Stelle zu weit führen, weswegen im Nachfolgenden das Hauptaugenmerk auf die Zahlung einer Einmallizenzgebühr[357] sowie einen einmaligen Rechtseinräumungsakt gelegt wird.[358]

Die Möglichkeit der Vereinbarung einer Verpflichtung des Lizenznehmers zur Zahlung einer, der Höhe nach angepassten, einmaligen Lizenzgebühr ist stets erwägenswert. Bei gleichzeitigem Verzicht auf weitere Leistungspflichten des Lizenznehmers ist es also zumindest dem Lizenznehmer möglich, den Lizenzvertrag von seiner Seite vollständig zu erfüllen, sobald er die Lizenzgebühr in voller Höhe entrichtet hat.[359] Wurde gleichzeitig das Nutzungsrecht seitens des Lizenzgebers durch einen einmaligen translativen Einräumungsakt[360] auf den Lizenznehmer übertragen, wäre der Lizenzvertrag damit der Anwendung des § 103 I InsO entzogen[361] und den Lizenznehmer würde nicht das Schicksal eines Insolvenzgläubigers treffen.[362]

---

[356] Vgl. LG München I 21 O 23532/06, ZUM-RD 2007, 498; LG Hamburg 308 O 304/05, NJW 2007, 3215; *Redeker*, ITRB 2005, 263.(264); a.A. LG Mannheim 7 O 127/03, DZWIR 2003, 479 (481).

[357] Vgl. im Übrigen *Esser*, Urheberrechtliche Lizenzen in der Insolvenz, S. 172 ff.

[358] *Haedicke*, ZGE 2011, 377 (387).

[359] *Abel*, NZI 2003, 121 (124); vgl. für die Möglichkeit der vollständigen Erfüllung *Kellenter* in Keller/Plassmann/von Falck, FS für Winfried Tilmann - Zum 65. Geburtstag, S. 807 (810 ff.); *Hölder/Schmoll*, GRUR 2004, 830 (834); vgl. auch BGH VIII ZR 298/78, NJW 1980, 226; BGH II ZR 98/98, NJW-RR 2000, 576 (578); *Hub*, Filmlizenzen in der Insolvenz des Lizenzgebers, S. 94; a.A. *Wegener* in Uhlenbruck/Hirte/Vallender, InsO, § 103 Rn 38 m.w.N.

[360] Vgl. dazu auch *Klauze*, Urheberrechtliche Nutzungsrechte in der Insolvenz, S. 46.

[361] Ebenso für die Filmlizenz *Hub*, Filmlizenzen in der Insolvenz des Lizenzgebers, S. 115 f.; a.A. *Kellenter* in Keller/Plassmann/von Falck, FS für Winfried Tilmann - Zum 65. Geburtstag, S. 807 (813 f.).

[362] *Berger*, Insolvenzschutz für Markenlizenzen, S. 167 f.

d) Cross-Licenses als Fully Paid up Licenses

Eine weitere Besonderheit für die Beurteilung der vollständigen Erfüllung stellen Kreuzlizenzverträge oder auch so genannte cross-licenses dar.

i) Begriff des Cross-Licensing

Unter einer Kreuzlizenz versteht man im Allgemeinen einen Austausch von unterschiedlichen Lizenzen zwischen zwei oder mehreren Patentrechtsinhabern.[363] Jeder Patentrechtsinhaber gewährt dem jeweils anderen ein Nutzungsrecht am eigenen Patent. Je nach Werthaltigkeit der jeweiligen Lizenzen kann im Sinne einer Gegenleistung die Lizenzgebührenpflicht vollständig aufgehoben oder zumindest entsprechend gemindert werden.[364] Stehen sich also gleichwertige Lizenzen gegenüber, handelt es sich um ein reines Austauschverhältnis zwischen den Inhabern der Stammrechte.[365]

Diese Art des Lizenzvertrags ist insbesondere in hochtechnologisierten Industriebranchen von enormer Bedeutung, da die Produktentwicklung in diesen Bereichen zumeist so eng miteinander verwoben ist, dass kaum ein Wettbewerber Produkte entwickeln und produzieren könnte, ohne gleichzeitig ein Schutzrecht eines Mitbewerbers zu nutzen und dieses damit zu verletzen, falls keine Lizenzeinräumung vorläge.[366]

Vor diesem Hintergrund werden cross-licenses teilweise auch als reiner Verzicht auf die Geltendmachung von Unterlassungsansprüchen seitens des Patentrechtsinhabers angesehen.[367] Diese Einschätzung erfasst allerdings nicht das volle Spektrum an Möglichkeiten zur Einräumung von Kreuzlizenzen. Insbesondere wird die Gestaltungsfreiheit der jeweiligen Kreuzlizenzparteien außer Acht ge-

---

[363] *Moglia*, Die Patentierbarkeit von Geschäftsmethoden, S. 153; *Wündisch/Bauer*, GRUR Int 2010, 641 (642); *Osterrieth*, Patentrecht, Rn 318; *Tapia*, Industrial Property Rights, Rn 521; *Armillotta*, Technology Pooling License Agreements, S. 30.

[364] *Henn*, Patent- und Know-how-Lizenzvertrag, Rn 331.

[365] Vgl. auch *Haedicke*, ZGE 2011, 377.

[366] U.S. Bankruptcy Court for the Eastern District of Virginia, Alexandria Division In re: Qimonda AG, debtor, GRUR Int 2012, 86 (88); vgl. auch *Lieberknecht*, Patente, Lizenzverträge und Verbot von Wettbewerbsbeschränkungen, S. 23 f.

[367] *Pfaff/Nagel* in Pfaff/Osterrieth, Lizenzverträge, Rn 15 f.

lassen. So steht es ihnen sehr wohl offen eine unwiderrufliche Einräumung von Nutzungsrechten zu vereinbaren oder auch zusätzlich zur Nutzungsrechtseinräumung einen Nichtangriffspakt zu schließen, was im Übrigen auch nicht unüblich ist.[368] Würde das cross-licensing ausschließlich einen Verzicht auf die Geltendmachung von Unterlassungsansprüchen darstellen, wäre eine weitere Vereinbarung eines Nichtangriffspakts nicht nur sinnlos, sondern gar überflüssig.[369]

Aus diesen Gründen ist es vorzugswürdig eine Austauschnatur des Kreuzlizenzvertrags anzunehmen.[370] Dies hat zur Folge, dass der Kreuzlizenzvertrag eher einem Tauschvertrag im Sinne von § 480 BGB ähnelt als einer Rechtspacht.[371] Auch dieses Charakteristikum widerspricht der Einordnung als Dauerschuldverhältnis.

Festzuhalten ist also, dass es im Rahmen von cross-licenses zu einem Leistungsaustausch zwischen den Parteien durch einen einmaligen Einräumungsakt der Lizenzen kommt.[372] Ebenso, wie bereits an früherer Stelle erläutert, greifen auch hier die Einwände nicht, dass den Lizenzgeber zwingend Aufrechterhaltungspflichten bezüglich des Schutzrechts treffen.[373]

Des Weiteren spricht auch die zumeist fehlende Verpflichtung zur Zahlung einer Lizenzgebühr für den einmaligen Austausch der vertraglich vereinbarten Leistungen. Im Übrigen kann eine etwaige Gebührenpflicht auch durch die Vereinbarung einer Einmalzahlung verwirklicht werden.[374]

---

[368] *Wündisch/Bauer*, GRUR Int 2010, 641 (642 f.)

[369] Vgl. zur Notwendigkeit einer ausdrücklichen Nichtangriffsverpflichtung BGH X ZB 33/08, GRUR 2011, 409.

[370] Vgl. auch *Moglia*, Die Patentierbarkeit von Geschäftsmethoden, S. 153.

[371] Vgl. für die Gegenansicht ohne Berücksichtigung der besonderen Charakteristika der cross-license *Wündisch/Bauer*, GRUR Int 2010, 641 (644 ff.).

[372] Vgl. auch LG München I 21 O 23532/06, ZUM-RD 2007, 498; LG Hamburg 308 O 304/05, NJW 2007, 3215.

[373] Vgl. oben S. 79; ebenso gegen eine Aufrechterhaltungspflicht des Lizenzgebers bei urheberrechtlichen Lizenzen *Hub*, Filmlizenzen in der Insolvenz des Lizenzgebers, S. 112 ff.

[374] Vgl. dazu bereits oben S. 79.

ii) Fully Paid up Licenses

Die fully paid up license hebt sich dadurch von der traditionellen Lizenz ab, dass es sich weder um eine gegenleistungsfreie Lizenz, noch um eine Lizenz mit fortlaufender Zahlungsverpflichtung von Lizenzgebühren handelt. Vielmehr wird die Gegenleistung, gleich ob es sich dabei um eine monetäre oder nichtmonetäre Leistung handelt, durch einen einmaligen Leistungsakt erbracht.[375] Nach der Erbringung der Leistung spricht man von einer fully paid up license. Der Begriff steht also für eine Lizenz, für die keine weitere Verpflichtung zur Leistung besteht. Von Seiten des Lizenznehmers ist der Vertrag damit vollständig erfüllt. Die Lizenz ist dann in ihrem Fortbestand unabhängig vom zugrunde liegenden Vertrag.[376]

iii) Schlussfolgerung

Sowohl im Rahmen von Kreuzlizenzverträgen, wie auch bei dem Rechtsinstitut der fully paid up license geht es um die Leistungsgewährung als einmaligen Akt. Dies ist unvereinbar mit der Natur eines Dauerschuldverhältnisses, wie sie sonst für Lizenzverträge angenommen wird.

Aus diesen Gründen kann auch die von *Ganter* – ohne Angabe weiterer Gründe – gezogene Schlussfolgerung, dass Kreuzlizenzen stets in den Anwendungsbereich des § 103 InsO fallen, nicht überzeugen.[377] Es wurden weder die Vielfalt der vertraglichen Gestaltungsmöglichkeiten, noch deren rechtliche Auswirkungen in Betracht gezogen. Zudem entspricht es nicht der aktuellen herrschenden Meinung, den Lizenzvertrag als Rechtspacht zu charakterisieren. Vielmehr besteht die einhellige Ansicht, dass es sich nur um einen Vertrag „sui generis" handeln kann.[378] Dass ein solcher Vertrag „sui generis" Dauerschuld- oder eben doch in einigen Fällen auch Austauschcharakter hat, ist aufgrund seiner Novation nicht festgeschrieben. Es handelt sich gerade um einen nicht kodifizierten Vertragstypus, dessen Charakter nicht von vorneherein festgelegt ist. Angesichts

---

[375] *Winzer* in Pfaff/Osterrieth, Lizenzverträge, Rn 867, 906; vgl. im Ansatz ebenso *Chrocziel* in Krause/Veelken/Vieweg, Gedächtnisschrift für Wolfgang Blomeyer, S. 303 (307).

[376] *Winzer* in Pfaff/Osterrieth, Lizenzverträge, Rn 886, 920.

[377] *Ganter*, NZI 2011, 833 (840).

[378] Vgl. auch S. 86 f. m.w.N.; RGZ 142, 212.

dieses Hintergrunds kann ein solches Schuldverhältnis nicht generell der Anwendung von § 103 InsO unterstellt werden. Eine Einordnung muss im Einzelfall, je nach vertraglicher Ausgestaltung, geschehen. Im Übrigen spiegelt die überkommene Charakterisierung als Rechtspacht die Natur des Kreuzlizenzvertrags noch eingeschränkter wider, als dies bei traditionellen Lizenzverträgen der Fall ist. Die Besonderheit des Austauschcharakters des Kreuzlizenzvertrags entfernt diesen nur noch weiter von der Definition der Rechtspacht. Zudem besteht auch keinerlei praktisches Bedürfnis an der Charakterisierung als Dauerschuldverhältnis, da ein solches keinem der Beteiligten wesentliche Vorteile gegenüber anderen Vertragsmodellen verschafft.

Vorausgesetzt es wurden keine fortlaufenden Leistungsverpflichtungen vereinbart,[379] fällt ein Kreuzlizenzvertrag folglich schon dann nicht mehr in den Anwendungsbereich des § 103 InsO, sobald die vertraglich vereinbarte Nutzungsrechtseinräumung stattgefunden hat und diese vor Eröffnung des Insolvenzverfahrens vollständig abgeschlossen ist. Zu diesem Zeitpunkt wurde der Vertrag vollständig erfüllt und kann folglich nicht mehr von § 103 InsO erfasst sein.

Gleiches gilt auch für fully paid up licenses, deren zugrunde liegendes Vertragsverhältnis mit Leistung des Lizenznehmers zumindest von dessen Seite aus vollständig erfüllt ist.

4) Zusammenfassung

Zusammenfassend ergibt sich also für das Verhältnis zwischen § 47 InsO und § 103 InsO, dass nicht für jeden Fall eine allgemeingültige Entscheidung getroffen werden kann, ob ein Schuldverhältnis in den Anwendungsbereich der einen bzw. der anderen Norm fällt.

Gerade am Beispiel der Kreuzlizenz oder auch der fully paid up license wird klar, dass einfache Lizenzen – deren Rechtsnatur vorerst dahingestellt bleibt – existieren, die eben unabhängig von ihrer Rechtsnatur schon deshalb nicht in den Anwendungsbereich des § 103 InsO fallen, weil der ihnen zugrunde liegende Vertrag bereits bei Eröffnung des Insolvenzverfahrens vollständig erfüllt ist. Dies ist allein durch die vertragliche Gestaltung des Pflichtenprogramms und der Rechte der Parteien möglich.

---

[379] Vgl. für die vertragliche Gestaltung S. 79; ebenso *Hub*, Filmlizenzen in der Insolvenz des Lizenzgebers, S. 112 ff.

Schon allein aus diesem Grund ist die strenge Abgrenzung in exklusive und nicht-exklusive Patenlizenzen in der juristischen Literatur mehr als fragwürdig. Diese Einteilung spiegelt nicht die vielfältigen Möglichkeiten der Lizenzierung wider, die im vergangenen Jahrhundert entstanden sind und im wirtschaftlichen Geschäftsverkehr Anwendung finden.

Folglich sollte auch die bislang – durch die juristische Literatur und Rechtsprechung – erfolgte Zuweisung einer Rechtsnatur für exklusive und nicht-exklusive Patentlizenzen erneut in Frage gestellt und einer eingehenden Überprüfung unterzogen werden.

Den Ausgangspunkt hierfür bildet – zumindest auf schuldrechtlicher Ebene – überraschenderweise das Insolvenzrecht. Das Reichsgericht hat in seiner Entscheidung vom 28. September 1928[380] zum Konkursrecht den Lizenzvertrag als Vertrag „eigener Art" eingeordnet.

II. Historischer Rückblick in die Konkursordnung

Wie bereits angedeutet, hat das dieser Arbeit zugrunde liegende Problem seine Wurzeln in der Rechtsprechung des Reichsgerichts zur Konkursordnung. Aufgrund dessen soll die historische Entwicklung des Status der Patentlizenz im Konkurs Gegenstand der nachfolgenden Betrachtung sein.

1) Rechtslage unter § 21 Konkursordnung

Nach allgemeiner Ansicht fielen Lizenzverträge in der Insolvenz des Lizenzgebers in den Anwendungsbereich des § 21 I KO[381], wenn das Nutzungsrecht zum Zeitpunkt der Insolvenzeröffnung bereits überlassen wurde.[382] Unter einer vollständigen Überlassung ist zu verstehen, dass zumindest auch die Nebenleistungspflichten durch den Lizenzgeber soweit erfüllt wurden, dass eine Benutzung des Schutzrechts möglich war. Daraus lässt sich ableiten, dass keine vollständige Erfüllung aller Pflichten verlangt wurde.

---

[380] RGZ 122, 70.

[381] § 21 I KO: „*Hatte der Gemeinschuldner einen von ihm vermieteten oder verpachteten Gegenstand dem Mieter oder dem Pächter vor der Eröffnung des Verfahrens überlassen, so ist der Miet- oder Pachtvertrag auch der Konkursmasse gegenüber wirksam.*"

[382] *Henckel* in Jaeger, KO, § 21 Rn 6 m.w.N.

a) Einordnung von Lizenzverträgen als „Rechtspacht"

Die Einordnung des Patentlizenzvertrags in den Anwendungsbereich des § 21 KO liegt in der – ursprünglich vom Reichsgericht vorgenommenen – Charakterisierung als Rechtspacht begründet.[383] Dabei war es gleichgültig, ob es sich um eine exklusive oder eine nicht-exklusive Patentlizenz handelte.[384]

Wie bereits dargelegt, lag eine Einordnung als Pachtvertrag nahe, da das Gesetz die Pacht von Rechten vorsieht und eine Pacht die Möglichkeit der Fruchtziehung gewährleistet hat.[385] Gleichwohl sprechen viele Gründe gegen die Einordnung als Pachtvertrag.[386] Deshalb und mangels weiterer Begründung durch das Reichsgericht ist unklar, warum das Reichgericht ausgerechnet diese Vertragsart, als die den Charakteristika einer Lizenzeinräumung am ehesten entsprechende, ausgewählt hat.

b) Herausbildung der Verträge „sui generis"

Im späteren Verlauf wurde der Lizenzvertrag richtigerweise als Vertrag „sui generis" eingeordnet.[387] Dieser unterliegt, je nach vertraglicher Ausgestaltung, den Regelungen des Vertragstyps, dem er am ehesten entspricht.[388]

Soll der Lizenzvertrag der Einräumung eines Nutzungsrechts über einen längeren, jedoch begrenzten Zeitraum dienen, bietet sich die Charakterisierung als Dauerschuldverhältnis an.[389] In solchen Fällen, wie er auch einer Entscheidung des Bundesgerichtshofs zu Grunde lag,[390] zeichnet sich die vertragliche Ausge-

---

[383] Vgl. auch RGZ 75, 400 (405); dagegen später RGZ 122, 70 (73 ff.); *Fezer* in Fezer, Markenrecht, § 29 Rn 41.

[384] *Groß*, Der Lizenzvertrag, Rn 492; *Fezer* in Fezer, Markenrecht, § 29 Rn 40.

[385] Vgl. oben S. 29.

[386] Vgl. oben S. 29.

[387] BGH KZR 7/65, GRUR 1967, 378 (383); RGZ 75, 400 (405); RGZ 82, 155 (159); RGZ 142, 212; RGZ 155, 306 (313 f.); *Osterrieth*, Patentrecht, Rn 322; *Henckel* in Jaeger, KO, § 19 Rn 23.; vgl. vertiefend *Knap*, GRUR Int 1973, 226.

[388] *Henckel* in Jaeger, KO, § 19 Rn 23; *Pfaff/Nagel* in Pfaff/Osterrieth, Lizenzverträge, Rn 33.

[389] BGH I ZR 184/89, GRUR 1992, 112 (114).

[390] BGH I ZR 184/89, GRUR 1992, 112.

staltung meist durch die Regelung von Laufzeiten und Kündigungsrechten aus. Dementsprechend finden auf solche Vertragsmodelle, die Vorschriften über die Rechtspacht analoge Anwendung.[391]

Andererseits müssen aber ebenso andere vertragliche Ausgestaltungen Beachtung finden. Soll also keine zeitlich begrenzte Einräumung, sondern eine unwiderrufliche Gewährung des Rechts Gegenstand des Vertrags sein, ohne die Vereinbarung fortlaufender Leistungsverpflichtungen, bietet sich die Anwendung der kaufrechtlichen Regelungen an.[392]

Wird hingegen eine Lizenz im gesellschaftsrechtlichen Kontext gewährt, müssen diese Regelungen auf den Vertrag angewandt werden.[393]

Im Ergebnis zeichnet sich der Vertrag „sui generis" also dadurch aus, dass er nicht einer bestimmten Gruppe von Regelungen unterliegt, sondern die anwendbaren Regelungen jeweils für jeden einzelnen Vertrag, je nach dessen Ausgestaltung, individuell bestimmt werden müssen. Hierüber besteht auch Einigkeit.[394]

Demzufolge kann ein Lizenzvertrag auch nicht pauschal als Dauerschuldverhältnis charakterisiert werden.[395] Dass der Bundesgerichtshof den Lizenzvertrag in einigen Urteilen[396] als Dauerschuldverhältnis bezeichnet hat, ist hingegen unschädlich. In den in Rede stehenden Urteilen ging es jeweils um Lizenzverträge, die Regelungen zu andauernden Leistungspflichten und Kündigungsmöglichkeiten – also Regelungen, die typisch für Dauerschuldverhältnisse sind – getroffen haben.[397] Wie der BGH in seinem Urteil vom 29. April 1997 betont hat „[han-

---

[391] *Osterrieth*, Patentrecht, Rn 322; vgl. dazu bereits oben S. 29.

[392] Vgl. im Ansatz ebenso *Osterrieth*, Patentrecht, Rn 322; vgl. dazu bereits oben S. 30; dagegen ohne Beachtung der privatautonomen Regelungsmöglichkeiten RGZ 155, 306 (313).

[393] Vgl. dazu bereits oben S. 31.

[394] Statt vieler *Henn*, Patent- und Know-how-Lizenzvertrag, Rn 120 f.

[395] Dagegen *Schwabe*, Filmlizenzen in der Insolvenz, S. 31.

[396] BGH IX ZR 162/04, NJW 2006, 915 (916); BGH I ZR 184/89, GRUR 1992, 112 (114); BGH X ZR 127/95, GRUR 1997, 610 (611).

[397] BGH IX ZR 162/04, NJW 2006, 915; BGH I ZR 184/89, GRUR 1992, 112; BGH X ZR 127/95, GRUR 1997, 610.

*delt es sich] bei dem zwischen den Parteien geschlossenen Lizenzvertrag [...]
um ein Dauerschuldverhältnis.*"[398] Der Bundesgerichtshof stellt in seiner Charakterisierung des Vertragsverhältnisses also auf die zwischen den Parteien geschlossene Vereinbarung ab.[399]Aus diesem Grund lässt sich aus diesen Urteilen nicht ableiten, dass der Bundesgerichtshof einen Lizenzvertrag stets als Dauerschuldverhältnis einordnet. Daher ist eine pauschale Charakterisierung als Dauerschuldverhältnis zu kurz gedacht.

Zusammenfassend ist damit festzuhalten, dass ein Lizenzvertrag als Vertrag „sui generis" jeglicher Art von Vorschriften unterliegen kann und dies allein von der vertraglichen Ausgestaltung der Parteien abhängt.

2) Behandlung von Lizenzen in der Insolvenz des Lizenzgebers nach der Konkursordnung

Trotz der Erkenntnis, dass es sich bei Lizenzverträgen um Verträge „sui generis" handelt – statt pauschal um eine Rechtspacht – wurden sie allgemein dem Anwendungsbereich des § 21 I KO unterstellt, wenn auch nur in analoger Anwendung.[400] Dies führte – mangels Unterscheidung zwischen exklusiven und nichtexklusiven Lizenzen – dazu, dass beide Arten durch die Regelung des § 21 I KO im Konkurs des Lizenzgebers konkursfest waren.[401]

Die Möglichkeit der analogen Anwendung der Vorschrift des § 21 I KO auf Lizenzverträge kam allerdings nicht nur durch die frühere Charakterisierung als Rechtspacht zustande, sondern insbesondere auch durch den Wortlaut dieser Norm. Wie bereits an früherer Stelle erörtert, erfasst der Begriff des „Gegenstands", wie er auch in § 21 I KO benutzt wurde, ebenfalls Immaterialgüter als nichtkörperliche Gegenstände.[402] Somit war zumindest im Hinblick auf den Vertragsgegenstand, eine entsprechende Anwendung des § 21 I KO auf Lizenzen an Immaterialgüterrechten möglich.

---

[398] BGH X ZR 127/95, GRUR 1997, 610 (611), Hervorhebung durch den Verfasser.

[399] Statt vieler BGH I ZR 184/89, GRUR 1992, 112; BGH X ZR 127/95, GRUR 1997, 610.

[400] *Henckel* in Jaeger, KO, § 21 Rn 6; BGH X ZR 60/93, NJW-RR 1995, 936 (938).

[401] *Fezer* in Fezer, Markenrecht, § 29 Rn 40, 43.

[402] Vgl. oben S. 68.

Folglich waren unter der Geltung der Konkursordnung sowohl exklusive wie auch nicht-exklusive Patentlizenzen im Falle des Konkurses des Lizenzgebers konkursfest, sobald dem Lizenznehmer das Nutzungsrecht überlassen wurde.

Aus diesem Grund bestand keine Notwendigkeit zwischen exklusiven und nicht-exklusiven Lizenzen zu differenzieren oder gar eine konkursbezogene Aussage zu ihrer, möglicherweise unterschiedlichen, Rechtsnatur zu treffen.

III. Zusammenfassung der Problematik

Mithin war die Rechtsnatur bzw. der Charakter oder auch die Ausgestaltung der Lizenz für deren Behandlung im Konkurs, unter Geltung der Konkursordnung, völlig belanglos. Jegliche Art von Patentlizenz fiel im Konkurs des Lizenzgebers in den Schutz des § 21 I KO.

Folglich existiert das Problem der Behandlung der Lizenz in der Insolvenz – in der hier gegenständlichen Form – erst seit Einführung der Insolvenzordnung im Jahr 1999, durch welche die Vorschrift des § 21 I KO durch die Norm des § 108 I InsO ersetzt wurde. Die schuldrechtliche Patentlizenz, gleich in welcher Ausgestaltungsform, ist seit Einführung der Reform des Insolvenzrechts nicht mehr de lege lata insolvenzfest.

Wie bereits erörtert,[403] besteht die Möglichkeit der vollständigen Erfüllung im Sinne von § 103 InsO, um den Lizenzvertrag dem Wahlrecht des Insolvenzverwalters zu entziehen.

Klärungsbedürftig ist allerdings, ob nicht § 108 InsO – entsprechend seiner Vorgängervorschrift – analog auf die Patentlizenz Anwendung finden kann und so den Lizenzvertrag schon aus dem Anwendungsbereich des § 103 InsO herausnimmt.

Im Übrigen ist eine Insolvenzfestigkeit der Patentlizenz ebenfalls durch besondere vertragliche Konstruktion oder mittels einer Gesetzesreform denkbar.

Zentral bleibt allerdings die Frage, ob die nicht-exklusive Patentlizenz ein Aussonderungsrecht im Sinne von § 47 InsO darstellt – gleich ob als dingliches bzw. quasidingliches Recht oder aufgrund eines besonderen persönlichen Herausgabeanspruchs – und damit de lege lata insolvenzfest ist.

---

[403] Vgl. oben S. 79.

E. Gegenwärtige Rechtslage

Bis zum heutigen Tag hat sich nichts an der seit nunmehr über einem Jahrzehnt bestehenden, grundlegenden Problematik der Insolvenzfestigkeit von nicht-exklusiven Nutzungsrechten geändert. Aus diesem Grund soll zunächst die gesetzliche Rechtslage zur Thematik untersucht und analysiert werden, um herauszufinden ob aktuell kein Schutz der nicht-exklusiven Lizenz de lege lata möglich ist und – falls dies der Fall sein sollte – auf welche Umstände dies zurückzuführen ist.

I. Gesetzliche Rechtslage

Wie bereits dargestellt,[404] wurde die nicht-exklusive Lizenz unter Geltung der Konkursordnung durch analoge Anwendung des § 21 KO in der Insolvenz des Lizenzgebers geschützt.

Im Weiteren soll nun die Gesetzesreform und die damit einhergehende Einführung der Insolvenzordnung Gegenstand der Betrachtung sein.

1) Einführung der Insolvenzordnung zum 05. Oktober 1994 / 01. Januar 1999

Die Insolvenzordnung und deren Einführungsgesetz wurden am 05. Oktober 1994 verkündet.[405] Über vier Jahre später trat sie dann zum 01. Januar 1999 in Kraft.

Mit Einführung der Insolvenzordnung wurde § 21 KO durch § 108 InsO ersetzt. Grundsätzlich geht man davon aus, dass der Nachfolgervorschrift ein vergleichbarer Regelungsbereich wie der Vorgängervorschrift zukommt. Im Falle des § 108 InsO trifft diese Annahme allerdings für immaterialgüterrechtliche Lizenzen nicht zu. Und zwar nicht deshalb, weil die längst überflüssige und generalisierte Charakterisierung als pachtähnliches Rechtsverhältnis abgeschafft worden wäre, sondern weil die novellierte Vorschrift des § 108 InsO nach ihrem Wortlaut lediglich *„ Miet- und Pachtverhältnisse des Schuldners über <u>unbewegliche</u> Gegen-*

---

[404] Vgl. dazu ausführlich oben S. 85 ff.

[405] BGBl. I 1994, 2866; BGBl. I 1994, 2911.

stände oder Räume ... "[406] erfasst. Damit wurde Miet- und Pachtverhältnissen über bewegliche Gegenstände schlichtweg der Schutz in der Insolvenz entzogen.

Über die Frage, warum der Lizenz der Schutz in der Insolvenz des Lizenzgebers entzogen wurde, sollten die damaligen Gesetzgebungsmotive näheren Aufschluss geben.

a) Gesetzgebungsmotive

Das vornehmliche Ziel der Änderung des § 21 KO war es, die Insolvenzmasse zu stärken. Zu diesem Zweck hatte der Gesetzgeber die Entscheidung getroffen, bewegliche Gegenstände aus dem Schutz des § 21 KO bzw. § 108 InsO herauszunehmen. Dem lag die Annahme zugrunde, dass der Insolvenzverwalter bewegliche Gegenstände, an deren Pacht- bzw. Mietverträge er nicht mehr gebunden ist, wertbringender zu Gunsten der Masse verwerten kann.

So wurden in der ersten Version der Insolvenzordnung auch Leasingverträge über bewegliche Gegenstände dem Insolvenzverwalterwahlrecht gemäß § 103 I InsO unterstellt. Diese Veränderung wurde vom Gesetzgeber noch vor in Kraft treten der Insolvenzordnung – auf Hinwirken der Leasingbranche – bemerkt, so dass § 108 I InsO um einen Satz 2 ergänzt wurde, der nun Leasingverträge dem Insolvenzverwalterwahlrecht nach § 103 I InsO entzieht.[407] Der Schutz von Leasingverträgen widerspricht dem eigentlichen Motiv des verstärkten Masseschutzes.[408]

b) Redaktionelles Versehen des Gesetzgebers im Rahmen der Gestaltung des § 108 Insolvenzordnung

Grundsätzlich ist weder gegen das Ziel dieser Gesetzgebung noch gegen die Vorgehensweise etwas einzuwenden, allerdings erscheint es zweifelhaft, ob der damals gewählte Wortlaut tatsächlich dem Gesetzgebungswillen entsprach. Weder im Gesetzgebungsverfahren zur ursprünglichen Fassung des § 108 I InsO noch im Verfahren zur Einfügung von Satz 2 wurde der Schutz und das Schick-

---

[406] § 108 I InsO, Hervorhebung durch den Verfasser.

[407] BGBl. 1996, 1013; *Pape*, NJW 1997, 2777 (2778).

[408] Vgl. ausführlicher zur Einführung des § 108 I 2 InsO *Berger*, Insolvenzschutz für Markenlizenzen, § 138 f.

sal von immaterialgüterrechtlichen Lizenzen thematisiert.[409] Man kann somit davon ausgehen, dass der Schutz der Lizenz in der Insolvenz des Lizenzgebers schlichtweg während des Gesetzgebungsprozesses übersehen worden ist.[410]

Für diese These spricht, dass in den ersten Entwürfen zur Reform des Insolvenzrechts vom Ende der 1980er Jahre stets die Rede davon ist, dass die zum damaligen Zeitpunkt bestehende Rechtslage nicht geändert werden sollte.[411] Die zuerst angedachte Neufassung des § 21 KO, durch § 115 InsO, entsprach der ursprünglichen Fassung des § 21 KO. Erst später, Anfang der 1990er Jahre wurde § 108 InsO als Neufassung des § 21 KO diskutiert. Im Rahmen dieses Entwurfs fielen immaterialgüterrechtliche Lizenzen aus dem Schutz der Norm heraus. Begründet wurde dieser Schritt nicht.

Weiterhin lässt sich das Versehen des Gesetzgebers dadurch belegen, dass zwar der Wortlaut von „Gegenständen" spricht, welche auch Immaterialgüterrechte erfassen,[412] sich das Gesetzgebungsverfahren jedoch lediglich auf „Sachen" konzentriert hat.[413] Der Gesetzgeber hat in seinen weiteren Erwägungsgründen weder die Auswirkungen auf immaterialgüterrechtliche Lizenzen in Betracht gezogen, noch deren Besonderheiten im Vergleich zu beweglichen Sachen.[414] Gerade durch die Tatsache, dass ein Immaterialgüterrecht mehrfach lizenziert werden kann, im Gegensatz zu einer körperlichen Sache, die in jedem Fall nur einmal vermietet bzw. verpachtet werden kann, besteht bei nicht-exklusiv lizenzierten Immaterialgüterrechten eine sehr viel geringere Gefahr der Masseschmälerung, wenn der Insolvenzverwalter an den Lizenzvertrag gebunden bliebe. Er kann das Schutzrecht trotzdem gewinnbringend weiterlizenzieren oder veräußern. Solche Erwägungen wurden allerdings während des Gesetzgebungsverfahrens außer Acht gelassen. Gleiches gilt für den Umstand, dass nicht-exklusive

---

[409] Ebenso *Kummer*, GRUR 2009, 293 (294); *Koehler/Ludwig*, WRP 2006, 1342 (1344 f.); *Fezer*, WRP 2004, 793 (799); *Marotzke*, ZInsO 2008, 1108 (1116).

[410] a.A. *Pahlow*, WM 2008, 2041 (2045).

[411] *Koehler/Ludwig*, WRP 2006, 1342 (1344) m.w.N.; *Koehler/Ludwig*, NZI 2007, 79 (81).

[412] Vgl. oben S. Seite 68.

[413] BT-Drs. 12/2443 vom 14. Februar 1992, S. 146 f.

[414] BT-Drs. 12/2443 vom 14. Februar 1992, S. 146; ebenso *Berger*, Insolvenzschutz für Markenlizenzen, S. 135.

Lizenzen seit über einem Jahrhundert mittels § 21 KO in der Insolvenz des Lizenzgebers geschützt waren. Dass ein solch gefestigter Grundsatz im Laufe des Gesetzgebungsverfahrens nicht Gegenstand von Erörterungen war lässt ebenfalls darauf schließen, dass der Gesetzgeber bei der Fassung des § 108 InsO immaterialgüterrechtliche Lizenzen schlichtweg übersehen hat.[415]

2) Regelung des § 108 I 1 Insolvenzordnung

§ 108 I 1 InsO ist lex specialis zu § 103 InsO.[416] Mit anderen Worten sind diejenigen miet- bzw. pachtvertraglichen Schuldverhältnisse, die von § 108 InsO erfasst werden, nicht Gegenstand des Nichterfüllungswahlrechts des Insolvenzverwalters.

a) Regelungs- und Schutzbereich des § 108 I 1 Insolvenzordnung

Die Regelung des § 108 I 1 InsO erfasst jegliche Art von Miet- und Pachtverhältnis über unbewegliche Gegenstände oder Räume. Mithin werden grundsätzlich nur Dauerschuldverhältnisse vom Schutzbereich des § 108 I 1 InsO erfasst. In der Insolvenz des Vermieters bzw. Verpächters gilt der Miet- respektive Pachtvertrag mit Wirkung für die Insolvenzmasse fort. Dem Insolvenzverwalter steht in diesem Fall weder ein Wahlrecht noch ein besonderes Kündigungsrecht zu.[417] Es steht ihm lediglich offen, den vermieteten bzw. verpachteten unbeweglichen Gegenstand oder Raum zu verkaufen.

b) Analoge Anwendbarkeit des § 108 I 1 Insolvenzordnung auf die „Rechtspacht"

Zwar kann die Einräumung einer nicht-exklusiven Patentlizenz einerseits nicht generell als Dauerschuldverhältnis charakterisiert werden, andererseits kann auch nicht ausgeschlossen werden, dass ein Lizenzvertrag Dauerschuldcharakter haben kann. Aus diesem Grund ist es prinzipiell denkbar, dass ein solcher Lizenzvertrag in der Insolvenz des Lizenzgebers den Schutz des § 108 I 1 InsO genießt. Wie bereits im vorstehenden Absatz erörtert worden ist, gilt § 108 InsO

---

[415] Anders dagegen *Daneshzadeh Tabrizi*, Lizenzen in der Insolvenz nach dem Scheitern des § 108a InsO, S. 116 f.

[416] BGH IX ZR 185/06, NJW 2007, 3715 (3716); *Wegener* in Uhlenbruck/Hirte/Vallender, InsO, § 108 Rn 2.

[417] *Wegener* in Uhlenbruck/Hirte/Vallender, InsO, § 108 Rn 18.

für Pachtverträge über unbewegliche Gegenstände. Damit scheidet nach dem Wortlaut der Vorschrift eine direkte Anwendung der Vorschrift auf den Lizenzvertrag aus. Denkbar bleibt allerdings ein Schutz des Lizenzvertrags durch analoge Anwendung des § 108 I 1 InsO.

Erforderlich für eine analoge Anwendung des § 108 I 1 InsO ist zum einen, das Bestehen einer planwidrigen Regelungslücke und zum anderen eine vergleichbare Interessenlage.

Die Planwidrigkeit einer Regelungslücke seitens des Gesetzgebers zeichnet sich zumeist dadurch aus, dass der Gesetzgeber einen rechtlich relevanten Sachverhalt mit der erlassenen Norm im Ergebnis nicht so regeln wollte, wie es tatsächlich durch den Normerlass geschehen ist.[418] Ebenso entsteht eine planwidrige Regelungslücke dadurch, dass der Gesetzgeber nicht erkennt oder in Betracht zieht, welche rechtlichen Konsequenzen sich aus einer zu erlassenden Regelung ergeben.[419] Dies war im Rahmen des Entwurfs des § 108 I 1 InsO der Fall. Wie bereits an früherer Stelle verdeutlicht,[420] hat der Gesetzgeber weder im Stadium des Entwurfs der Norm, noch während der parlamentarischen Diskussion die Auswirkungen der Neuregelung auf immaterialgüterrechtliche Lizenzen in Erwägung gezogen. Damit entstand eine planwidrige Regelungslücke.[421]

Weiterhin ist eine vergleichbare Interessenlage zwischen den von der Norm ausdrücklich geregelten Rechtsverhältnissen und den analog zu regelnden Rechtsverhältnissen erforderlich.[422]

Grundsätzlich lässt sich hierfür die Schutzbedürftigkeit des Lizenznehmers, welche mit der eines Mieters vergleichbar ist, anführen.[423] Die Schutzbedürftigkeit allein genügt jedoch nicht. Ginge man davon aus, müsste beinahe jeder

---

[418] *Larenz*, Methodenlehre der Rechtswissenschaft, S. 358.

[419] *Larenz*, Methodenlehre der Rechtswissenschaft, S. 358.

[420] Vgl. oben S. 92.

[421] Im Ergebnis ebenso *Koehler/Ludwig*, WRP 2006, 1342 (1344 f.); *Slopek*, WRP 2010, 616 (618); a.A. *Daneshzadeh Tabrizi*, Lizenzen in der Insolvenz nach dem Scheitern des § 108a InsO, S. 116 f. die allein auf den Wortlaut der Norm gestützt wird.

[422] *Larenz*, Methodenlehre der Rechtswissenschaft, S. 366 f.

[423] *Koehler/Ludwig*, WRP 2006, 1342 (1345).

Gläubiger in der Insolvenz geschützt werden. Bei der Vorschrift des § 108 I 1 InsO handelt es sich um eine Ausnahmevorschrift zu der Regelung des § 103 InsO, welche allein dem Schutz der Masse dient. Aus diesem Grund besteht aufgrund der Schutzbedürftigkeit des Lizenznehmers lediglich dann eine vergleichbare Interessenlage, wenn und soweit seine Interessen den Masseschutz überwiegen.

Wie bereits eingangs erläutert, kommt eine analoge Anwendung des § 108 I InsO lediglich für nicht-exklusive Lizenzverträge mit Dauerschuldcharakter, also mit fortlaufenden vertraglichen Verpflichtungen in Frage. Im Gegensatz zu einem Miet- oder Pachtvertrag über einen unbeweglichen Gegenstand oder Raum, geht mit einem solchen Lizenzvertrag eine Vielfalt von vertraglichen Pflichten einher, welche die Masse über Gebühr beanspruchen können.[424] Zwar hängt das Bestehen solcher Verpflichtungen von der individuellen vertraglichen Ausgestaltung der Vertragsparteien ab, zu denken ist allerdings an Verteidigungspflichten des Patentrechtsinhabers, welche zu kostspieligen und komplexen Gerichtsverfahren führen können. Solche müssten dann von einem Insolvenzverwalter ausgefochten werden.[425] Abgesehen davon ist ebenfalls eine Verpflichtung zur Aufrechterhaltung des Patents denkbar, welche nur mit nicht unerheblichen Gebührenzahlungen aus der Insolvenzmasse erfüllt werden könnte.

Im Vergleich dazu erscheinen die Aufwendungen, die für den Erhalt einer Miet- oder Pachtsache getätigt werden müssen, eher gering. Zwar besteht auch in solchen Fällen die Möglichkeit, dass erhebliche Kosten für den Unterhalt des Gegenstands oder Raumes entstehen, allerdings sind diese im Gegensatz zu gerichtlichen Patentverfahren vergleichsweise gering.

Im Ergebnis würde die Masse durch die Aufrechterhaltung von nicht-exklusiven Lizenzverträgen mit Dauerschuldcharakter weit stärker belastet werden, als es bei Miet- oder Pachtverhältnisse an unbeweglichen Gegenständen oder Räumen der Fall wäre. Damit würde die Masse über Gebühr beansprucht werden. In einer solchen Konstellation kann also nicht das Interesse des Lizenznehmers das Interesse an der Erhaltung der Masse überwiegen. Folglich besteht keine ver-

---

[424] *Bausch*, NZI 2005, 289 (293).

[425] *Bausch*, NZI 2005, 289 (293).

gleichbare Interessenlage, so dass ein Schutz des Lizenznehmers über eine analoge Anwendung des § 108 I 1 InsO ausscheidet.[426]

Gleiches gilt für die analoge Anwendung des § 108 I 2 InsO, da auch in diesem Fall die Lizenzerhaltungskosten im Rahmen eines Dauerschuldverhältnisses, die Masse unverhältnismäßig belasten würden.

Abschließend ist festzuhalten, dass ein nicht-exklusiver Lizenzvertrag mit Dauerschuldcharakter keinen Schutz in der Insolvenz des Lizenzgebers über eine analoge Anwendung des § 108 InsO genießt.

Ungeachtet dessen könnte zumindest nach der aktuellen Entwicklung der Rechtsprechung ein Schutz für die nicht-exklusive Lizenz bestehen.

II. Rechtsprechungsanalyse

Im Folgenden wird die für die Frage nach der Insolvenzfestigkeit und Rechtsnatur der nicht-exklusiven Lizenz, relevante Rechtsprechung der neueren Zeit erörtert.[427] Dabei soll deutlich werden, dass die Rechtsprechung auf die Versäumnisse des Gesetzgebers nicht nur aufmerksam geworden ist, sondern gleichermaßen bereits darauf reagiert hat.

1) BGH KZR 5/81 *Verankerungsteil*

Ausgangslage für eine solche Diskussion ist die viel zitierte rechtliche Charakterisierung von nicht-exklusiven Patentlizenzen durch den Bundesgerichtshof in der Entscheidung *Verankerungsteil*.[428]

a) Sachverhaltsanalyse

Die Klägerinnen waren Inhaberinnen des streitgegenständlichen Patents, welches am 01. März 1963 als solches angemeldet wurde. Das Patent schützte ein Verankerungsteil für die lösbare Befestigung von Sicherheitsgurten in Kraftwagen. An diesem Patent wurde der Beklagten am 06. Dezember 1973 eine nicht-exklusive Lizenz eingeräumt. Diese Lizenz sollte sowohl für die Zukunft als

---

[426] Ebenso *Bausch*, NZI 2005, 289 (293); a.A. *Koehler/Ludwig*, WRP 2006, 1342 (1345); *Koehler/Ludwig*, NZI 2007, 79 (81).

[427] Vgl. für den Beginn der Entwicklung BGH KZR 5/81, NJW 1983, 1790.

[428] BGH KZR 5/81, NJW 1983, 1790.

auch für bereits produzierte Teile gelten. Vereinbart wurde dafür eine Einmal-zahlung durch die Beklagte und darüber hinaus eine Stücklizenzgebühr. Im Rahmen der Klage begehrte die Klägerin u.a. Zahlung der Stücklizenzgebühr für Lieferungen der Beklagten an ihre Streithelferin (K) in den Jahren zwischen 1971 und 1976. Die Beklagte lehnte die Zahlungsverpflichtung ab. Sie machte geltend, dass das streitgegenständliche Patent ursprünglich der Streithelferin der Klägerin (R) zustand. Mit dieser hatte die K am 10. Februar 1966 ein Mitbenut-zungsrecht an dem Schutzrecht vereinbart. Dieses wurde im Jahr 1967 erneut vereinbart. Daraus leitete die K ab, dass sie das Nutzungsrecht auch im Rahmen einer ausgelagerten Produktion – nämlich bei der Beklagten – in Anspruch neh-men durfte. Die Klägerin macht geltend, dass die Vereinbarung zwischen den zwei Streithelferinnen u.a. aus kartellrechtlichen Gesichtspunkten unwirksam sei. Im Übrigen sei das Nutzungsrecht mit Übertragung des Patents an die Klä-gerin erloschen.

b) Entscheidung des Gerichts

Der Kartellsenat des Bundesgerichtshofs lässt im Ergebnis offen, ob die Verein-barungen aus den Jahren 1966 und 1967 aus kartellrechtlichen Gründen unwirk-sam waren. Das Urteil des Berufungsgerichts wurde insoweit aufgehoben, als es die Zahlungsansprüche der Klägerin aus den Lieferungen der Beklagten an ihre Streithelferin K verneint. Begründet wird dies damit, dass das an K gewährte Nutzungsrecht durch Übertragung des Patents auf die Klägerin erloschen sei. Der Kartellsenat erkannte entgegen der Entscheidung des Berufungsgerichts und weiten Teilen der patentrechtlichen Literatur keinen Sukzessionsschutz für die nicht-exklusive Patentlizenz an. Dies basiert darauf, dass der erkennende Senat die streitgegenständliche Lizenz als rein schuldrechtliches Recht eingeordnet hat und vergleichbare Sukzessionsschutzregelungen von anderen schuldrechtlichen Rechten wie der Miete nicht auf die Lizenz übertragen wollte. Gleiches galt für die Sukzessionsschutzregelung aus dem Urheberrecht.

Im Ergebnis entstand dadurch der viel zitierte erste Leitsatz des Urteils *„Eine an einem Patent erteilte einfache Nutzungserlaubnis ist im Regelfalle schuldrechtli-cher Natur."*[429]

---

[429] BGH KZR 5/81, NJW 1983, 1790, 1. Leitsatz (Hervorhebung durch den Verfasser).

c) Rechtliche Bewertung

Grundsätzlich liegt der Kartellsenat mit seiner Rechtsauffassung richtig. Zur Zeit des damaligen Urteils existierte § 15 III PatG, der patentrechtliche Sukzessionsschutz, noch nicht. Abgesehen davon sprechen auch keine zwingenden Gründe dafür, die Regelungen aus dem Miet- oder Urheberrecht auf das Patentrecht zu übertragen. Geht man also davon aus, dass im Jahr 1982 kein gesetzlich geregelter Schutz für nicht-exklusive Patentlizenzen bestand, dann ist diese Entscheidung, für den Fall des Vorliegens eines schuldrechtlichen Nutzungsrechts folgerichtig ergangen. Ebenso richtig sind Wortlaut und Aussage des ersten Leitsatzes. Der Senat spricht vom *„Regelfalle".*[430] Damit wird deutlich, dass bereits zu dieser Zeit klar war, dass es außer der schuldrechtlichen Erteilung auch möglich sein kann, ein dingliches nicht-exklusives Nutzungsrecht einzuräumen.

Zusammenfassend ist festzuhalten, dass der Senat über eine schuldrechtliche nicht-exklusive Lizenz entschied, es gleichwohl aber für möglich hielt, dass dingliche nicht-exklusive Patentlizenzen eingeräumt werden.

2) BGH IX ZR 162/04 *Softwarelizenz*

Die im Folgenden dargestellte Entscheidung des IX. Senats des Bundesgerichtshofs *Softwarelizenz*[431] zeigt einen Weg zur insolvenzfesten Einräumung eines Softwarenutzungsrechts auf.

a) Sachverhaltsanalyse

Der Geschäftsbetrieb der Schuldnerin m-AG, umfasste die Entwicklung und den Vertrieb von Software. Die streitgegenständliche Software A befasste sich mit einem EDV-Programm zur dreidimensionalen Darstellung von Gebäudekomplexen und einem System zur Erstellung computergestützter Entwürfe dergleichen. Die Beklagte p-GmbH, wurde von Aktionären der m-AG gegründet und sollte basierend auf der Software A entsprechende Softwaremodule für die Planung von Einbauküchen entwickeln. Am 30. März 1998 schlossen die Parteien einen Vertrag über die Entwicklung, Nutzung sowie den Vertrieb der mit der Software A verbundenen Produkte.

---

[430] BGH KZR 5/81, NJW 1983, 1790, 1. Leitsatz.

[431] BGH IX ZR 162/04, NJW 2006, 915.

Nr. 6 I und II dieses Vertrags lauteten wie folgt:

„Dieser Vertrag kann von jedem Vertragsteil nur bei Vorliegen eines wichtigen Grundes - ohne Einhaltung einer Kündigungsfrist - gekündigt werden. Ein wichtiger Grund liegt vor, wenn Tatsachen gegeben sind, auf Grund derer dem Kündigenden unter Berücksichtigung aller Umstände des Einzelfalls und unter Abwägung der Interessen der Vertragsteile die Fortsetzung des Vertrags nicht mehr zugemutet werden kann. Bei Kündigung dieses Vertrags durch die Firma m oder die Firma p gehen die Source-Codes von A in der zum Zeitpunkt der Kündigung aktuellen Version inklusive der Nutzungs- und Vertriebsrechte dieser Version auf die Firma p über. Für den Übergang der Source-Codes sowie der Nutzungs- und Vertriebsrechte zahlt die Firma p eine einmalige Vergütung in Höhe des Umsatzes der letzten sechs Monate vor Ausspruch der Kündigung." [432]

Nach Eröffnung des Insolvenzverfahrens über das Vermögen der m-AG wählte der Insolvenzverwalter gemäß § 103 I InsO Nichterfüllung des Softwarenutzungsvertrags. Daraufhin kündigte die Beklagte den Vertrag und berief sich auf Nr. 6 des Vertrags, wonach die aktuelle Version der Source-Codes auf sie übergeht. Der Insolvenzverwalter lehnte jegliche Ansprüche ab und verwies die Beklagte auf die Anmeldung ihrer Forderungen zur Insolvenztabelle.

Der Insolvenzverwalter verlangte klageweise u.a. die Unterlassung der Vervielfältigung und Nutzung der Software A durch die Beklagte p-GmbH.

Die Beklagte begehrte im Wege der Widerklage die Feststellung, dass sie zur vollumfänglichen Nutzung der aktuellen Version der Software berechtigt sei.

b) Entscheidung des Gerichts

Der IX. Senat des Bundesgerichtshof schließt sich der Beurteilung des Berufungsgerichts[433] insoweit an, als das von der Beklagten begehrte Nutzungsrecht nicht Teil der Insolvenzmasse ist. Das Recht wurde bereits vor Eröffnung des Insolvenzverfahrens aufschiebend bedingt übertragen, da der Gegenstand bereits vor Insolvenzeröffnung entstanden ist. Dem steht nicht entgegen, dass die Ver-

---

[432] BGH IX ZR 162/04, NJW 2006, 915.

[433] OLG Karlsruhe 6 U 66/04.

sion der Software, die ursprünglich Gegenstand des Vertrags vom 30. März 1998 war, weiterentwickelt wurde. Da es sich lediglich um eine an den technischen Fortschritt angepasste Weiterentwicklung der Software handelte, ist nicht von einem neuen, eigenständigen Gegenstand auszugehen. Abgesehen davon hatten die Parteien die Weiterentwicklung des Programms mit in ihre Vereinbarung aufgenommen, indem in Nr. 6 des Vertrags von der *„aktuellen Version"* die Rede ist. Damit stand § 91 InsO dem Rechtserwerb nicht entgegen.

Gleiches gilt für die Vereinbarung der Bedingung. Diese steht nicht dem geltenden Insolvenzrecht entgegen und ist somit auch nicht unwirksam. Für die Übertragung des Rechts wurde nicht der Insolvenzfall ausbedungen, sondern die außerordentliche Kündigung von Seiten einer Vertragspartei. Eine solche Regelung zielt nicht auf die Benachteiligung der Gläubiger, sondern auf den Schutz des Nutzungsrechtsinhabers ab.

Im Übrigen handelte es sich bei der vertraglichen Regelung, nach Auffassung des erkennenden Senats, auch deshalb nicht um eine nach § 119 InsO unwirksame Lösungsklausel, da das Kündigungsrecht weder an die Eröffnung eines Insolvenzverfahrens noch an die Ausübung des Wahlrechts des Insolvenzverwalters geknüpft war, sondern an das Vorliegen eines wichtigen Grundes.

c) Rechtliche Bewertung

Die Entscheidung des IX. Senats des Bundesgerichtshofs ist begrüßenswert. Der Fall zeigt, dass es grundsätzlich möglich ist, ein immaterialgüterrechtliches Nutzungsrecht insolvenzfest einzuräumen. Zu Bedenken ist allerdings auch, dass diese Konstruktion nur im Einzelfall anwendbar ist und ihr somit keine Allgemeingültigkeit im Immaterialgüterrecht zukommt. Dafür spricht insbesondere auch, dass die Entscheidung nicht in die offizielle Entscheidungssammlung des Bundesgerichtshofs aufgenommen wurde. Der Schutzrechtsinhaber verliert am Ende, durch die außerordentliche Kündigung des Lizenzvertrags, stets sein Schutzrecht. Dies kann im Falle der Vereinbarung einer solchen Bedingung auch im normalen Geschäftsverkehr geschehen, nicht nur in der Insolvenz. Der Lizenzgeber würde damit ein u.U. wichtiges Wirtschaftsgut verlieren. Gleichwohl ist es nicht möglich, die Bedingung insolvenzspezifischer auszugestalten, da eine solche Vereinbarung das Wahlrecht des Insolvenzverwalters aus § 103 I InsO ausschließen würde und damit gemäß § 119 InsO unwirksam wäre.

Bemerkenswert an dieser Entscheidung ist allerdings, dass der IX. Senat des Bundesgerichtshofs feststellt, dass die Beklagte eingangs lediglich ein einfaches – also nicht-exklusives – Nutzungsrecht an der Software gemäß §§ 31 II i.v.m. 69 IV UrhG inne hatte.[434] Gleichzeitig unterstellt der erkennende Senat allerdings auch, dass die fraglichen Rechte nicht erst nach Insolvenzeröffnung mit dinglicher Wirkung abgespalten wurden, sondern bereits bei Vertragsschluss am 30. März 1998, also zu dem Zeitpunkt, als eigentlich – laut Annahme des IX. Senats – nur ein einfaches Nutzungsrecht bestanden hatte.[435] Diese Feststellung steht anscheinend nach Ansicht des IX. Senats auch nicht im Widerspruch zu seiner sechs Randziffern später, in Randziffer [21], getroffenen Einordnung des Vertrags als Dauerschuldverhältnis.[436]

Auf dieser Grundlage lässt sich zusammenfassen, dass der für das Insolvenzrecht zuständige IX. Senat des Bundesgerichtshofs wohl eine dingliche Abspaltung eines Nutzungsrechts bei gleichzeitiger dauerschuldrechtlicher vertraglicher Grundlage für möglich hält.[437]

3) BGH I ZR 93/04 *Windsor Estate*

In der Entscheidung *Windsor Estate*[438] des I. Senats des Bundesgerichtshof erkennt der I. Senat an, dass kein Grund gegen die Einräumung einer nicht-exklusiven Markenrechtslizenz mit dinglicher Wirkung ersichtlich ist.

a) Sachverhaltsanalyse

Die Klägerin zu 1) war Inhaberin der eingetragenen Wortmarke «Windsor Estate». Die Marke war u.a. für Metall- und Kleineisenwaren eingetragen. Die Klägerin zu 2) war Lizenznehmerin der Marke und vertrieb unter der Bezeichnung «Windsor Estate» Rankhilfen aus Metall für Pflanzen. Die Beklagte hat bis zum

---

[434] BGH IX ZR 162/04, NJW 2006, 915 (916).

[435] BGH IX ZR 162/04, NJW 2006, 915 (916); entgegen dieser Annahme *Berger*, NZI 2006, 380 (382), der ohne weitere Begründung von der Einräumung einer weiteren, zweiten Lizenz spricht.

[436] BGH IX ZR 162/04, NJW 2006, 915 (916).

[437] Vgl. weiterführend zu dieser Entscheidung *Berger*, NZI 2006, 380; *Huber/Riewe*, ZInsO 2006, 290; *Koehler/Ludwig*, WRP 2006, 1342.

[438] BGH I ZR 93/04, GRUR 2007, 877.

17. April 2003 Rankhilfen aus Metall unter dem Namen «Windsor Estate» vertrieben. Ab diesem Zeitpunkt änderte die Beklagte die Produktbezeichnung in «Windsor Garden».

Die Klägerinnen nehmen die Beklagte wegen der Verwendung der Marke auf Unterlassung, Auskunft und Schadensersatz bzw. Schadensersatzfeststellung in Anspruch.

b) Entscheidung des Gerichts

Der I. Senat erkennt den Schadensersatzanspruch der Klägerin zu 1) wegen der Verletzung der Wortmarke bis zum 17. April 2003 an. Ein eigener Schadensersatzanspruch der Klägerin zu 2) wird abgelehnt. Gemäß § 14 VI MarkenG steht dem Lizenznehmer neben dem Inhaber der Marke kein eigener Schadensersatzanspruch wegen Verletzung der Marke zu. Es steht dem Lizenznehmer indessen frei, dem Verletzungsprozess des Markenrechtsinhabers gemäß § 30 IV MarkenG als Streitgenosse beizutreten. Dies wird im Rahmen des Urteils damit begründet, dass es sich bei der Lizenz der Klägerin zu 2) um eine nicht-exklusive Lizenz und somit um ein schuldrechtliches Recht handelt. Im Weiteren führt der erkennende Senat allerdings aus, dass die Annahme, es handele sich bei einer nicht-exklusiven Markenlizenz um ein schuldrechtliches Recht, auf dem früher geltenden Warenzeichengesetz beruht. Unter dem Warenzeichengesetz bestand eine Bindung der Marke an den Geschäftsbetrieb. Die Marke konnte somit nicht losgelöst übertragen werden. Dies wurde jedoch durch die Einführung des Markengesetzes abgeschafft. Deshalb führt der I. Senat weiter aus, dass *„[n]achdem mit dem Inkrafttreten des Markengesetzes eine Bindung der Marke an den Geschäftsbetrieb nicht mehr besteht, kein Grund ersichtlich [ist], die Möglichkeit auszuschließen, mit dinglicher Wirkung an einer Marke [nicht-exklusive] Lizenzen einzuräumen."*[439]

Aufgrund der Beitrittsregelung des § 30 IV MarkenG kann allerdings in vorliegendem Fall dahingestellt bleiben, ob die erteilte Lizenz dinglicher oder schuldrechtlicher Natur ist. Die Rechtsnatur der Lizenz ist aufgrund der einheitlichen Geltung von §§ 14 VI, 30 IV MarkenG in einem Verletzungsprozess unerheblich.

---

[439] BGH I ZR 93/04, GRUR 2007, 877 (879).

Der Revisionsantrag der Klägerin zu 1) gegen den von der Berufungsinstanz teilweise abgewiesenen Auskunftsanspruch hatte Erfolg. Weiterhin nimmt der erkennende Senat an, dass zwischen den Bezeichnungen «Windsor Estate» und «Windsor Garden» eine Verwechslungsgefahr im Sinne von § 14 II Nr. 2 MarkenG besteht. Damit steht der Klägerin zu 1) auch ein Schadensersatzanspruch für die Zeit ab dem 17. April 2003 zu.[440]

c) Rechtliche Bewertung

In der Begründung dieses Urteils wird deutlich, dass nach Ansicht des erkennenden Senats kein Grund dafür besteht, warum nicht auch nicht-exklusive Markenlizenzen mit dinglichem Charakter eingeräumt werden sollen.[441] Im Markenrecht besteht für die Geltendmachung von Schadensersatzansprüchen in einem Verletzungsprozess – also für die Geltendmachung von Abwehrrechten – kein Unterschied zwischen exklusiven und nicht-exklusiven Nutzungsrechten oder dinglicher und schuldrechtlicher Natur.[442] Jede Art von Lizenznehmer kann dem Markenrechtsinhaber gemäß § 30 IV MarkenG in einem Verletzungsprozess als Streitgenosse beitreten.[443] Ein eigenes Klagerecht steht dem Lizenznehmer gemäß § 30 III MarkenG nur dann zu, wenn der Markenrechtsinhaber der Erhebung der Klage zustimmt. Auch hierbei kommt es weder auf die Exklusivität noch auf die dingliche bzw. schuldrechtliche Natur des Nutzungsrechts an.[444]

Damit besteht weder von Seiten des Gesetzgebers noch von Seiten der Rechtsprechung eine eindeutige Regelung bzw. Aussage zur Rechtsnatur der Li-

---

[440] Siehe ergänzend zu dieser Entscheidung *Maaßen*, FD-GewRS 2007, 240353.

[441] BGH I ZR 93/04, GRUR 2007, 877 (879).

[442] *Ingerl/Rohnke*, Markengesetz, § 30 Rn 93.

[443] BGH I ZR 93/04, GRUR 2007, 877 (879 f.); *Ingerl/Rohnke*, Markengesetz, § 30 Rn 101; *Lange*, Marken- und Kennzeichenrecht, Rn 1411.

[444] *Ingerl/Rohnke*, Markengesetz, § 30 Rn 93.

zenz.[445] Vielmehr bleibt diese offen und ist somit der Disposition der Vertragsparteien überlassen.[446]

4) BGH I ZR 153/06 *Reifen Progressiv*

Nach Auffassung des I. Senats des Bundesgerichtshofs in *Reifen Progressiv*[447], besteht ein nicht-exklusives Nutzungsrecht an einem Computerprogramm mit dinglicher Wirkung fort, unabhängig vom Fortbestand des übergeordneten exklusiven Nutzungsrechts.

a) Sachverhaltsanalyse

Der Kläger ist Programmierer und behauptet alleiniger Urheber des streitigen Computerprogramms zu sein. Das Programm „Reifen Progressiv" ist zur Verwendung durch Reifenhändler bestimmt. Der Kläger räumte der A-GmbH ein exklusives Nutzungsrecht an dem Computerprogramm ein. Die A-GmbH wiederum räumte der Beklagten aufgrund ihres exklusiven Nutzungsrechts ein nicht-exklusives Nutzungsrecht an dem Computerprogramm ein.

Nachdem der Geschäftsbetrieb der A-GmbH im September 2001 eingestellt wurde und die A-GmbH Insolvenzantrag gestellt hatte, erklärte der Kläger im Jahr 2003 gemäß § 41 UrhG den Rückruf des exklusiven Nutzungsrechts. Der Kläger behauptet, dass durch diesen Widerruf auch das nicht-exklusive Nutzungsrecht der Beklagten erloschen sei und die Beklagte daher das Computerprogramm unbefugt benutze.

Der Kläger begehrt Unterlassung der Nutzung sowie Schadensersatz bzw. Herausgabe einer ungerechtfertigten Bereicherung.

b) Entscheidung des Gerichts

Nach Ansicht des I. Senats des Bundesgerichtshofs verletzte die Beklagte, durch Weiternutzung des Computerprogramms, nicht das Urheberrecht des Klägers. Aufgrund des wirksamen Rückrufs des exklusiven Nutzungsrechts der A-GmbH durch den Kläger gemäß § 41 UrhG erlischt zwar das exklusive Nutzungsrecht,

---

[445] Ebenso zu den Voraussetzungen der Dinglichkeit *Kellenter* in Keller/Plassmann/von Falck, FS für Winfried Tilmann - Zum 65. Geburtstag, S. 807 (816).

[446] Ebenso *Lange*, Marken- und Kennzeichenrecht, Rn 1414.

[447] BGH I ZR 153/06, GRUR 2009, 946.

nicht jedoch das einfache Nutzungsrecht der Beklagten. Der erkennende Senat lehnt in seiner Urteilsbegründung die Gegenansicht zum Erlöschen des Nutzungsrechts zweiter Stufe, des so genannten Enkelrechts, ab. Nach Ansicht des I. Senats sind die Interessen des Sublizenznehmers vorrangig gegenüber denen des Urhebers. Gerade in dem Fall, in dem der dem Nutzungsrecht erster Stufe zu Grunde liegende, schuldrechtliche Vertrag außerordentlich beendet wird, soll das Enkelrecht bestehen bleiben, da dieses seinen Ursprung nicht in der Vereinbarung zwischen Urheber und exklusivem Lizenznehmer hat. Auch spricht gegen den Fortbestand des Enkelrechts nicht, dass dieses nicht gutgläubig erworben werden könnte. In vorliegendem Fall bestand das Recht bereits durch wirksame Einräumung. Es sollte also nicht später gutgläubig erworben werden, sondern lediglich weiterhin – unabhängig vom Tochterrecht – Bestand haben. Dafür spricht auch die Regelung des § 33 S. 2 UrhG. Ebenso scheitert ein Fortbestand des Enkelrechts nicht an einer mangelnden Rechtsmacht des Lizenzgebers, dem Enkelrechtsinhaber weiterhin den Bestand des Rechts zu vermitteln, da *„[d]as einfache Nutzungsrecht [...] – wie auch das ausschließliche Nutzungsrecht – keinen schuldrechtlichen, sondern dinglichen Charakter [...][hat]. Der Lizenzgeber muss dem Lizenznehmer das Nutzungsrecht daher nicht während der Dauer des Lizenzverhältnisses fortwährend in seinem Bestand vermitteln, vielmehr ist das Enkelrecht nach seiner Abspaltung vom Tochterrecht von dessen Fortbestand unabhängig [...].“*[448] Damit lehnt der erkennende Senat den Dauerschuldcharakter der Nutzungsrechtsüberlassung explizit ab. Weiterhin sieht § 41 UrhG nicht das Erlöschen der Enkelrechte vor. Abschließend führt der I. Senat aus, dass der Urheber mit einer Belastung durch ein nicht-exklusives Enkelrecht leben müsse, da er selbst der Unterlizenzierung gemäß § 35 I 1 UrhG zugestimmt habe.

Im Ergebnis fällt damit der Interessensausgleich eindeutig zu Gunsten des Enkelrechtsinhabers aus. Das nicht-exklusive Nutzungsrecht zweiter Stufe besteht indessen aufgrund wirksamer Einräumung mit dinglicher Wirkung fort.[449]

---

[448] BGH I ZR 153/06, GRUR 2009, 946 (948).

[449] Vgl. vertiefend zu dieser Entscheidung *Pahlow*, GRUR 2010, 112; *Scholz*, GRUR 2009, 1107; *Adolphsen/Daneshzadeh Tabrizi*, GRUR 2011, 384; *Reber*, ZUM 2009, 855; *Musiol*, FD-GewRS 2009, 290122.

c) Rechtliche Bewertung

Der I. Senat des Bundesgerichtshofs hat in diesem Urteil nicht nur über den Fortbestand des Enkelrechts, unabhängig vom Erlöschen des Tochterrechts, entschieden, sondern vielmehr eine Aussage über die Rechtsnatur des nicht-exklusiven Nutzungsrechts getroffen. Nach Ansicht des Gerichts hat die nicht-exklusive Lizenz dinglichen Charakter. Damit wird die Rechtsprechung des I. Senats zum Markenrecht direkt im Bereich des Urheberrechts fortgesetzt.

Dies lässt erkennen, dass der Bundesgerichtshof nicht länger an der strikten Einteilung zwischen exklusiven und nicht-exklusiven Nutzungsrechten als dingliche oder schuldrechtliche Rechte festhalten möchte. Vielmehr durchbricht die neueste Rechtsprechung des Bundesgerichtshofs diese überkommenen Kategorien.

Dass diese Entscheidung kein Einzelfall war, sondern vom I. Senat bewusst getragen wird, zeigt die folgende Entscheidung des Bundesgerichtshofs, *Vorschaubilder*.

5) BGH I ZR 69/08 *Vorschaubilder*

Der I. Senat des Bundesgerichtshofs bestätigt in der Entscheidung *Vorschaubilder*[450] die vorangegangene Rechtsprechung zur Dinglichkeit der nicht-exklusiven Lizenz.

a) Sachverhaltsanalyse

Die Klägerin, eine bildende Künstlerin, unterhielt seit dem Jahr 2003 eine Internetpräsenz, auf welcher sie Bilder ihrer Kunstwerke abbildete. Die von der Klägerin ins Internet gestellten Abbildungen ihrer Kunstwerke erschienen in der Suchmaschine der Beklagten *google*, wenn der Name der Klägerin in das Suchfeld eingegeben wurde. Bei dieser Suchmaschine kann ein Nutzer durch Eingabe eines oder mehrerer Schlagwörter Abbildungen suchen, die mit dem Suchwort verknüpft ins Internet eingestellt worden sind. Als Suchergebnis erhält der Nutzer im Anschluss eine Liste mit sogenannten Vorschaubildern (auch Thumbnails genannt), die zusammen mit einem Hyperlink erscheinen. Die Vorschaubilder sind eine verkleinerte Version der Originalabbildung. Über den Hyperlink kann der Nutzer zu der Originalhomepage gelangen, um dort die vollständige Abbildung zu sehen. Um den Suchvorgang und die Anzeige der Vorschaubilder zu

---

[450] BGH I ZR 69/08, GRUR 2010, 628.

beschleunigen, speichert die Suchmaschine eine Vielzahl von Vorschaubildern auf den Servern der Beklagten in den USA. Diese Vorschaubilder werden durch den Einsatz von Computerprogrammen, sogenannten „crawlern" oder auch „robots", ausfindig gemacht. Die Programme durchkämmen das Internet systematisch nach Informationen. Relevantes wird im Anschluss gespeichert.

Bei Eingabe des Namens der Klägerin in die Suchfunktion der Internetseite der Beklagten im Jahr 2005 erschienen in der Trefferliste Vorschaubilder der Abbildungen ihrer Kunstwerke, die sie vorher im Rahmen ihrer Internetpräsenz eingestellt hatte.

Die Klägerin sah sich dadurch in ihrem Urheberrecht verletzt und verlangte von der Beklagten es zu unterlassen, Abbildungen ihrer Kunstwerke zu vervielfältigen, zu bearbeiten oder umzugestalten und über das Internet jedermann zugänglich zu machen.

Die Beklagte lehnte jegliche Verletzung ab.

b) Entscheidung des Gerichts

Sowohl die Berufung wie auch die Revision der Klägerin gegen die erstinstanzliche Klageabweisung blieben ohne Erfolg. Das OLG Jena, als Berufungsgericht, stimmt der Klägerin insoweit zu, dass die Beklagte durch die Umgestaltung der Abbildungen in Vorschaubilder in die Rechte der Klägerin aus §§ 23, 19a, 15 II 1, 2 Nr. 2 UrhG eingegriffen hat. Auch griffen zu Gunsten der Beklagten keine der gesetzlichen Schrankenregelungen ein. Ebenso verneint das OLG Jena eine ausdrückliche oder zumindest konkludent erfolgte Einwilligung seitens der Klägerin durch das Einstellen der Abbildungen auf ihrer Internetpräsenz.

Allerdings hielt das OLG Jena die Geltendmachung von Unterlassungsansprüchen für rechtsmissbräuchlich, da die Klägerin durch Gestaltung ihres Quellcodes den Zugriff von Suchmaschinen auf ihre Internetpräsenz erleichtert hatte. Damit hat sie ausgedrückt, dass sie an der Abbildung ihrer Bilder in den Trefferlisten von Suchmaschinen interessiert ist. Angesichts dessen sei es widersprüchlich, dass sie sich gegen eine Bildersuche und das damit verbundene übliche Verfahren der Anzeige von Vorschaubildern wehre.

Die Revision beanstandet die Rechtsauffassung des Berufungsrechts im Großen und Ganzen nicht.

Zur konkludenten Einwilligung der Klägerin führt der I. Senat des Bundesgerichtshofs u.a. aus, dass eine solche Einwilligung nicht erteilt wurde, *„[d]a die (ausdrückliche oder konkludente) Überlassung eines urheberrechtlichen (einfachen oder ausschließlichen) Nutzungsrechts dinglichen Charakter hat (vgl. BGHZ 180, 344 Rdnr. 20 = GRUR 2009, 946 – Reifen Progressiv, m.w. Nachw.), muss die (konkludente) Willenserklärung, mit der der Urheber einem Dritten ein Nutzungsrecht einräumt, den Anforderungen an (dingliche) Verfügungen über Rechte genügen."*[451] Insbesondere muss also widerspruchsfrei deutlich werden, dass der Urheber in der Weise über sein Urheberrecht verfügen wollte, dass er einem Dritten ein Nutzungsrecht einräumen wollte. Dies ist im vorliegenden Fall nicht geschehen. Im Ergebnis verneint der erkennende Senat gleichwohl die Rechtswidrigkeit der Vorschaubilder und begründet dies mit der durch die Klägerin erteilten Einwilligung. Diese Einwilligung grenzt der I. Senat von einer dinglichen Nutzungsrechtseinräumung oder schuldrechtlichen Gestattung dadurch ab, dass für die Einwilligung kein rechtsgeschäftlicher Erklärungswille erforderlich sei. Diese schlichte Einwilligung hatte die Klägerin durch Veröffentlichung der Abbildungen ihrer Kunstwerke im Rahmen ihrer eigenen Internetpräsenz bereits erteilt.[452]

c) Rechtliche Bewertung

Der I. Senat des Bundesgerichtshofs hat in einem obiter dictum die vorher vertretene Auffassung zur Dinglichkeit der nicht-exklusiven Lizenz bestätigt. Da dies für die Entscheidung *Vorschaubilder* nicht erforderlich war zeigt es, dass der Senat deutlich machen wollte, dass die in *Reifen Progressiv* vertretene Auffassung zur Dinglichkeit der nicht-exklusiven Lizenz kein Aspekt einer Einzelfallentscheidung war. Dadurch wird ebenfalls deutlich, dass der – in beiden Entscheidungen – erkennende Senat, die Dinglichkeit sowie den Fortbestand der nicht-exklusiven Lizenz nicht nur für Enkelrechte festschreiben wollte, sondern auch eine Weiterentwicklung der Rechtsauffassung und damit die Niederlegung eines generellen Prinzips beabsichtigte.

---

[451] BGH I ZR 69/08, GRUR 2010, 628 (631).

[452] Vgl. vertiefend zu dieser Entscheidung *Spindler*, GRUR 2010, 785; *Wiebe*, GRUR 2011, 888; *Götting*, LMK 2010, 309481; *Czychowski*, GRUR-Prax 2010, 251; *Conrad*, ZUM 2010, 585; *Bullinger/Garbers-von Boehm*, GRUR-Prax 2010, 257.

Festzuhalten ist im Ergebnis, dass es sich bei der Entscheidung *Reifen Progressiv* weder um ein Versehen des Spruchkörpers, noch um eine Einzelfallentscheidung handelt, sondern dass die Dinglichkeit der nicht-exklusiven Lizenz erneut bestätigt wurde.[453]

6) LG Mannheim 7 O 100/10 *FRAND-Erklärung*

Die bislang diskutierten Entscheidungen hatten sowohl das Urheber- wie auch das Markenrecht zum Gegenstand. In dieser Entscheidungsserie ist der Trend zur Charakterisierung der nicht-exklusiven Lizenz als dingliches Recht klar erkennbar. Mit der Entscheidung des LG Mannheim *FRAND-Erklärung*[454] setzt sich dieser Trend im Bereich des Patentrechts weiter fort.

a) Sachverhaltsanalyse

Die Klägerin, eine Patentverwertungsgesellschaft, ist originäre Inhaberin des Klagepatents. Bei dem Klagepatent handelt es sich um eine Teilanmeldung zu einem Stammpatent, das die Klägerin zuvor von der B GmbH erworben hatte. Für das Stammpatent, hatte die B GmbH eine sogenannte FRAND-Erklärung gegenüber dem European Telecommunications Standards Institute (ETSI) abgegeben. Aufgrund dieser Erklärung soll jeder Dritte eine Lizenz zu fairen, vernünftigen und nicht diskriminierenden Bedingungen („fair, reasonable and non-discriminatory") erhalten können.

Die Klägerin trägt vor, dass die Beklagte durch die Herstellung und den Vertrieb von Mobilfunkgeräten das Klagepatent verletzt hat. Daher machte die Klägerin u.a. Unterlassungs-, Entschädigungs-, Auskunfts- und Schadensersatzansprüche gegen die Beklagte geltend.

b) Entscheidung des Gerichts

Das LG Mannheim folgt weitgehend dem Antrag der Klägerin. Da die Beklagte das Patent wortsinngemäß verletzt, stünden der Klägerin die geltend gemachten Ansprüche zu. Selbst wenn man davon ausginge, dass die von der B GmbH in Bezug auf das Stammpatent gegenüber der ETSI abgegebene FRAND-

---

[453] Ebenso *Marotzke*, ZGE 2010, 233 (235).

[454] LG Mannheim 7 O 100/10, BeckRS 2011, 04156.

Erklärung auch der Teilanmeldung anhafte, könnte sich die Beklagte nicht auf ein eigenes Nutzungsrecht an dem Patent berufen.

Unabhängig von der Einordnung der Lizenz als dingliches Recht oder obligatorische Vereinbarung – steht der Beklagten kein Nutzungsrecht zu. Falls die nicht-exklusive Patentlizenz als dingliches Recht eingeordnet wird, kann in der von der B GmbH abgegebenen FRAND-Erklärung keine Lizenzerteilung liegen, da nach deutschem Recht ein dinglicher Vertrag zu Gunsten Dritter nicht möglich ist. Gleiches gilt im Ergebnis auch für den Fall, dass das Nutzungsrecht von rein schuldrechtlicher Natur sein sollte. Nach dieser Annahme wäre die gegenüber der ETSI abgegebene FRAND-Erklärung lediglich als Teil eines Vorvertrags zu Gunsten Dritter einzustufen. Ein solcher Vorvertrag wäre wiederum gemäß § 15 III PatG nicht sukzessionsfest. Ebenso scheidet auch das Bestehen einer negativen Lizenz aus.

Im Ergebnis stellte das LG Mannheim fest, dass der Beklagten kein Nutzungsrecht an dem Klagepatent zustand.[455]

c) Rechtliche Bewertung

Entscheidend für die Rechtsnatur der nicht-exklusiven Patentlizenz und damit für die Frage nach der Insolvenzfestigkeit ist die Feststellung des LG Mannheims, dass die bisherige Entwicklung der Marken- und Urheberrechtsrechtsprechung auf das Patentrecht zu übertragen ist. Im Einzelnen führt das LG Mannheim dazu Folgendes aus:

> *„Mit Urteil vom 26.03.2009 (I ZR 153/06 - GRUR 2009, 946 - Reifen Progressiv) hat der I. Senat des Bundesgerichtshofs zum Urheberrecht entschieden, dass das einfache Nutzungsrecht ebenso wie das ausschließliche keinen schuldrechtlichen sondern dinglichen Charakter hat. Diese Auffassung überzeugt nach Auffassung der Kammer auch für das Patentrecht. "*

Damit macht das Gericht deutlich, dass seines Erachtens, auch der nicht-exklusiven Patentlizenz dinglicher Charakter zukommt.

---

[455] Vgl. zu dieser Entscheidung auch *Maaßen*, GRUR-Prax 2011, 149.

7) Zusammenfassung der bisherigen Erkenntnisse

Der Wandel der Rechtsprechung zeigt, dass nicht generell von einer schuldrechtlichen Natur der nicht-exklusiven Patentlizenz ausgegangen werden kann. Vielmehr sind die Umstände des Einzelfalls für die Einordnung der Rechtsnatur zu berücksichtigen.

Für das Insolvenzrecht bedeutet das konkret, dass nicht-exklusive Lizenzen nicht länger generell in den Anwendungsbereich des § 103 InsO fallen. Wie schon § 47 S. 2 InsO vorschreibt, bestimmen die Gesetze außerhalb des Insolvenzrechts, ob ein Aussonderungsanspruch besteht.[456] Diese Gesetze sind im konkreten Fall das Immaterialgüterrecht. Nach diesem bestimmt sich, welche Rechte dingliche Wirkung haben und damit für die Aussonderung nach § 47 S. 1 Alt. 1 InsO qualifiziert sind.

Bezieht man in diese Annahme die Entwicklung der Rechtsprechung zum Immaterialgüterrecht mit ein, erhält man ein relativ klares und deutliches Bild. Nach Ansicht des Immaterialgüterrechts ist es sowohl möglich als auch faktisch so, dass nicht-exklusive Lizenzen dingliche Rechte darstellen können.[457]

Dementsprechend muss auch das Insolvenzrecht reagieren und die – solchen Rechten zu Grunde liegenden – Verträge nicht stets der Anwendung des Nichterfüllungswahlrechts des Insolvenzverwalters unterwerfen. Vielmehr muss auch das Insolvenzrecht eine differenzierte Blickweise an den Tag legen und die Möglichkeiten der dinglichen Natur der nicht-exklusiven Lizenz akzeptieren.

Im Ergebnis spricht die aufgezeigte Rechtsprechung daher dafür, dass an bestimmten nicht-exklusiven Lizenzen ein Aussonderungsrecht gemäß § 47 S. 1 Alt. 1 InsO besteht.

III. Lösungsansätze der juristischen Literatur

Gleichwohl hat auch die juristische Literatur in den vergangenen Jahren Lösungsansätze zur Insolvenzfestigkeit von immaterialgüterrechtlichen Lizenzen ausgearbeitet, welche im Nachfolgenden erläutert und erörtert werden sollen.

---

[456] Ebenso *Esser*, Urheberrechtliche Lizenzen in der Insolvenz, S. 45; *Brinkmann* in Uhlenbruck/Hirte/Vallender, InsO, § 47 Rn 3.

[457] Vgl. auch *Haedicke*, ZGE 2011, 377 (385 ff.).

Den Lösungsansätzen der Literatur liegt gemeinhin die Annahme einer rein schuldrechtlichen Lizenz zu Grunde.

1) Darstellung der Lösungsansätze

Im ersten Schritt soll der Aufbau und die Funktionsweise der einzelnen Lösungsansätze dargestellt werden, damit diese im Fortgang beurteilt und anhand des Beispiels der Kreuzlizenz bewertet werden können. Insbesondere ist hierbei von Interesse, ob die Lösungsansätze der Literatur durch die Rechtsprechung anerkannt werden, inwieweit die Konstruktionen in der Praxis umsetzbar sind und ob sie im Übrigen den divergierenden Interessen der Lizenzvertragsparteien überhaupt gerecht werden können.

a) Lehre von der Doppeltreuhand

Das Doppeltreuhandmodell wurde geschaffen, um immaterialgüterrechtliche Lizenzen in der Insolvenz zu schützen. Begründer dieses Ansatzes zum Schutz von urheberrechtlichen Nutzungsrechten war *Bork*, der das Modell bereits im Jahr 1999 vorschlug.[458]

Die Doppeltreuhand zeichnet sich vor allem dadurch aus, dass das Schutzrecht auf einen Dritten treuhänderisch übertragen wird.[459] Der Treuhänder hält das Recht allerdings nicht nur für den ursprünglichen Schutzrechtsinhaber, sondern gleichzeitig auch für eine weitere Partei, den Lizenznehmer. Damit einhergehend wird dem Lizenznehmer das Recht eingeräumt, das Absonderungsrecht, welches der Treuhänder in der Insolvenz des ursprünglichen Schutzrechtsinhabers gemäß § 51 Nr. 1 InsO erhält, zu erwerben. Dies soll als Sicherheit für den Schadensersatzanspruch des Lizenznehmers gemäß § 103 II InsO im Falle der Nichterfüllungswahl des Insolvenzverwalters gemäß § 103 I InsO dienen.[460] Mittels Erwerb des Absonderungsrechts kann der Lizenznehmer die Verwertung beeinflussen bzw. das Schutzrecht selbst erwerben.

Die Besonderheit von *Borks* Modell zum Schutz der urheberrechtlichen Lizenz im Vergleich zur Patentlizenz liegt darin, dass das Urheberrecht selbst kein

---

[458] *Bork*, NZI 1999, 337.

[459] *Witz* in Grosch/Ullmann, FS für Tilman Schilling zum 70. Geburtstag, S. 393 (403); *Koehler/Ludwig*, WRP 2006, 1342 (1346).

[460] *Berger*, Insolvenzschutz für Markenlizenzen, S. 183; *Slopek*, WRP 2010, 616 (621).

übertragbares Recht darstellt. Folglich muss die Treuhandkonstruktion zum Schutz der Urheberrechtslizenz mit der Einräumung einer dinglichen fortbestehenden Lizenz an den Treuhänder arbeiten.[461] Im Insolvenzfall erhält der Lizenznehmer dann wiederum das Recht das Absonderungsrecht des Treuhänders zu erwerben. Ein solcher Umweg ist im Falle der Patentlizenz unnötig. Aufgrund der Übertragbarkeit des Stammrechts bedarf es keiner Einräumung eines weiteren Nutzungsrechts.

Problematisch an der Doppeltreuhand ist das Ergebnis im Insolvenzfall. Der Lizenznehmer erhält kein Aussonderungsrecht, sondern lediglich ein Absonderungsrecht. Und dieses auch nicht bzgl. der Lizenz, sondern nur im Hinblick auf das Schutzrecht. Damit erhält er aber auch nicht das Schutzrecht selbst, sondern wird lediglich monetär aus der Verwertung des Schutzrechts befriedigt.[462]

Vereinzelt wird angenommen, dass dem Lizenznehmer gemäß § 173 InsO selbst das Recht zur Verwertung zustehen könnte.[463] Allerdings würde auch diese Annahme keinen Ausweg bieten. Auch im Rahmen einer Verwertung nach § 173 InsO gilt das Gebot der bestmöglichen Verwertung.[464] Somit ist nicht gewährleistet, dass es dem Lizenznehmer möglich ist, das Schutzrecht selbst zu erwerben um damit in der Insolvenz seines Lizenzgebers nutzungsberechtigt zu bleiben.

Im Übrigen ist zu bedenken, dass die Einsetzung eines Treuhänders nicht nur mit erheblichen Kosten für die Lizenzvertragsparteien verbunden ist, sondern es auch zu beachtenswerten Abstimmungsschwierigkeiten zwischen den Vertragsparteien bei der Auswahl eines für beide Seiten geeigneten und annehmbaren Treuhänders kommen kann.[465]

---

[461] *Huber/Riewe*, ZInsO 2006, 290 (291).

[462] *Berger*, GRUR 2004, 20 (21); *Slopek*, WRP 2010, 616 (621); *Huber/Riewe*, ZInsO 2006, 290 (291).

[463] *Slopek*, WRP 2010, 616 (621); *Berger*, GRUR 2004, 20 (21); vgl. vertiefend *Bork*, NZI 1999, 337 (342).

[464] *Berger*, Insolvenzschutz für Markenlizenzen, S. 184; *Bork*, NZI 1999, 337 (341 f.); *Berger*, GRUR 2004, 20 (21); *Slopek*, WRP 2010, 616 (621).

[465] Ebenso *Witz* in Grosch/Ullmann, FS für Tilman Schilling zum 70. Geburtstag, S. 393 (403); *Koehler/Ludwig*, WRP 2006, 1342 (1346 f.).

Das vorläufige Ergebnis zeigt, dass das Treuhandmodell mitunter an erheblichen Unsicherheiten für den Lizenznehmer leidet und darüber hinaus für beide Parteien mit einem erheblichen Aufwand verbunden ist.

b) Übertragung des Sicherungseigentums

Eine weitere in der Literatur verfolgte Lösung zur Sicherung von Lizenzen in der Insolvenz stellt die Übertragung des Sicherungseigentums an dem zugrunde liegenden Schutzrecht dar. Im Detail wird dadurch – ebenso wie bei Schaffung eines Treuhandverhältnisses – der Schadensersatzanspruch des Lizenznehmers aus § 103 II InsO gesichert.[466] Im Rahmen dieses Lösungsansatzes wird der Lizenznehmer Sicherungseigentümer des Schutzrechts.

Allerdings leidet auch diese Lösung an derselben Unzulänglichkeit wie auch das Modell der Doppeltreuhand. Das Sicherungseigentum berechtigt den Lizenznehmer lediglich zur Absonderung des Sicherungsguts gemäß § 51 Nr. 1 InsO und damit wiederum nicht zur Nutzung des Schutzrechts, sondern eben lediglich zu dessen Verwertung, vgl. § 173 InsO.[467] Infolgedessen trägt der Lizenznehmer auch im Rahmen der Sicherungsübertragung das Risiko der bestmöglichen Verwertung und seines Unvermögens das Schutzrecht zu erwerben.

Einen Ausweg aus dieser Situation könnte die Vereinbarung einer Verfallklausel im Sicherungsfall bieten. Im Rahmen einer solchen Verfallklausel können die Parteien vereinbaren, dass im Sicherungsfall – dem Entstehen des Schadensersatzanspruchs aus § 103 II InsO – das Schutzrecht direkt auf den Lizenznehmer übergehen soll.[468] Angenommen, dass eine solche Verfallklausel wirksam vereinbart werden könnte, bliebe der Lizenznehmer verpflichtet eine etwaige Differenz zwischen seinem Schadensersatzanspruch und dem – nach dem Marktwert zu bestimmenden – Wert des Schutzrechts auszugleichen.[469] Nimmt man hingegen an, dass eine Verfallklausel gegen den Grundsatz der bestmöglichen Ver-

---

[466] *Witz* in Grosch/Ullmann, FS für Tilman Schilling zum 70. Geburtstag, S. 393 (402); *Hölder/Schmoll*, GRUR 2004, 830 (831); *Slopek*, WRP 2010, 616 (619); *Koehler/Ludwig*, WRP 2006, 1342 (1346).

[467] *Slopek*, WRP 2010, 616 (619); *Hölder/Schmoll*, GRUR 2004, 830 (831 f.).

[468] *Witz* in Grosch/Ullmann, FS für Tilman Schilling zum 70. Geburtstag, S. 393 (403); *Koehler/Ludwig*, WRP 2006, 1342 (1346); *Hombrecher*, WRP 2006, 219 (222).

[469] *Hombrecher*, WRP 2006, 219 (222); *Koehler/Ludwig*, WRP 2006, 1342 (1346).

wertung verstößt und damit nach insolvenzrechtlichen Grundsätzen unwirksam wäre, wäre der Lizenznehmer zur Erlangung des Patents zum Erwerb des Schutzrechts zum höchsten Preis verpflichtet. Dies entspricht zumeist nicht den Interessen des Lizenznehmers, der zunächst nur an einem Nutzungsrecht interessiert ist und zumeist nicht die enormen finanziellen Mittel bereitstellen möchte, die der Erwerb des Schutzrechts verlangen würde, im Vergleich zum Preis eines Nutzungsrechts.[470]

Abgesehen von entgegenstehenden Interessen des Lizenznehmers, entspricht die Sicherungsübertragung auch nicht in jedem Fall den Interessen des Lizenzgebers als Schutzrechtsinhaber. Insbesondere werden die Möglichkeiten des Schutzrechtsinhabers zur Übertragung und Belastung seines vermögenswerten Rechts erheblich eingeschränkt.

Im Ergebnis zeigt der Lösungsansatz der Übertragung des Sicherungseigentums erhebliche Mängel. Dies gilt sowohl im Hinblick auf die rechtlichen Folgen der Sicherungsübereignung im Sicherungsfall, wie auch im Hinblick auf die unterschiedlichen Interessen der Lizenzvertragsparteien, denen nicht im vollen Umfang Rechnung getragen werden kann.

c) Pfandrechtsbestellung

Eine Alternative zur Übertragung des Sicherungseigentums an dem Schutzrecht an den Lizenznehmer bietet die Pfandrechtsbestellung an dem Schutzrecht zu Gunsten des Lizenznehmers. Im Rahmen dieses Lösungsansatzes bestellt der Schutzrechtsinhaber ein Pfandrecht ebenfalls zur Sicherung des Schadensersatzanspruchs des Lizenznehmers aus § 103 II InsO.[471] Ebenso wie bei den Modellen der Doppeltreuhand und des Sicherungseigentums erhält der Lizenznehmer mit Eintritt des Sicherungsfalls kein Nutzungsrecht an dem Schutzrecht.[472] Vielmehr erhält er ein Absonderungsrecht gemäß § 50 I InsO, welches ihn im

---

[470] Ebenso *Witz* in Grosch/Ullmann, FS für Tilman Schilling zum 70. Geburtstag, S. 393 (403).

[471] *Witz* in Grosch/Ullmann, FS für Tilman Schilling zum 70. Geburtstag, S. 393 (403); *Koehler/Ludwig*, WRP 2006, 1342 (1346).

[472] *Witz* in Grosch/Ullmann, FS für Tilman Schilling zum 70. Geburtstag, S. 393 (404).

Rahmen des § 173 InsO zur Verwertung des Pfandes berechtigt.[473] Ein entscheidender Unterschied zu den vorhergehenden Lösungsansätzen besteht zumindest im Modus der Verwertung. Diese hat gemäß § 1277 BGB nach den Vorschriften der Zwangsvollstreckung zu erfolgen. Nicht nur ist damit der Verkauf ohne öffentliche Versteigerung ausgeschlossen, sondern gemäß § 1229 BGB die Vereinbarung einer Verfallklausel von vorneherein unzulässig.[474] Beides wiegt zu Ungunsten des Lizenznehmers, welcher damit gezwungen ist, eine umständlichere Verwertung des Schutzrechts vorzunehmen, als es ihm im Rahmen der Doppeltreuhand oder des Sicherungseigentums oblegen hätte. Damit trägt der Lizenznehmer sowohl erneut das Risiko das Schutzrecht im Rahmen der bestmöglichen Verwertung nicht erwerben zu können, wie auch die teilweise enormen finanziellen Ausgaben des Erwerbs des Schutzrechts tragen zu müssen.

Demgegenüber kommt diese Lösung den Interessen des Schutzrechtsinhabers zumindest ansatzweise entgegen. Immerhin stellt die Pfandrechtsbestellung lediglich eine Belastung seines Rechts anstatt einer Übertragung dar.[475]

Gleichwohl stellt auch die Pfandrechtsbestellung aufgrund der erheblichen Einschränkungen beider Vertragsparteien sowie der Unsicherheiten für den Lizenznehmer bei Eintritt des Sicherungsfalls keine allgemeingültige Lösung für die Insolvenzfestigkeit von immaterialgüterrechtlichen Lizenzen dar.

d) Lizenzsicherungsnießbrauch

Eine weitere Lösung zur Sicherung des Nutzungsrechts des Lizenznehmers in der Insolvenz des Lizenzgebers wurde von *Berger* anhand des Lizenzsicherungsnießbrauchs vorgeschlagen.[476] Nach diesem Lösungsansatz wird zu Gunsten des Lizenznehmers ein Nießbrauch an dem Schutzrecht bestellt. Dies ist ge-

---

[473] *Huber/Riewe*, ZInsO 2006, 290 (291); *Hölder/Schmoll*, GRUR 2004, 830 (831 f.); *Witz* in Grosch/Ullmann, FS für Tilman Schilling zum 70. Geburtstag, S. 393 (403 f.).

[474] *Witz* in Grosch/Ullmann, FS für Tilman Schilling zum 70. Geburtstag, S. 393 (404); *Koehler/Ludwig*, WRP 2006, 1342 (1346).

[475] *Slopek*, WRP 2010, 616 (620); *Witz* in Grosch/Ullmann, FS für Tilman Schilling zum 70. Geburtstag, S. 393 (404).

[476] *Berger*, GRUR 2004, 20.

mäß § 1068 I BGB möglich.[477] Parallel dazu erhält der Lizenznehmer eine Lizenz zur Nutzung des Schutzrechts. Die dritte Säule in diesem Modell stellt der Sicherungsvertrag dar, welcher die Rechte des Lizenznehmers vor und nach Eintritt des Sicherungsfalls bestimmt. Der Lizenznehmer ist bis zum Eintritt des Sicherungsfalls nicht zur Ausübung des Nießbrauchs berechtigt.[478] Der Sicherungsfall tritt mit Wahl der Nichterfüllung des Lizenzvertrags durch den Insolvenzverwalter ein.[479] Nach Wahl der Nichterfüllung ist der Lizenznehmer aus dem Nießbrauch nutzungsberechtigt. Weiterhin stellt der Nießbrauch als dingliches Recht gemäß § 47 InsO ein aussonderungsfähiges Gut dar.[480]

Ein entscheidender Unterschied zwischen dem Nießbrauch und den bislang diskutierten Sicherungsmodellen besteht also zum einen darin, dass der Nießbrauch ein Aussonderungsrecht anstatt lediglich eines Absonderungsrechts gewährt und zum anderen nicht nur ein Verwertungsrecht, sondern gemäß §§ 1068 II, 1030 BGB sogar ein Nutzungsrecht für den Lizenznehmer einräumt.[481] Damit erscheint der Lizenzsicherungsnießbrauch auf den ersten Blick vorzugswürdig gegenüber den bislang diskutierten Lösungsansätzen.

Allerdings weist auch diese Lösung einige Schwächen auf. Durch Bestellung eines Nießbrauchs werden zumeist weitergehende Rechte eingeräumt, als es im Interesse des Schutzrechtsinhabers liegen dürfte. Zwar ist eine Beschränkung des Nutzungsrechts grundsätzlich gemäß §§ 1068 II, 1030 II BGB möglich, jedoch muss dabei beachtet werden, dass der Charakter des Nießbrauchs als allumfassendes Nutzungsrecht erhalten bleiben muss.[482] Daraus resultiert, dass eine Einschränkung der Nutzungsmöglichkeiten nur in engen Grenzen möglich ist. Allenfalls kann eine schuldrechtliche Beschränkung des dinglichen Nießbrauchs

---

[477] *Witz* in Grosch/Ullmann, FS für Tilman Schilling zum 70. Geburtstag, S. 393 (404); *Slopek*, WRP 2010, 616 (620).

[478] *Berger*, GRUR 2004, 20 (24); *Dahl/Schmitz*, NZI 2007, 626 (628).

[479] *Berger*, GRUR 2004, 20 (22); *Slopek*, WRP 2010, 616 (620).

[480] *Witz* in Grosch/Ullmann, FS für Tilman Schilling zum 70. Geburtstag, S. 393 (404); *Huber/Riewe*, ZInsO 2006, 290 (292); *Berger*, GRUR 2004, 20 (24).

[481] *Witz* in Grosch/Ullmann, FS für Tilman Schilling zum 70. Geburtstag, S. 393 (404); *Koehler/Ludwig*, WRP 2006, 1342 (1347).

[482] *Koehler/Ludwig*, WRP 2006, 1342 (1347); *Dahl/Schmitz*, NZI 2007, 626 (628).

erfolgen, deren Verletzung aber lediglich zu einer Schadensersatzpflicht des Li-zenznehmers als Nießbrauchsberechtigtem führen würde. Dagegen führt *Berger* an, dass die Beschränkungsmöglichkeiten im Falle eines Nießbrauchs an einem Immaterialgüterrecht weiter gefasst sind, als beim Grundstücksnießbrauch, da bei ersterem schon gar keine Eintragungsfähigkeit in ein Grundbuch besteht und zudem keine Abgrenzungsfragen zu anderen eingeschränkten dinglichen Rech-ten wie beispielsweise den Dienstbarkeiten offen sind.[483] Diese Argumentation ist zwar logisch, allerdings nicht überzeugend. Einerseits soll der Nießbrauch ein absolutes, uneingeschränktes und damit auch dingliches Recht sein, welches aufgrund dieser Charakteristika zur Aussonderung nach § 47 InsO berechtigt. Andererseits soll der immaterialgüterrechtliche Nießbrauch trotzdem bis auf einzelne Nutzungen, aufgrund der mangelnden Grundbuchfähigkeit, einschränk-bar sein.

Dies überzeugt nicht. Weder trifft die Grundbuchfähigkeit eines Rechts eine Aussage über dessen rechtliche Natur, noch beseitigt eine fehlende Grundbuch-fähigkeit den grundlegenden Charakter des Nießbrauchs als grundsätzlich un-eingeschränktes Nutzungsrecht. Daran ändert auch eine vertragliche Vereinba-rung nichts. Denn der Nießbrauch als nach dem bürgerlichen Recht anerkanntes und geregeltes dingliches Recht unterliegt dem Typenzwang des Sachenrechts. Damit ist es schlichtweg nicht möglich einen „neuen" Nießbrauch zu schaffen, der lediglich zu einzelnen Nutzungen berechtigt. Gemäß dem Wortlaut des § 1030 II BGB können zwar einzelne Nutzungen vom Nießbrauch ausgenom-men werden, nicht jedoch ausschließlich einzelne Nutzungen eingeräumt wer-den.

Auf dieser Grundlage bleibt unklar, warum man sich eines Nießbrauchs bedie-nen sollte, wenn auch die Einräumung einer sogenannten Sicherungslizenz denkbar wäre.[484] Durch diesen Schritt könnte man zumindest erfolgreich die sa-chenrechtlichen Beschränkungen des Typenzwangs umgehen.[485]

---

[483] *Berger*, GRUR 2004, 20 (23).

[484] *Hölder/Schmoll*, GRUR 2004, 830 (832).

[485] Vgl. allerdings vertiefend zu den Vor- und Nachteilen, sowie den Unsicherheiten im Hin-blick auf die Insolvenzfestigkeit der Sicherungslizenz *Graf Ballestrem*, Die Sicherungsübertragung von Patentrechten, Rn 177 ff.

Abgesehen davon bleibt auch ungeklärt, warum *Berger* eine Ausübungsregelung gemäß § 1024 BGB für das Nebeneinander von mehreren Nutzungsrechten vorschlägt.[486] Wie er selbst einräumt, ist es bei der Nutzung eines immateriellen Guts – im Gegensatz zu einem körperlichen Gegenstand – möglich, dass mehrere Berechtigte ein und dasselbe Schutzrecht gleichzeitig nutzen.[487] Dadurch wird eine Ausübungsregelung gemäß § 1024 BGB nicht nur unnötig, sondern gar überflüssig.

Im Ergebnis ist damit vorläufig festzuhalten, dass der Lizenzsicherungsnießbrauch zwar auf den ersten Blick als probates Mittel erscheint um eine Lizenz insolvenzfest zu gestalten. Allerdings wird bei näherer Betrachtung deutlich, dass dieser Lösungsansatz nicht nur umfassend in die Rechte des Schutzrechtsinhabers eingreift, sondern in der vorgeschlagenen Gestaltung auch sachenrechtlich kaum vertretbar ist.

e) Übertragung unter aufschiebender Bedingung

Aufgrund der neueren Rechtsprechung des Bundesgerichtshofs in der Entscheidung *Softwarelizenz*[488] wurde in der juristischen Literatur ein weiterer Lösungsansatz entwickelt. Dieser arbeitet mit der aufschiebend bedingten Übertragung des Schutzrechts. Unter Vereinbarung einer solchen Bedingung überträgt der Schutzrechtsinhaber das Schutzrecht auf den Lizenznehmer. Im konkreten Fall war dies die außerordentliche Kündigung einer der Lizenzvertragsparteien wegen Unzumutbarkeit der Fortführung des Vertrags.[489]

Problematisch an diesem Ansatz ist allerdings, dass der Lizenzgeber sein Schutzrecht an den Lizenznehmer verliert. Dies geschieht nicht erst im Falle seiner Insolvenz, zu deren Zeitpunkt zumeist keine Nutzbarkeit des Schutzrechts mehr besteht, sondern kann jederzeit durch eine außerordentliche Kündigung geschehen.[490] Der Lizenzgeber läuft somit Gefahr, sein Schutzrecht zu verlieren.

---

[486] *Berger*, GRUR 2004, 20 (24).

[487] *Berger*, GRUR 2004, 20 (24).

[488] BGH IX ZR 162/04, NJW 2006, 915; vgl. oben S. 99 ff.

[489] BGH IX ZR 162/04, NJW 2006, 915; *Dahl/Schmitz*, NZI 2007, 626 (627).

[490] Für den Verlust erst bei Eintritt der Insolvenz vgl. *Witz* in Grosch/Ullmann, FS für Tilman Schilling zum 70. Geburtstag, S. 393 (408).

Es entspricht auch nicht zwingend dem Interesse des Lizenznehmers, das Schutzrecht zu erwerben, da dies mit enormen Kosten und zumeist nur einem geringen Nutzen, im Vergleich zur Nutzungsmöglichkeit durch die Lizenz, für den Lizenznehmer verbunden ist.[491]

Zudem besteht keine Möglichkeit mehrere Lizenznehmer gleichzeitig in der Insolvenz des Lizenzgebers zu schützen, da die Vollrechtsübertragung des Schutzrechts nur einmalig möglich ist. Somit kann stets nur ein einzelner Lizenznehmer mittels bedingter Übertragung geschützt werden.

Abschließend ist festzuhalten, dass auch die bedingte Übertragung des Schutzrechts nicht zu einer generellen Insolvenzfestigkeit der nicht-exklusiven Patentlizenz führt und dadurch keine ausreichende Sicherheit für die Lizenzvertragsparteien in der Insolvenz geboten wird.

2)   Bewertung der Lösungsansätze der juristischen Literatur

Im Nachfolgenden wird die Praktikabilität der Lösungsansätze zur Insolvenzfestigkeit von nicht-exklusiven Lizenzen erörtert. Ein besonderes Augenmerk liegt hierbei nicht nur auf den divergierenden Interessen der Lizenzvertragsparteien, die durch die Sicherungsmodelle betroffen sind, sondern auch auf deren rechtliche Wirkung sowie ihre Beständigkeit.

a) Generelle Schutzlücken der Lösungsansätze der juristischen Literatur

Im weiteren Verlauf findet, im Rahmen der Bewertung der Lösungsansätze, eine Unterscheidung zwischen rechtlichen und faktischen Bedenken gegen die vorgenannten Lösungsmodelle statt.

i) Unwirksamkeit der Modelle gemäß § 119 Insolvenzordnung

Aufgrund der Vorschrift des § 119 InsO handelt es sich bei § 103 InsO um zwingendes Recht.[492] Mittels vertraglicher Vereinbarung kann das Nichterfüllungswahlrecht des Insolvenzverwalters nicht im Voraus abbedungen werden. Vereinbarungen, die der Beschränkung oder gar dem Ausschluss des Wahlrechts

---

[491] *Witz* in Grosch/Ullmann, FS für Tilman Schilling zum 70. Geburtstag, S. 393 (410).

[492] *Sinz* in Uhlenbruck/Hirte/Vallender, InsO, § 119 Rn 1; *Huber* in Kirchhof/Lwowski/ Stürner, MüKo InsO, § 119 Rn 14.

dienen sollen, sind gemäß § 119 InsO unwirksam.[493] Damit soll die Abwicklung der Verträge nach den Vorschriften der §§ 103 ff. InsO durchgesetzt werden. Im Rahmen der Zulässigkeit von vertraglich vereinbarten Lösungsklauseln wird zwischen insolvenzabhängigen und insolvenzunabhängigen Lösungsklauseln differenziert. Lösungsklauseln, die einen Bezug zur Eröffnung bzw. dem Ablauf des Insolvenzverfahrens aufweisen sind insolvenzabhängige Lösungsklauseln, während solche, die eine Lösung vom Vertrag unter anderen Umständen, wie beispielsweise Verzug, Pflichtverletzung oder Unzumutbarkeit zulassen, insolvenzunabhängige Lösungsklauseln darstellen.[494]

Im Rahmen der diskutierten Lösungsansätze wird jeweils die Wahl der Nichterfüllung als Eintritt des Sicherungsfalls vereinbart bzw. im Hinblick auf die Übertragung unter aufschiebender Bedingung gilt die außerordentliche Kündigung als Bedingungseintritt. Mithin handelt es sich bei ersteren um insolvenzabhängige, während die letztere grundsätzlich eine insolvenzunabhängige Lösungsklausel darstellt. Die Besonderheit an insolvenzunabhängigen Lösungsklauseln besteht darin, dass sie zwar faktisch die Vorschriften der §§ 103 bis 118 InsO beeinträchtigen können, dies jedoch nicht ihr primäres Ziel ist. Vielmehr ist eine Lösung vom Vertrag, unabhängig vom Eintritt der Insolvenz, einer Partei möglich. Aus diesem Grund verstoßen insolvenzunabhängige Lösungsklauseln nicht gegen die Regelung des § 119 InsO und sind daher auch nicht unwirksam.[495] Dies gilt selbst bei einem faktischen Ausschluss bzw. einer faktischen Beschränkung der §§ 103 ff. InsO.[496]

Zu erörtern bleibt damit, inwieweit der Insolvenzverwalter durch insolvenzabhängige Lösungsklauseln in seinem Recht zur Ausübung des Verwalterwahlrechts beeinträchtigt wird. Durch die Festlegung der Nichterfüllungswahl als Sicherungsfall wird der Insolvenzverwalter grundsätzlich nicht in der Ausübung

---

[493] *Huber* in Kirchhof/Lwowski/Stürner, MüKo InsO, § 119 Rn 15; *Kroth* in Braun, InsO, § 119 Rn 6.

[494] *Andres* in Andres/Leithaus, InsO, § 119 Rn 3; *Wöllner*, Die Wirksamkeit vertraglicher Lösungsklauseln im Insolvenzfall, S. 74; vgl. auch Klauze, Urheberrechtliche Nutzungsrechte in der Insolvenz, S. 109 ff.

[495] *Huber* in Kirchhof/Lwowski/Stürner, MüKo InsO, § 119 Rn 19; *Andres* in Andres/Leithaus, InsO, § 119 Rn 3.

[496] BGH IX ZR 162/04, NJW 2006, 915.

seines Wahlrechts beeinträchtigt. Mit dieser Annahme einen Verstoß gegen § 119 InsO einfach zu verneinen, wäre allerdings zu kurz gedacht. Sinn und Zweck der Vorschrift des § 119 InsO ist nicht nur die in §§ 103 bis 118 InsO festgeschriebenen Rechte und Pflichten durchzusetzen, sondern insbesondere auch diese zu sichern, so dass das darin vorgeschriebene System der Abwicklung der erfassten gegenseitigen Verträge durchgesetzt werden kann. Unzulässig ist damit ebenfalls die Herbeiführung anderer als der in §§ 103 ff. InsO vorgeschriebenen Rechtsfolgen.[497] Rechtsfolge der Nichterfüllungswahl ist gemäß § 103 II 1 InsO das Entstehen einer Schadensersatzforderung des Vertragspartners des Schuldners wegen Nichterfüllung mit Rang einer Insolvenzforderung. Der Vertragspartner erhält grundsätzlich keine dingliche Sicherung, sondern lediglich eine, nach Erfüllung aller Masseverbindlichkeiten, zu erfüllende Insolvenzforderung.[498] Folglich könnte durch den Erhalt eines dinglichen Sicherungsrechts die Ausübung des Verwalterwahlrechts zumindest mittelbar beeinträchtigt sein. Dagegen spricht zwar, dass das Insolvenzrecht allgemein die Sicherung einzelner Gläubiger – wie in §§ 50 f., 108 I 2 InsO kodifiziert – anerkennt, allerdings muss ebenso beachtet werden, dass dem Vertragspartner des Schuldners vom System der Insolvenzordnung im Rahmen des § 103 InsO lediglich eine Insolvenzforderung zugedacht wurde.[499] Betrachtet man nun die Rechtsfolgen, die sich aus der Sicherungsübertragung ergeben, wird deutlich, dass nicht einfach nur die Lizenz zu Gunsten des Vertragspartners weiterbestehen würde und damit nicht Teil der Insolvenzmasse wäre, sondern vielmehr würde stattdessen das zu Grunde liegende Schutzrecht aus der Masse ausgeschieden werden. Der Erlös der Verwertung des Schutzrechts würde dann auch nicht direkt der Gläubigergemeinschaft zu Gute kommen, sondern in erster Linie der Befriedigung des Schadensersatzanspruchs des Lizenznehmers dienen. Damit wäre das Nichterfüllungswahlrecht des Insolvenzverwalters faktisch ausgehöhlt.[500] Es besteht

---

[497] *Sinz* in Uhlenbruck/Hirte/Vallender, InsO, § 119 Rn 2.

[498] *Dengler/Druson/Spielberger*, NZI 2006, 677 (681).

[499] Ebenso *Dengler/Druson/Spielberger*, NZI 2006, 677 (681); a.A. *Huber* in Kirchhof/Lwowski/Stürner, MüKo InsO, § 119 Rn 58; *Sinz* in Uhlenbruck/Hirte/Vallender, InsO, § 119 Rn 5.

[500] *Slopek*, WRP 2010, 616 (620).

zwar formal weiter, jedoch sind die wirtschaftlichen Konsequenzen für die Masse nicht zuträglich, sondern nachteilhaft.

Nichts anderes gilt im Ergebnis im Falle des Lizenzsicherungsnießbrauchs. Der einzige Unterschied besteht darin, dass das Schutzrecht nicht verwertet wird, sondern der Lizenznehmer aus dem Nießbrauch direkt weiterhin zur Nutzung berechtigt bleibt. Daran ändert auch die Wahl der Nichterfüllung nichts. Vielmehr führt sie als Bedingung zum endgültigen Bestehen des Nießbrauchs. Allein ein etwaiger Anspruch des Verwalters auf Zahlung von Lizenzgebühren würde zum weiteren Nachteil der Masse erlöschen. Damit hat der Insolvenzverwalter die Wahl den Lizenzvertrag fortzuführen um etwaige Lizenzgebühren zu erzielen oder sich andernfalls einem dinglichen Nutzungsrecht ohne Lizenzgebührenpflicht gegenüber zu sehen.[501] Wobei letztere Alternative die masseschädlichere ist und damit praktisch keine Wahlalternative des Insolvenzverwalters darstellt. Das Wahlrecht würde quasi durch die Bestellung eines Lizenzsicherungsnießbrauchs völlig ausgehebelt werden.

Dagegen wird angeführt, dass das dingliche Recht bereits bei Bestellung des Nießbrauchs aus der Masse ausgeschieden wurde.[502] Dabei wird allerdings verkannt, dass der Nießbrauch erst bei Eintritt des Sicherungsfalls seine Wirkung entfaltet und dies die Wahl der Nichterfüllung ist. Damit besteht eine direkte Verknüpfung zwischen dinglicher Sicherung und Nichterfüllungswahl. Der Verwalter wird dadurch faktisch zur Erfüllungswahl gezwungen.

Im Ergebnis ist also festzuhalten, dass angesichts des Sinn und Zwecks der Vorschrift des § 119 InsO zumindest erhebliche Zweifel an der Wirksamkeit der Lösungsmodelle der juristischen Literatur, die insolvenzabhängige Lösungsklauseln beinhalten, bestehen.[503]

---

[501] *Dahl/Schmitz*, NZI 2007, 626 (628); *Berger*, Insolvenzschutz für Markenlizenzen, S. 163.

[502] *Berger*, Insolvenzschutz für Markenlizenzen, S. 164.

[503] Im Ergebnis ebenso *Dahl/Schmitz*, NZI 2007, 626; *Slopek*, WRP 2010, 616; *Dengler/Druson/Spielberger*, NZI 2006, 677; *Witz* in Grosch/Ullmann, FS für Tilman Schilling zum 70. Geburtstag, S. 393.

ii) Anerkennung der Modelle durch die Rechtsprechung

Es wurde deutlich, dass bei der überwiegenden Zahl der diskutierten Lösungsansätze nach wie vor erhebliche Unsicherheiten bzw. Zweifel an deren Wirksamkeit nach geltendem Insolvenzrecht herrschen. Ausgeräumt werden können diese Unsicherheiten lediglich mittels Anerkennung der individuellen Lösungsansätze durch die Rechtsprechung. Solange dies nicht geschieht, stellt das jeweilige Lösungsmodell keine adäquate Gestaltungmöglichkeit mit praktischer Relevanz dar.

Wie bereits angedeutet[504] bestehen gegen die Wirksamkeit der Übertragung des Vollrechts unter aufschiebender Bedingung keine Bedenken hinsichtlich § 119 InsO oder anderweitiger insolvenzrechtlicher Vorschriften. Im Übrigen wurde die aufschiebende Übertragung höchstrichterlich anerkannt.[505]

Gleiches galt lange Zeit im Ergebnis für die Konstruktion einer Doppeltreuhand. Dieses Modell wurde vom IX. Senat des Bundesgerichtshofs bereits 1989 unter Geltung der Konkursordnung anerkannt.[506] Diese Entscheidung wurde zwar später erneut bestätigt,[507] allerdings kommen mittlerweile Zweifel an der Allgemeingültigkeit dieser Entscheidungen auf. So hat das AG Hamburg jüngst festgestellt, dass „[…] *diese [BGH IX ZR 184/88, NJW 1990, 45] zur KO ergangene Entscheidung [...] mit dem In-Kraft-Treten der InsO obsolet geworden [ist]. Unter der Geltung der KO existierte weder eine dem § 55 Absatz II InsO vergleichbare Vorschrift noch war die Figur der gerichtlichen Einzelermächtigung im Sinne der Entscheidung BGH, NJW 2002, 3326 = NZI 2002, 543 = LM H. 12/2002 § 55 InsO Nrn. 4 bis 6 = ZInsO 2002, 819, bekannt.*"[508] Abgesehen davon erfolgte die ursprüngliche Anerkennung der Treuhand im Rahmen der Errichtung durch einen vorläufigen Vergleichsverwalter, nicht jedoch durch den Schuldner im Vorfeld der Insolvenz.

---

[504] Vgl. S. 121.

[505] BGH IX ZR 162/04, NJW 2006, 915; vgl. oben S. 99 f.

[506] BGH IX ZR 184/88, NJW 1990, 45; *Bork*, NZI 1999, 337.

[507] BGH IX ZR 234/96, NJW 1997, 3028 (3029).

[508] AG Hamburg 67g IN 419/02, NJW 2003, 153 (154).

Daraus kann einerseits abgeleitet werden, dass die Entscheidung des AG Hamburg nichts an der Insolvenzfestigkeit der Doppeltreuhand im Lizenzbereich ändert, da eine solche Treuhand nicht durch den vorläufigen – mit beschränkten Befugnissen ausgestatteten – Verwalter erfolgt. Andererseits muss jedoch ebenfalls bedacht werden, dass jegliche Entscheidung zur Insolvenzfestigkeit der Doppeltreuhand bislang nur zur Errichtung durch einen Insolvenzverwalter ergangen ist. Daher könnte lediglich vermutet werden, dass eine im Vorfeld errichtete Doppeltreuhand insolvenzfest ist. Nicht jedoch kann darauf geschlossen werden.

Gleichwohl kann davon ausgegangen werden, dass der Kern der Entscheidungen des Bundesgerichtshofs fortbesteht, nämlich, dass das Treugut aus dem Vermögen des Schuldners ausgeschieden wurde und damit nicht in die Insolvenzmasse fällt.[509] Somit kann im Ergebnis, trotz aller Zweifel, von einer Anerkennung des Treuhandmodells durch die höchstrichterliche Rechtsprechung ausgegangen werden.

Die Entscheidung zur höchstrichterlichen Anerkennung von Sicherungsübertragung, Pfandrechtsbestellung und Lizenzsicherungsnießbrauch fällt im Gegensatz zur Doppeltreuhand sehr viel eindeutiger aus. Bislang hat der Bundesgerichtshof zu keinem dieser Modelle Stellung bezogen. Damit bliebe jegliche Diskussion über die endgültige Wirksamkeit dieser Lösungsansätze ergebnisoffen.

iii) Behandlung grenzüberschreitender Sachverhalte

Abgesehen von der Wirksamkeit der Lösungsansätze im rein nationalen Rahmen, stellt sich das weitere Problem einer internationalen Anerkennung der Lösungsmodelle zur Insolvenzfestigkeit der nicht-exklusiven Lizenz. Bestünde das Problem der Insolvenzfestigkeit von Lizenzen lediglich für innerdeutsche Patente und Lizenzen, wäre eine Lösung mittels der entwickelten Modelle zwar mit enormer Unsicherheit behaftet, jedoch im Prinzip denkbar. Dies ist allerdings in der gängigen Praxis nicht der Fall. Patente werden weltweit in verschiedenen Rechtsordnungen geschützt und entsprechende Lizenzen daran werden global

---

[509] BGH IX ZR 184/88, NJW 1990, 45; BGH IX ZR 234/96, NJW 1997, 3028; BGH IX ZR 105/05, NJW-RR 2007, 1275; *Ott/Vuia* in Kirchhof/Lwowski/Stürner, MüKo InsO, § 35 Rn 126 f.

und grenzüberschreitend eingeräumt.[510] Daher finden fremde Rechtsordnungen und deren Besonderheiten Anwendung. Der deutschen Rechtsordnung ist prinzipiell jedes der für die Lösungsansätze verwendeten Rechtsinstitute bekannt, allerdings gilt dies nicht zwingend ebenso für die Rechtsordnungen anderer Nationen. Relevant wird dies angesichts des für Immaterialgüterrechte geltenden Territorialitäts- oder auch Schutzlandprinzips.[511] Nach diesem Grundsatz richten sich die Belastung und die Übertragung eines Schutzrechts stets nach dem Recht desjenigen Staates, in dem das Recht in das Patentregister eingetragen ist.[512] Daraus folgt, dass die Geltung und Wirksamkeit von jedem dieser Lösungsmodelle – da alle mit einer Übertragung oder Belastung des Schutzrechts arbeiten – anhand des jeweils anwendbaren, fremden nationalen Rechts überprüft werden muss. Dies gestaltet sich nicht nur aufwändig und kostenintensiv, sondern führt auch häufig zu nicht geahnten Ergebnissen. So existiert beispielsweise im US-amerikanischen Recht das Rechtsinstitut des Nießbrauchs nicht.[513] Die Bestellung eines solchen würde, falls sie annahmegemäß überhaupt möglich sein sollte, ohne rechtliche Wirkung sein. Gleiches gilt im Ergebnis beispielsweise auch für Schweden im Falle einer Sicherungsübertragung oder einer Pfandrechtsbestellung. Diese Sicherungsrechte sind in ihrer deutschen Ausgestaltung dem schwedischen Recht fremd und erhalten dort keine Geltung. Weitere Beispiele stellen Frankreich und Italien dar, deren Rechtsordnungen das Abstraktionsprinzip unbekannt ist.[514] Aus diesem Grund ist keine parallele Nießbrauchsbestellung neben einer Lizenzeinräumung möglich.

Abgesehen davon bestehen auch im Rahmen einer Treuhand entscheidende Unterschiede zwischen den Rechtsordnungen, wie das Beispiel England zeigt. In England steht dem Begünstigten Eigentum am Treugut zu, der „equitable title" des Begünstigten sowie der „legal title" des Treuhänders stehen stets nebenei-

---

[510] *Dengler/Druson/Spielberger*, NZI 2006, 677 (681).

[511] *Dengler/Druson/Spielberger*, NZI 2006, 677 (681); *Drexl* in Säcker/Rixecker, MüKo BGB, Int. Immaterialgüterrecht Rn 6.

[512] *Drexl* in Säcker/Rixecker, MüKo BGB, Int. Immaterialgüterrecht Rn 199; *Dengler/Druson/Spielberger*, NZI 2006, 677 (681).

[513] *Dengler/Druson/Spielberger*, NZI 2006, 677 (681).

[514] *Dengler/Druson/Spielberger*, NZI 2006, 677 (681).

nander.[515] Im Gegensatz dazu überträgt der Begünstigte oder auch Treugeber für die Doppeltreuhand sein Eigentum an den Treuhänder. Die deutsche Unterscheidung zwischen eigen- und fremdnütziger Treuhand existiert hingegen in England nicht.

Angesichts der grundlegenden Unterschiede der Rechtsordnungen im Hinblick auf dingliche Belastungen, Übertragungen und Sicherungen von Rechten wird deutlich, dass die Lösungsansätze der Literatur nur schwerlich im internationalen Rechtsverkehr einsetzbar sind. Damit kommen die Modelle für eine Vielzahl von Lizenzeinräumungen von vorneherein nicht in Frage.

iv) Ungewollte Verschiebung von Rechten

Ebenso bestehen auch im nationalen Kontext weitergreifende Probleme, insbesondere im Hinblick auf die Interessen der Lizenzvertragsparteien. Abgesehen vom Lizenzsicherungsnießbrauch, läuft der Patentrechtsinhaber aufgrund der Vereinbarung von jedem der genannten Modelle Gefahr sein Schutzrecht zu verlieren. Diese Gefahr ist nicht allein auf den Insolvenzfall beschränkt, in welchem man u.U. annehmen könnte, dass es für den Patentrechtsinhaber gleichgültig sei, ob er weiterhin Inhaber des Schutzrechts bleibt. Vielmehr muss im Hinblick auf die Möglichkeit der Unwirksamkeit einer insolvenzabhängigen Sicherungsklausel ein von der Insolvenz unabhängiger Sicherungsfall vereinbart werden,[516] welcher aber auch gleichzeitig die Gefahr des Verlustes des Schutzrechts zu jedwedem Zeitpunkt außerhalb der Insolvenz erhöht.

Dazu korrespondierend läuft der Lizenznehmer stets Gefahr zum kostspieligen Erwerb des Schutzrechts gezwungen zu sein.[517]

Abgesehen davon verliert der Lizenzgeber im Rahmen einer Doppeltreuhand sein Schutzrecht von Anfang an als wirtschaftlich aktivierbaren Wert in seiner Vermögensbilanz. Auch dies kann mit nicht unerheblichen Nachteilen für den Lizenzgeber verbunden sein.[518]

---

[515] *Penner*, The Law of Trusts, Rn 2.57.

[516] Vgl. S. 121 ff.

[517] Vgl. S. 115 f.

[518] *Dengler/Druson/Spielberger*, NZI 2006, 677 (679).

Im Ergebnis kommt es damit für beide Seiten zu einer nicht gewollten und unvorteilhaften Verschiebung des Schutzrechts, die so zumeist den Interessen der Parteien nicht entspricht und für beide Seiten mit solchen Einbußen einhergeht, die allein zum Zwecke der Insolvenzfestigkeit der Lizenz nicht abverlangt werden können.

v) Praktische Umsetzbarkeit der Modelle

Entsprechend schwierig gestaltet sich auch die praktische Umsetzbarkeit der Lösungsansätze der juristischen Literatur. In der Praxis wird es für den Lizenznehmer kaum möglich sein, eine entsprechende Regelung in den Vertragsverhandlungen durchzusetzen.[519] Gerade bei einem Kräfteungleichgewicht zwischen den Lizenzvertragsparteien zu Gunsten des Lizenzgebers erscheinen die Chancen denkbar ungünstig. Selbst wenn der Schutzrechtsinhaber sein Recht nicht verliert, so wird er doch von Beginn an in seinen Nutzungs- und Verwertungsmöglichkeiten eingeschränkt, weswegen er den Modellen zur Insolvenzfestigkeit der nicht-exklusiven Lizenz zumeist wohl eher abgeneigt gegenüber stehen würde.[520]

Im Ergebnis bestehen erhebliche und gleichzeitig berechtigte Zweifel an der Um- und Durchsetzbarkeit der Lösungsmodelle der juristischen Literatur. Ein Schutzrechtsinhaber wird nur schwerlich von der Vereinbarung einer solchen Lösung zu überzeugen sein.

b) Schutzlücken am Beispiel des Cross-Licensing

Abgesehen von den generellen Problemen, welche die diskutierten Lösungsmodelle aufwerfen, ergeben sich zudem noch einige konkrete, welche im Kontext des Cross-Licensing auftauchen.[521] Die Einräumung von Kreuzlizenzen ist in einigen Industriesektoren, welche stark von der stetigen technologischen Weiterentwicklung abhängig sind, heute nicht mehr wegzudenken. Zum einen wäre es sowohl finanziell wie auch technisch nicht möglich, dass jedes Unternehmen individuell die notwendige Weiterentwicklung in allen Technologiebereichen

---

[519] *Dahl/Schmitz*, NZI 2007, 626 (631); ebenso für die Sicherungsübertragung *Slopek*, WRP 2010, 616 (619).

[520] *Hölder/Schmoll*, GRUR 2004, 830 (831); *Slopek*, WRP 2010, 616 (619).

[521] Vgl. zum Begriff des Cross-Licensing S. 81 f.

selbst betreibt. Zum anderen besteht aufgrund der Individualität der Immaterial-güterrechte eine besondere Abhängigkeit von der Einräumung gegenseitiger Nutzungsrechte.[522] Ohne diese wäre die Herstellung einiger Produkte zumeist gar nicht erst realisierbar.

Auf Grundlage dieser Überlegungen ist der Schutz von Kreuzlizenzsystemen von enormer wirtschaftlicher Relevanz. Jeder der Teilnehmer an einem solchen System steht in gegenseitiger Abhängigkeit. Würde eine Kreuzlizenzpartei in-solvent, wäre das komplette Kreuzlizenzsystem mit unzähligen Parteien nach-teilhaft betroffen, wenn bei den vergebenen Lizenzen die Insolvenzfestigkeit nicht gesichert wäre.

Allerdings bieten die von der juristischen Literatur bislang entwickelten Lö-sungsansätze im Bereich des Cross-Licensing nur wenig Schutz für die Ver-tragsparteien. So ist jede dieser Lösungen, abgesehen von der Doppeltreuhand, nur geeignet um einen einzelnen Lizenzpartner zu schützen, nicht jedoch eine Vielzahl von Lizenzpartnern. So ist weder die Sicherungsübertragung noch die Übertragung unter einer aufschiebenden Bedingung an mehrere Parteien mög-lich. Die Vielzahl an Kreuzlizenzparteien ist jedoch genau das was dieses Sys-tem auszeichnet und zu wirtschaftlich rentablen Ergebnissen führt.

Eine weitere entscheidende Schutzlücke besteht aufgrund der zumeist gegebe-nen Internationalität bzw. Globalisierung der Kreuzlizenzierung. In die jeweili-gen Systeme sind weltweit ansässige und tätige Konzerne eingebunden, um glo-bal ihr generiertes Wissen sowie den technischen Fortschritt zu nutzen und sich gegenseitig zur Verfügung zu stellen. Allerdings erweisen sich die Lösungsmo-delle aufgrund der unterschiedlichen Anerkennung und Wirkungsweise von dinglichen Rechten in fremden Rechtsordnungen als nur wenig hilfreich,[523] so dass sich daraus ein weiteres Manko für den speziellen, jedoch mit enormer Be-deutung behafteten, Fall der Kreuzlizenzierung ergibt.

Im Ergebnis wird deutlich, dass die von der juristischen Literatur bislang entwi-ckelten Lösungsansätze nicht zum Schutz von Kreuzlizenzsystemen geeignet sind.

---

[522] Vgl. auch S. 81 f.

[523] Vgl. oben S. 126 f.

3) Zusammenfassende Stellungnahme zu den Lösungsansätzen der juristischen Literatur

Zusammenfassend ist damit festzuhalten, dass die Schutzmodelle der juristischen Literatur in der Praxis weder einen ausreichenden, noch einen verlässlichen Schutz in der Insolvenz des Lizenzgebers bieten. Sie weisen zum einen zu viele rechtliche Unsicherheiten auf und sind zum anderen nicht praktikabel genug, als dass sie der großen Zahl an Lizenznehmern einen umfassenden Schutz gewähren könnten.

Damit bleibt es dabei, dass der nicht-exklusive Lizenznehmer in der Insolvenz seines Lizenzgebers schutzlos ist.

F. Reformvorhaben des § 108a InsO-E

Angesichts des mangelnden Schutzes des nicht-exklusiven Lizenznehmers in der Insolvenz des Lizenzgebers ist auch der Gesetzgeber bereits wiederholt tätig geworden. Zur Ergänzung der Vorschriften über den Miet- und Pachtvertrag in § 108 InsO soll nun zum Schutz des Lizenznehmers § 108a InsO-E verabschiedet werden.

I. Gesetzgebungshistorie

Nachdem im Rahmen der Kirch-Insolvenz im Jahr 2002 das Problem der Insolvenzfestigkeit der nicht-exklusiven Lizenz auftrat,[524] reagierte der Gesetzgeber nicht. Erst als das Problem der Insolvenzfestigkeit durch die Entscheidung *Softwarelizenz*[525] des Bundesgerichtshofs im Jahr 2005 erneut in den Fokus rückte und mit der Krise des US-amerikanischen Automobilherstellers General Motors unumgänglich wurde, ist der Gesetzgeber tätig geworden.

1) Der Regierungsentwurf vom 22. August 2007

Der Regierungsentwurf des § 108a InsO-E aus dem Jahr 2007,[526] sollte Lizenzverträge aus dem Wahlrecht des Insolvenzverwalters zur Nichterfüllung gemäß § 103 InsO ausnehmen. Der Wortlaut der Vorschrift lautete wie folgt:

„§ 108a

Schuldner als Lizenzgeber

Ein vom Schuldner als Lizenzgeber abgeschlossener Lizenzvertrag über ein Recht am geistigen Eigentum besteht mit Wirkung für die Insolvenzmasse fort. Dies gilt für vertragliche Nebenpflichten nur in dem Umfang, als deren Erfüllung zwingend geboten ist, um dem Lizenznehmer eine Nutzung des geschützten Rechts zu ermöglichen. Besteht zwischen der im Lizenzvertrag vereinbarten Vergütung und einer marktgerechten Vergütung ein auffälliges Missverhältnis, so kann der

---

[524] Vgl. S. 1 f.

[525] BGH IX ZR 162/04, NJW 2006, 915.

[526] BR-Drs. 600/07 vom 12. Oktober 2007.

*Insolvenzverwalter eine Anpassung der Vergütung verlangen; in die-
sem Fall kann der Lizenznehmer den Vertrag fristlos kündigen.* "[527]

Der Ansatz, den Vertrag aus dem Anwendungsbereich des Verwalterwahlrechts
auszunehmen, traf in der insolvenzrechtlichen Welt auf nicht geahnten Wider-
stand. Begründet wurde dies u.a. mit Argumenten zum Masseschutz, der Gläubigergleichbehandlung sowie den besonderen Rechten des Insolvenzverwalters.[528]

Auf der anderen Seite wurde der Entwurf auch von vielen Seiten begrüßt.[529]
Nicht zuletzt, weil die Gesetzeslage damit wieder an die ursprüngliche Rechtslage – vor Inkrafttreten der Insolvenzordnung – angenähert worden wäre.[530]

Gleichwohl wurde der im Jahr 2007 entwickelte Gesetzesentwurf nie verabschiedet. Im Jahr 2009 fiel der Entwurf dem Diskontinuitätsgrundsatz zum Opfer[531] und das Vorhaben zur Insolvenzfestigkeit der nicht-exklusiven Lizenz
wurde erst gegen Ende des Jahres 2011 erneut aufgegriffen.[532]

2) Der Referentenentwurf vom 18. Januar 2012

Bereits im Oktober 2011 wurde das neue Gesetzgebungsverfahren von Bundes-
justizministerin Sabine Leutheusser-Schnarrenberger beim Deutschen Insolvenzverwalterkongress angekündigt.[533] Mit neuem Gewand und neuem Inhalt

---

[527] BR-Drs. 600/07 vom 12. Oktober 2007, S. 3; BT-Drs. 16/7416 vom 05. Dezember 2007,
S. 8.

[528] *Slopek*, ZInsO 2008, 1118 (1119 f.); *Marotzke*, Vorbereitende Stellungnahme zum Reg-E
in BT-Drs. 16/7416, S. 14; *Marotzke*, ZInsO 2008, 1108 (1115 f.).

[529] *Slopek*, ZInsO 2008, 1118 (1119); *Kunz-Hallstein/Loschelder*, GRUR 2008, 138 (139).

[530] *Marotzke*, Vorbereitende Stellungnahme zum Reg-E in BT-Drs. 16/7416, S. 14 f.;
Marotzke, ZInsO 2008, 1108 (1116).

[531] *Ganter*, NZI 2011, 833 (838); *Adolphsen/Daneshzadeh Tabrizi*, GRUR 2011, 384 (390).

[532] Vgl. vertiefend zu den Inhalten des gescheiterten Entwurfs *Daneshzadeh Tabrizi*,
Lizenzen in der Insolvenz nach dem Scheitern des § 108a InsO, S. 151 ff.; *Esser*,
Urheberrechtliche Lizenzen in der Insolvenz, S. 209 ff.; *Mitlehner*, ZIP 2008, 450;
Marotzke, Vorbereitende Stellungnahme zum Reg-E in BT-Drs. 16/7416, ; *Slopek*, ZInsO
2008, 1118; *Dahl/Schmitz*, NZI 2007, 626; *Kunz-Hallstein/Loschelder*, GRUR 2008, 138;
Ullmann, MittdtPatA 2008, 49; *Berger*, ZInsO 2007, 1142; *Pahlow*, WM 2008, 2041.

[533] http://www.bmj.de/SharedDocs/Reden/DE/2011/20111101_Deutscher_Insolvenzverwalter
kongress_2011.html?nn=1477162 (Zuletzt aufgerufen am 11.04.2012).

wurde der Referentenentwurf zur Insolvenzfestigkeit von Lizenzen sodann am 23. Januar 2012 veröffentlicht.[534]

II. Inhalt des § 108a InsO-E

Unter Abkehr vom ursprünglichen Entwurf des § 108a InsO-E aus dem Jahr 2007 geht mit dem neuen Inhalt des Reformentwurfs ein vollständig überarbeiteter Entwurfstext einher:

„§ 108a

Schuldner als Lizenzgeber

(1) Lehnt der Insolvenzverwalter nach § 103 die Erfüllung eines Lizenzvertrages ab, den der Schuldner als Lizenzgeber geschlossen hat, so kann der Lizenznehmer binnen eines Monats, nachdem die Ablehnung zugegangen ist, vom Verwalter oder einem Rechtsnachfolger den Abschluss eines neuen Lizenzvertrages verlangen, der dem Lizenznehmer zu angemessenen Bedingungen die weitere Nutzung des geschützten Rechts ermöglicht. Bei der Festlegung der Vergütung ist auch eine angemessene Beteiligung der Insolvenzmasse an den Vorteilen und Erträgen des Lizenznehmers aus der Nutzung des geschützten Rechts sicherzustellen; die Aufwendungen des Lizenznehmers zur Vorbereitung der Nutzung sind zu berücksichtigen, soweit sie sich werterhöhend auf die Lizenz auswirken.

(2) Handelt es sich bei dem Vertrag, den der Schuldner als Lizenzgeber geschlossen hat, um einen Unterlizenzvertrag und lehnt der Insolvenzverwalter gegenüber dem Hauptlizenzgeber die Erfüllung des Lizenzvertrages ab, so kann ein Unterlizenznehmer des Schuldners vom Hauptlizenzgeber den Abschluss eines Lizenzvertrages nach den in Absatz 1 genannten Bedingungen verlangen. Liegen Tatsachen vor, aus denen sich ernsthafte Zweifel ergeben, dass der Unterlizenznehmer seine Verpflichtungen aus dem Vertrag wird erfüllen können, so kann der Hauptlizenzgeber den Abschluss von einer Sicherheitsleistung abhängig machen.

---

[534] http://www.bmj.de/SharedDocs/Pressemitteilungen/DE/2012/20120123_Zweite_Stufe_der_Insolvenzrechtsreform_kommt.html?nn=1930246 (Zuletzt aufgerufen am 11.04.2012); Referentenentwurf des BMJ vom 18. Januar 2012.

(3) Der Lizenznehmer ist berechtigt, bis zum Abschluss eines neuen Lizenzvertrages das lizenzierte Recht gemäß dem bisherigen Lizenzvertrag zu nutzen. Wird innerhalb von drei Monaten nach Zugang der Aufforderung des Lizenznehmers zum Neuabschluss des Lizenzvertrags kein neuer Lizenzvertrag abgeschlossen, so ist die weitere Nutzung nur zulässig, wenn

> *1. eine Vergütung gezahlt wird, deren Höhe sich nach den Anforderungen von Absatz 1 bemisst, und*

> *2. der Lizenznehmer spätestens innerhalb einer Ausschlussfrist von zwei Wochen nachweist, dass er gegen den Verwalter, im Fall des Absatzes 2 gegen den Hauptlizenzgeber, Klage auf Abschluss eines Lizenzvertrages erhoben hat.*

Wenn die Parteien nichts anderes vereinbaren, wirkt der neue Vertrag auf den Zeitpunkt der Eröffnung des Insolvenzverfahrens zurück. "[535]

Der entscheidende Unterschied zum Vorgängerentwurf besteht darin, dass der Lizenzvertrag nicht vom Verwalterwahlrecht nach § 103 InsO ausgenommen wird, sondern diesem unterliegt.[536] Damit besteht der Lizenzvertrag nicht automatisch mit Wirkung für die Insolvenzmasse fort. Trotzdem soll der Lizenznehmer, entsprechend dem Anliegen des Gesetzgebers, in der Insolvenz des Lizenzgebers geschützt werden. Dies soll durch ein „Neuabschlussrecht" seitens des Lizenznehmers erreicht werden.[537] So kann der Lizenznehmer im Falle der Nichterfüllungswahl vom Insolvenzverwalter den Abschluss eines neuen Lizenzvertrags verlangen. Die Idee des Neuabschlusses eines Vertrags unter angepassten Bedingungen nach erfolgter Nichterfüllungswahl ist dem Insolvenzrecht nicht unbekannt. Vielmehr entspricht sie der gängigen Insolvenzverwalterpraxis.[538] In § 108a InsO-E wären nun die Rahmenbedingungen für den Neuabschluss eines Lizenzvertrags geregelt. Nach Vorstellung des Gesetzgebers hat

---

[535] Referentenentwurf des BMJ vom 18. Januar 2012, S. 6 f.

[536] Referentenentwurf des BMJ vom 18. Januar 2012, S. 6, 40.

[537] Referentenentwurf des BMJ vom 18. Januar 2012, S. 6, 40.

[538] Ebenso *Kummer*, GRUR 2009, 293 (294).

der Lizenznehmer ein „angemessenes" Annahmeangebot zu unterbreiten.[539] Dieses muss innerhalb eines Monats nach erfolgter Nichterfüllungswahl abgegeben werden. Im Rahmen dieses Neuabschlusses sollen auch Problemfelder wie beispielsweise das Bestehen und die Erfüllung von Haupt- und Nebenleistungspflichten sowie die Höhe der zu entrichtenden Lizenzgebühren zwischen den Parteien zu klären sein.[540] Um einen umfassenden Interessenausgleich zwischen den Parteien zu erreichen, sieht der Gesetzgeber für die Bestimmung der Höhe der zu entrichtenden Lizenzgebühren vor, dass sowohl die Gewinne und Erträge des Lizenznehmers zu Gunsten der Masse zu berücksichtigen sind, wie auch im Gegenzug die Kosten und Aufwendungen zur Nutzung der Lizenz zu Gunsten des Lizenznehmers zu berücksichtigen sind. Allerdings scheint es dabei nicht allein um eine Anpassung an eine marktgerechte Vergütung zu gehen, sondern eher um einen Vorteil für die Masse.[541]

Das gleiche Recht auf Abschluss eines neuen Lizenzvertrags hat nach § 108a II InsO-E auch der Unterlizenznehmer im Falle der Insolvenz seines Lizenzgebers gegen den Schutzrechtsinhaber. Mit dieser Regelung soll der Problematik der Insolvenz in der Lizenzkette Rechnung getragen werden.[542] Ob eine solche Regelung angesichts der Entscheidung des Bundesgerichtshofs in *Reifen Progressiv* überhaupt noch erforderlich ist, soll an späterer Stelle erörtert werden.[543]

---

[539] Referentenentwurf des BMJ vom 18. Januar 2012, S. 40.

[540] Referentenentwurf des BMJ vom 18. Januar 2012, S. 40.

[541] BDI - Bundesverband der Deutschen Industrie e.V., Stellungnahme zum Gesetzesentwurf zur Verkürzung der Restschuldbefreiung, zur Stärkung der Gläubigerrechte und zur Insolvenzfestigkeit von Lizenzen , S. 3 f.;
http://www.goerg.de/Legal-
Updates.18.0.html?&no_cache=1&L=0&tx_kbgoerg_pi11[showUid]=232&cHash=47f12
c8de0f30138bd1fa152119d475e,(Zuletzt aufgerufen am 11.04.2012).

[542] Referentenentwurf des BMJ vom 18. Januar 2012, S. 41.

[543] Trotz der Insolvenz des Lizenzgebers blieb die Unterlizenz des Lizenznehmers bestehen, so dass der Urheber gezwungen war Klage gegen den Lizenznehmer zu erheben, welche allerdings ohne Erfolg blieb BGH I ZR 153/06, GRUR 2009, 946; vgl. auch S. 173 ff.; ebenso http://blog.handelsblatt.com/rechtsboard/2012/02/07/zweite-stufe-der-insolvenzrechtsreform-%E2%80%93-insolvenzfestigkeit-von-lizenzen/ (Zuletzt aufgerufen am 11.04.2012).

§ 108a III InsO-E soll die Zeit zwischen Wahl der Nichterfüllung und Abschluss eines neuen Lizenzvertrags regeln. So soll vor allem der Lizenznehmer das Schutzrecht weiterhin nutzen dürfen. Gleichzeitig sollen jedoch die Vertragsverhandlungen nicht unnötig in die Länge gezogen werden.[544] So behält der Lizenznehmer vorerst sein Nutzungsrecht in den ersten drei Monaten nach Unterbreitung des Annahmeangebots zu den Konditionen des ursprünglichen Lizenzvertrags und im Falle des Scheiterns eines Neuabschlusses innerhalb dieser Dreimonatsfrist, zu den Konditionen, deren Rahmen § 108a I InsO-E bestimmt, sofern der Lizenznehmer fristgerecht Klage auf Neuabschluss des Lizenzvertrags erhebt. Gerade die letzte Voraussetzung soll sicherstellen, dass der Lizenznehmer ein ernsthaftes Interesse am Abschluss eines neuen Lizenzvertrags hat.[545] Das übrige vertragliche Verhältnis der Parteien zueinander läge während dieser Zeit in der Schwebe.

Zum Spezialfall der Kreuzlizenz äußert sich der Gesetzgeber nur sehr zurückhaltend. Zum einen hält er es für möglich, dass die Parteien aufgrund der Regelung des § 108a InsO-E einen angemessenen Ausgleich finden, indem beispielsweise die insolvente Partei als Gegenleistung Lizenzgebühren erhält, da sie an der weiteren Nutzung von Schutzrechten aufgrund einer durch die Insolvenz bedingten Betriebseinstellung ihrerseits kein Interesse mehr an einer Lizenznutzung hat.[546] Das Kreuzlizenzverhältnis würde mithin in einen „normalen" Lizenzvertrag umgewandelt werden. Zum anderen räumt der Gesetzgeber ein, dass er trotz oder vielleicht auch wegen der Komplexität solcher Kreuzlizenzvereinbarungen – die zumeist eine unüberschaubare Vielzahl von Lizenzen zum Gegenstand haben – keine spezielle Regelung für solche Verträge schaffen möchte, sondern dies der Kautelarjurisprudenz überlässt.[547]

---

[544] Referentenentwurf des BMJ vom 18. Januar 2012, S. 42.

[545] Referentenentwurf des BMJ vom 18. Januar 2012, S. 42.

[546] Referentenentwurf des BMJ vom 18. Januar 2012, S. 40, 42.

[547] Referentenentwurf des BMJ vom 18. Januar 2012, S. 42.

III. Rechtsvergleichende Analyse am Beispiel der Vorreiterstaaten USA und Japan

Regelungen zum Schutz von Lizenzen in der Insolvenz des Lizenzgebers sind in technologiestarken Staaten wie den USA und Japan bereits seit geraumer Zeit Teil des Rechtssystems. Sie dienten sowohl dem ersten deutschen Reformentwurf des § 108a InsO-E aus dem Jahr 2007 als auch dem aktuellen Entwurf aus dem Jahr 2012 als Vorbild.[548]

In den USA reagierte der Gesetzgeber auf die Entscheidung in *Lubrizol Enterprises Inc. v Richmond Metal Finishers Inc.*[549]: Lubrizol war Lizenznehmerin eines Patents der Richmond, als Richmond im Jahr 1982 Konkurs anmeldete und ein Chapter 11-Verfahren eingeleitet wurde. Der Verwalter wählte gemäß Sec. 365 US Bankruptcy Code Nichterfüllung des noch nicht vollständig erfüllten Lizenzvertrags. Die Richter tendierten zum Schutz des Lizenznehmers, sahen sich allerdings aufgrund der gegebenen Gesetzeslage nicht dazu im Stande diesen durchzusetzen. Jedoch riefen sie den Gesetzgeber zur Handlung auf.[550]

Daraufhin wurde Sec. 365 (n) (1) US Bankruptcy Code mit folgendem Wortlaut erlassen:

If the trustee rejects an executory contract under which the debtor is a licensor of a right to intellectual property, the licensee under such contract may elect —

(A) [...]

(B) to retain its rights (including a right to enforce any exclusivity provision of such contract, but excluding any other right under applicable nonbankruptcy law to specific performance of such contract) under such contract and under any agreement supplementary to such contract, to such intellectual property (including any embodiment of

---

[548] Beilage: Entwurf eines Gesetzes zur Entschuldung mittelloser Personen, zur Stärkung der Gläubigerrechte sowie zur Regelung der Insolvenzfestigkeit von Lizenzen, NZI 2007, Heft 10, 2*, (12*); Referentenentwurf des BMJ vom 18. Januar 2012, S. 39.

[549] United States Court of Appeals, Fourth Circuit Lubrizol Enterprises, Inc. v Richmond Metal Finishers, Inc. , 756 F.2d 1043.

[550] Vgl. zur Gesetzgebungshistorie *Dengler/Druson/Spielberger*, NZI 2006, 677 (682 f.); *Scherenberg*, Lizenzverträge in der Insolvenz des Lizenzgebers, S. 105 ff.

such intellectual property to the extent protected by applicable non-bankruptcy law), as such rights existed immediately before the case commenced, for —

(i) the duration of such contract; and

(ii) any period for which such contract may be extended by the licensee as of right

under applicable nonbankruptcy law.

Nach dem Wortlaut gilt die Vorschrift des Sec. 365 (n) (1) US Bankruptcy Code für „executory contracts". Darunter sind Verträge zu verstehen, die beiderseits noch nicht vollständig erfüllt wurden und deren Nicht(weiter)erfüllung eine so wesentliche Pflichtverletzung darstellen würde, dass auch die andere Partei die weitere Erfüllung verweigern könnte.[551] Folglich kann der Insolvenzverwalter entsprechend der Regelung des § 103 I InsO die Nichterfüllung eines noch nicht vollständig erfüllten Vertrags wählen.[552]

Gleichwohl kann der Lizenznehmer wählen, die Lizenzrechte, die ihm bereits vor Insolvenzeröffnung eingeräumt wurden zu behalten.[553] Somit bleiben diese Nutzungsrechte zu seinen Gunsten bestehen.

Der japanische Gesetzgeber hat ebenfalls auf die besonderen Bedürfnisse von Lizenznehmern reagiert. Im Jahr 2002 wurde ein Strategischer Rat für Geistiges Eigentum ins Leben gerufen, welcher auch den Fortbestand der Lizenz in der Insolvenz des Lizenzgebers anregte.[554] Vor der Reform des japanischen Insolvenzgesetzes, hatte der Insolvenzverwalter gemäß Art 53 Hasan Ho (Japanisches Insolvenzgesetz) die Wahl, einen Lizenzvertrag fortzuführen oder diesen zu

---

[551] *Scherenberg*, Lizenzverträge in der Insolvenz des Lizenzgebers, S. 98 f.

[552] *Scherenberg*, Lizenzverträge in der Insolvenz des Lizenzgebers, S. 99.

[553] *Scherenberg*, Lizenzverträge in der Insolvenz des Lizenzgebers, S. 109, 111 ff.

[554] *Schleich/Götz*, DZWIR 2008, 58; *Dengler/Druson/Spielberger*, NZI 2006, 677 (682) m.w.N.

kündigen.[555] Im Jahre 2005 wurde in Form des Art 56 folgende Ergänzung des Hasan Ho verabschiedet[556]:

Art. 53 (1) und (2) finden keine Anwendung auf einen Vertrag, der ein Mietrecht oder andere Rechte gewährt, deren Zweck in dem Gebrauch oder der Gewinnerzielung liegt, wenn die andere Partei die Voraussetzungen für eine Einwendung dieses Rechts gegenüber Dritten erfüllt, sei es durch Registrierung oder anderweitig.

Da die Vorschrift des Art 56 Hasan Ho auch für Lizenzverträge gilt, wurde damit das Wahlrecht des Insolvenzverwalters faktisch zumindest für die Fälle ausgeschlossen, in denen die Lizenz über Drittwirkung verfügt.[557] Ob eine solche Drittwirkung gegeben ist, hängt nach japanischem Recht allerdings nicht davon ab, ob es sich um eine exklusive oder nicht-exklusive Lizenz handelt, sondern allein von der Tatsache, ob die Lizenz im Patentregister eingetragen ist.[558]

Im Vergleich zu den deutschen Reformentwürfen aus den Jahren 2007 und 2012 fällt auf, dass der erste Entwurf aus dem Jahre 2007 in Richtung der japanischen Regelung tendierte.[559] In diesem Entwurf wurde das Verwalterwahlrecht ausgeschlossen. Im Gegensatz dazu ist der neue Entwurf aus dem Jahr 2012 grundsätzlich eher an das US-amerikanische Regelungsmodell angelehnt. Das Verwalterwahlrecht bleibt bestehen, allerdings kann auch der Lizenznehmer entscheiden, ob er weiterhin Inhaber des Nutzungsrechts bleiben möchte. Ein entscheidender Unterschied zwischen dem aktuellen deutschen Entwurf und der US-amerikanischen Regelung besteht allerdings darin, dass Sec. 365 (n) (2) US Bankruptcy Code keinen aufwändigen Neuabschluss des Lizenzvertrags vorsieht, sondern der Lizenznehmer unter Fortzahlung bzw. Fortleistung der bislang vertraglich vereinbarten Gegenleistung zur Weiternutzung der Lizenz berechtigt bleibt.[560] Diese Regelung bietet zwar keinen besonderen

---

[555] *Dengler/Druson/Spielberger*, NZI 2006, 677(682)

[556] Vgl. für eine deutsche Übersetzung der Norm *Schleich/Götz*, DZWIR 2008, 58; *Dengler/Druson/Spielberger*, NZI 2006, 677 (682).

[557] *Dengler/Druson/Spielberger*, NZI 2006, 677 (682).

[558] Vgl. auch *Dengler/Druson/Spielberger*, NZI 2006, 677 (682).

[559] Ebenso *Mitlehner*, ZIP 2008, 450.

[560] Vgl. § 365 (n) (2) US Bankruptcy Code:

Vorteil für die Insolvenzmasse, allerdings gewährt sie dem Lizenznehmer einen angemessenen Schutz in der Insolvenz seines Lizenzgebers, da er nicht zu aufwändigen Neuverhandlungen gezwungen und darüber hinaus auch nicht zur Entrichtung einer überhöhten Lizenzgebühr verpflichtet wird.

Dass diese Aspekte des deutschen Regelungsentwurfs weder zum Schutz der Masse zwingend notwendig sind, noch angemessen die Interessen des Lizenznehmers berücksichtigen, wird im Rahmen der nachfolgenden Ausführungen deutlich.

IV. Eigene Stellungnahme zu § 108a InsO-E

Im folgenden Abschnitt wird zu dem Referentenentwurf des § 108a InsO-E umfassend Stellung genommen. Dies beinhaltet sowohl die Thematisierung von Bedenken gegen das Regelungskonzept, als auch die Darstellung möglicher Rechtsfolgen einer Verabschiedung des Entwurfs.

1) Bedenken gegen § 108a InsO-E

Einwände gegen die Regelung des § 108a InsO-E bestehen einerseits aufgrund der Grundprinzipien des Insolvenzrechts, wie der gleichmäßigen Befriedigung der Gläubiger, wie auch andererseits aufgrund des Regelungsgehalts und den damit einhergehenden Auswirkungen auf jegliche Art von Lizenz in der Insolvenz des Lizenzgebers.

a) Verstoß gegen den Grundsatz des „par condicio creditorum"

Was schon *Marotzke* zum Reformentwurf aus dem Jahr 2007 treffend ausführte, mag auch für den Entwurf aus dem Jahr 2012 gelten:

> *„Wenn auf ein Fass, das bereits zweimal zu Unrecht geöffnet wurde, nicht ganz schnell ein schwerer Deckel kommt, wird bald kein Halten*

If the licensee elects to retain its rights, as described in paragraph (1)(B) of this subsection, under such contract —

(A) the trustee shall allow the licensee to exercise such rights;

(B) the licensee shall make all royalty payments due under such contract for the duration of such contract and for any period described in paragraph (1)(B) of this subsection for which the licensee extends such contract; and

(C) [...]

mehr sein und der Gläubigergleichbehandlungsgrundsatz nach wenigen Jahren nur noch auf dem Papier stehen. "[561]

Zu dem ursprünglichen Entwurf aus dem Jahr 2007 wurden erhebliche Bedenken aufgrund eines Verstoßes gegen den Grundsatz der Gläubigergleichbehandlung geäußert.[562] Das Prinzip des „par condicio creditorum" verlangt die gleichmäßige Verteilung unter den einfachen Insolvenzgläubigern.[563] Diese Gruppe umfasst grundsätzlich alle ungesicherten Gläubiger mit rein schuldrechtlichen Verschaffungsansprüchen. Damit im Prinzip auch die Inhaber einer lediglich schuldrechtlich eingeräumten Lizenz, wie sie durch den § 108a InsO-E aus dem Jahr 2007 geschützt werden sollten. Die Lizenzverträge wären aus dem Anwendungsbereich des Nichterfüllungswahlrechts des Insolvenzverwalters ausgenommen und somit grundsätzlich insolvenzfest gewesen. Folglich hätten die angesprochenen Lizenznehmer nicht nur eine Vorrangstellung gegenüber anderen Insolvenzgläubigern erhalten, sondern die Lizenzen hätten zusätzlich eine wertmindernde Belastung für die Masse dargestellt. Selbst die Anpassung der Lizenzvergütung im Falle eines krassen Missverhältnisses konnte an diesen Bedenken nichts ändern.

Anders könnte es sich mit dem neuen Entwurf des § 108a InsO-E aus dem Jahr 2012 verhalten. Im Detail bliebe im Rahmen dieses Regelungsentwurfs das Nichterfüllungswahlrecht des Insolvenzverwalters bestehen. Somit würde der Lizenzvertrag nicht mit Wirkung für die Masse fortbestehen, sondern aufgrund der Ausübung des Wahlrechts bis zum Abschluss des Insolvenzverfahrens nicht mehr durchsetzbar sein.[564] Damit wird den betroffenen Lizenznehmern keine Vorrangstellung gegenüber anderen Insolvenzgläubigern eingeräumt. Einzig wird ihre Möglichkeit auf Neuabschluss eines Lizenzvertrags kodifiziert. Da

---

[561] *Marotzke*, Vorbereitende Stellungnahme zum Reg-E in BT-Drs. 16/7416, S. 14.

[562] *Mitlehner*, ZIP 2008, 450; *Marotzke*, Vorbereitende Stellungnahme zum Reg-E in BT-Drs. 16/7416, S. 11 ff.; *Marotzke*, ZInsO 2008, 1108 (1115).

[563] Vgl. oben S. 39 f.

[564] *Wegener* in Uhlenbruck/Hirte/Vallender, InsO, § 103 Rn 159; *Huber* in Kirchhof/Lwowski/Stürner, MüKo InsO, § 103 Rn 176; *Kroth* in Braun, InsO, § 103 Rn 60.

dies allerdings nur der bereits gängigen Verwalterpraxis entspricht,[565] sind Gegenstimmen von Seiten der Insolvenzverwalter nur vereinzelt zu erwarten.

b) Erweiterung der Gruppe „ungleicher" Gläubiger

Unabhängig davon muss klargestellt werden, dass nicht jede Ausnahme vom Prinzip des „par condicio creditorum" automatisch einen Verstoß gegen den Grundsatz der Gläubigergleichbehandlung darstellt. Vielmehr handelt es sich beim Prinzip des „par condicio creditorum" um keinen absoluten Grundsatz, der keine Ausnahmen und Durchbrechungen zulässt, sondern um ein Prinzip der Gerechtigkeit, welches auch die Ungleichheit von Gläubigern anerkennt.[566] Dies bedeutet also, dass Gleiches gleich und Ungleiches ungleich behandelt werden muss.[567] Immaterialgüterrechte nehmen eine besondere Stellung in der Gesamtrechtsordnung ein. Wie bereits zu Beginn dieser Arbeit festgestellt wurde, zeichnen sich Immaterialgüterrechte insbesondere durch ihre Einzigartigkeit und Unersetzbarkeit aus.[568] Damit befindet sich der Lizenznehmer dadurch, dass er auf die Nutzung gerade eines speziellen Schutzrechts angewiesen ist, in einem besonderen Abhängigkeitsverhältnis. Er kann sich nicht im Fall der Insolvenz seines Vertragspartners einen neuen Geschäftspartner als Ersatz suchen, wie dies bei anderen vertraglichen Schuldverhältnissen möglich ist.[569] Dies ist aufgrund der Einzigartigkeit der immaterialgüterrechtlichen Schutzrechte ausgeschlossen. Daher sind Verträge über die Nutzung und die Ausbeutung von Schutzrechten auch nicht mit anderen vertraglichen Verhältnissen – gemeint ist damit über ersetzbare Güter – vergleichbar.[570] Sind nun schon die Verträge nicht vergleichbar, muss das gleiche auch für die Gläubiger dieser Verträge gelten.

---

[565] Ebenso *Kummer*, GRUR 2009, 293 (294).

[566] *Pape/Uhlenbruck/Voigt-Salus*, Insolvenzrecht, Kap. 12 Rn 10; *Kunz-Hallstein/Loschelder*, GRUR 2008, 138 (139); *Slopek*, ZInsO 2008, 1118 (1120); *Ullmann*, MittdtPatA 2008, 49 (52 f.).

[567] *Stürner* in Baur/Stürner, Insolvenzrecht, Rn 5.37.

[568] Vgl. oben S. 1.

[569] Ebenso *Slopek*, ZInsO 2008, 1118 (1120).

[570] Ebenso *Slopek*, ZInsO 2008, 1118 (1120).

Folglich geht es bei einer Ausnahme zur Insolvenzfestigkeit von Lizenzverträgen, unabhängig davon wie diese ausgestaltet sein mögen, nicht um die Aushöhlung des Grundsatzes der Gläubigergleichbehandlung, sondern vielmehr um die richtige Anwendung dieses Gerechtigkeitsprinzips, indem eben Gleiches gleich und Ungleiches ungleich behandelt wird.

c) Schutz des Lizenznehmers aufgrund der Einführung des § 108a InsO-E

Abgesehen von allgemeinen Bedenken gegen die Verträglichkeit des Reformentwurfs mit dem Grundsatz der Gläubigergleichbehandlung bestehen auf der anderen Seite zudem Zweifel an dem durch § 108a InsO-E zu erreichenden Schutzniveau für Lizenznehmer in der Insolvenz.

Im Rahmen des Entwurfs bleiben einige Fragen offen. So wird weder zwischen den verschiedenen Arten von Lizenzen, also Exklusiv-, Allein- und Nichtexklusivlizenz unterschieden, noch zwischen der Rechtsnatur der Lizenz als dingliches Recht auf der einen und als schuldrechtliches Recht auf der anderen Seite.[571] Ebenso fehlt es an einer Differenzierung zwischen den verschiedenen möglichen Vertragskonstruktionen zur Lizenzeinräumung und den damit einhergehenden rechtlichen Konsequenzen im Hinblick auf die Rechtsnatur der Lizenz. Vielmehr wird in dem Reformentwurf jegliche Konstellation sprichwörtlich „über einen Kamm geschert". So drängt sich der Eindruck auf, dass der Entwurf in weiten Teilen entweder unter der Übereilt- und Unüberlegtheit oder aber alternativ unter der Parteilichkeit leidet.

Ersteres würde dadurch belegt, dass der Entwurf eben auf keine der immaterialgüterrechtlichen Besonderheiten eingeht.

Letzteres ließe sich annehmen, wenn – zu Gunsten der Masse – dieses Manko sogar beabsichtigt gewesen wäre. Dies würde die juristische Literatur, die Praxis sowie die Rechtsprechung erneut in Ungewissheit über die Insolvenzfestigkeit von Lizenzen stürzen. Nur ginge es diesmal nicht um die nicht-exklusive Lizenz, sondern um den Schutz der exklusiven Lizenz. Für diese wird allgemein und von jeher anerkannt, dass sie ihrem Inhaber in der Insolvenz des Lizenzge-

---

[571] Ebenso BDI - Bundesverband der Deutschen Industrie e.V., Stellungnahme zum Gesetzesentwurf zur Verkürzung der Restschuldbefreiung, zur Stärkung der Gläubigerrechte und zur Insolvenzfestigkeit von Lizenzen , S. 2.

bers ein Aussonderungsrecht gemäß § 47 S. 1 Alt. 1 InsO einräumt.[572] Würde nun ein Gesetzesentwurf verabschiedet werden, der diese allgemein anerkannte Rechtsfolge unberücksichtigt lässt, ja noch nicht einmal erwähnt, sondern eventuell gar inzident abschafft, kann dies nur zwei Dinge bedeuten. Zum einen eben, dass die Aussonderung von dinglichen Lizenzen tatsächlich abgeschafft werden soll, was zu einer Mehrung der Masse führen würde und damit ganz im Sinne der Insolvenzverwaltung wäre. Eine andere denkbare Bedeutung wäre, wie bereits angedeutet, dass die rechtliche Behandlung von dinglichen Lizenzen in der Insolvenz des Lizenzgebers dem Reforminitiator gänzlich unbekannt oder zumindest gleichgültig war.

Beide Bedeutungen erscheinen jedoch absurd und können daher so nicht beabsichtigt gewesen sein. Gleichwohl verursacht der Reformentwurf neue Unsicherheit in der juristischen Welt und könnte sogar im Stande sein, das Schutzniveau für Lizenznehmer in der Insolvenz des Lizenzgebers durch indirekte bzw. vielleicht auch unbeabsichtigte Abschaffung des Aussonderungsrechts für Inhaber eines dinglichen Nutzungsrechts zu senken, anstatt dieses zu erhöhen.

Insgesamt ist der aktuelle Entwurf zur Insolvenzfestigkeit von Lizenzen in der Insolvenz des Lizenzgebers damit weder geeignet allgemeine Rechtssicherheit zu schaffen, noch die Position des Lizenznehmers in der Insolvenz ihres Lizenzgebers zu stärken.

2) Folgen der Verabschiedung des § 108a InsO-E

Aus diesen offensichtlichen Mängeln des Referentenentwurfs folgt die Frage nach den rechtlichen Konsequenzen der Verabschiedung eines solchen Gesetzes. Wie bereits angesprochen worden ist, könnte es zu erneuten Unsicherheiten im Hinblick auf die Insolvenzfestigkeit von Lizenzen, insbesondere die Behandlung von – bislang als dinglich anerkannten – exklusiven Lizenzen kommen.

a) Schuldrechtliche Natur der Lizenz „de lege lata"

Bislang hing die Behandlung der Lizenz in der Insolvenz entscheidend davon ab, ob es sich um ein dingliches oder lediglich um ein schuldrechtliches Recht handelte. Ersteres berechtigte den Lizenznehmer zur Aussonderung gemäß

---

[572] *Ganter* in Kirchhof/Lwowski/Stürner, MüKo InsO, § 47 Rn 339; *Brinkmann* in Uhlenbruck/Hirte/Vallender, InsO, § 47 Rn 67; *Bausch*, NZI 2005, 289 (293 f.); *Koehler/Ludwig*, NZI 2007, 79 (82 f.).

§ 47 S. 1 Alt. 1 InsO, während sich der Lizenznehmer im Falle des Letzteren mit dem Nichterfüllungswahlrecht des Insolvenzverwalters konfrontiert sah.

i) Insolvenzspezifische „kleine" Lösung der Gesetzgebung

Der neue Gesetzesentwurf scheint diese Unterscheidung aufzugeben. Die Lizenz würde mithin generell als schuldrechtliches Recht behandelt werden. Allerdings obliegt die Entscheidung hierüber nicht dem Insolvenz-, sondern vielmehr dem Immaterialgüterrecht, als dem die Lizenz regelnde Ursprungsrecht. Wie bereits in § 47 S. 2 InsO zum Ausdruck kommt, bestimmt sich ein Anspruch auf Aussonderung nach den Gesetzen außerhalb des Insolvenzrechts.[573] Folglich muss das Insolvenzrecht die spezialgesetzlich bestimmte Rechtsnatur eines Rechts anerkennen und dementsprechend damit verfahren. Eine schuldrechtliche Natur jeglicher Art von Lizenz de lege lata aufgrund einer insolvenzrechtlichen Regelung ist damit undenkbar. Der Insolvenzrechtsgesetzgeber würde damit im Bereich des Immaterialgüterrechts „wildern".[574]

Ungeachtet dessen ist für die Anwendung des § 47 InsO allgemein anerkannt, dass ein dingliches Recht zur Aussonderung berechtigt.[575] Angesichts der gleichermaßen anerkannten dinglichen Wirkung von bestimmten Lizenzen steht der Regelungsgehalt des Referentenentwurfs – der keinerlei Differenzierung zwischen dinglichen und schuldrechtlichen Lizenzen trifft – in direktem Widerspruch zum Anwendungsbereich des § 47 InsO.

ii) Widerspruch zur immaterialgüterrechtlichen „großen" Lösung der Rechtsprechung

Abgesehen vom Dissens des Referentenentwurfs zu § 47 InsO besteht auch ein Widerspruch zur Lösung der Rechtsprechung. Wie bereits eingangs dargestellt wurde, ist es die Aufgabe des Immaterialgüterrechts, über die Rechtsnatur der Lizenz zu entscheiden.[576] Ebenfalls wurde die Entwicklung der immaterialgüter-

---

[573] Ebenso *Brinkmann* in Uhlenbruck/Hirte/Vallender, InsO, § 47 Rn 3; *Esser*, Urheberrechtliche Lizenzen in der Insolvenz, S. 45.

[574] Ebenso *Heimberg*, Lizenzen und Lizenzverträge in der Insolvenz, S. 212.

[575] *Bäuerle* in Braun, InsO, § 47 Rn 1; *Andres* in Nerlich/Römermann, InsO, § 47 Rn 2; *Leithaus* in Andres/Leithaus, InsO, Rn 3.

[576] Vgl. S. 146 f.

rechtlichen Rechtsprechung zur Rechtsnatur der nicht-exklusiven Lizenz bereits dargelegt.[577] Unbeachtet kann hierbei die exklusive Lizenz bleiben, deren Dinglichkeit seit jeher anerkannt ist.[578]

Die von der Rechtsprechung absichtlich oder unabsichtlich verfolgte Lösung entspricht der sogenannten „großen" Lösung. Damit ist eine Lösung des Problems der Insolvenzfestigkeit der Lizenz in der Insolvenz des Lizenzgebers durch eine Regelung außerhalb der Insolvenzordnung gemeint, also durch das Immaterialgüterrecht.[579] Im Detail liegt dieser Auffassung wiederum § 47 S. 2 InsO zu Grunde. Folglich wäre jede Lizenz, die durch das Immaterialgüterrecht als dinglich charakterisiert wird, gemäß § 47 S. 1 Alt. 1 InsO ein aussonderungsfähiges Gut und damit de lege lata insolvenzfest.[580] Die Entscheidung *Reifen Progressiv*[581] des Bundesgerichtshofs schlägt genau diese Richtung ein. In diesem Fall hat die nicht-exklusive Unterlizenz die Insolvenz des Lizenzgebers zum einen überdauert und zum anderen stellte der Bundesgerichtshof deren Dinglichkeit positiv fest.[582] Damit wird deutlich, dass es grundsätzlich keiner gesetzlichen Regelung zur Insolvenzfestigkeit von dinglichen Lizenzen, welche exklusiver wie auch nicht-exklusiver Natur sein können, bedarf.

iii) Schutz der negativen Lizenz

Gleichwohl ist ein gesetzlicher Schutz von rein schuldrechtlichen Lizenzen in der Insolvenz des Lizenzgebers nach wie vor erforderlich. Ein Beispiel hierfür ist die negative Lizenz, welche allein den Verzicht des Schutzrechtsinhabers auf

---

[577] Vgl. S. 97 ff.

[578] Statt vieler vgl. *Ullmann*, MittdtPatA 2008, 49 (52).

[579] *Kunz-Hallstein/Loschelder*, GRUR 2008, 138 (139); vgl. vertiefend *Heimberg*, Lizenzen und Lizenzverträge in der Insolvenz, S. 209 ff.

[580] *Slopek*, ZInsO 2008, 1118.

[581] BGH I ZR 153/06, GRUR 2009, 946.

[582] BGH I ZR 153/06, GRUR 2009, 946 (948); siehe auch die Vorinstanzen LG Köln 28 O 349/05 und OLG Köln 6 U 224/05, GRUR-RR 2007, 33; http://blog.handelsblatt.com/rechtsboard/2012/02/07/zweite-stufe-der-insolvenzrechtsreform-%E2%80%93-insolvenzfestigkeit-von-lizenzen/ (Zuletzt aufgerufen am 11.04.2012).

die Ausübung seiner Abwehrrechte beinhaltet.[583] Es fehlt somit an der positiven Einräumung eines Nutzungsrechts und damit auch in jedem Fall an der Dinglichkeit der negativen Lizenz. Folglich wäre eine solche Lizenz trotz der aktuellen Rechtsprechungsentwicklung nicht insolvenzfest. Dies eröffnet wiederum einen Anwendungsbereich für die insolvenzrechtliche „kleine" Lösung des § 108a InsO-E für die rein schuldrechtliche Lizenz.

Im Ergebnis wäre die angedachte Lösung der Gesetzgebung damit nicht überflüssig, sondern hätte zumindest einen eigenen Anwendungsbereich für den Schutz der rein schuldrechtlichen Lizenz.

b) Gleichlaufende Lösung in Form des parallelen Schutzes

Durch § 108a InsO-E, in einer entsprechenden Ausgestaltung, könnte daher in Zusammenschau mit der immaterialgüterrechtlichen Rechtsprechung ein paralleler Schutz von dinglichen und schuldrechtlichen Lizenzen in der Insolvenz des Lizenzgebers erreicht werden.

Dies ist im Ergebnis grundsätzlich auch zu begrüßen. Allerdings scheint dieses Ziel, aufgrund des aktuellen Regelungsvorschlags, nur schwerlich realisierbar. Wie bereits erörtert, unterscheidet der Referentenentwurf nicht zwischen dinglichen und schuldrechtlichen Lizenzen. Folglich wäre ein gleichlaufender Schutzmechanismus für die Lizenz auf dieser Basis undenkbar.

Vielmehr würde sich u.U. eine rein schuldrechtliche Betrachtung durchsetzen, welche jedoch fehl geht. Insbesondere vor dem Hintergrund der aktuellen Entwicklungen im Immaterialgüterrecht und dem Umstand, dass das einmal dinglich eingeräumte Recht nicht vom Bestand des Lizenzvertrags abhängig ist und damit auch nicht von der Ausübung des Nichterfüllungswahlrechts des Insolvenzverwalters betroffen sein kann.[584] Der Inhaber einer dinglichen Lizenz ist

---

[583] Vgl. oben S. 9.

[584] Ebenso *Ullmann*, MittdtPatA 2008, 49 (51 f.); *Wiedemann*, Lizenzen und Lizenzverträge in der Insolvenz, Rn 1466; vgl. auch *Pahlow*, WM 2008, 2041 (2044); BDI - Bundesverband der Deutschen Industrie e.V., Stellungnahme zum Gesetzesentwurf zur Verkürzung der Restschuldbefreiung, zur Stärkung der Gläubigerrechte und zur Insolvenzfestigkeit von Lizenzen , S. 2.

schlichtweg nicht vom Fortbestand des Lizenzvertrags abhängig[585] und hat demnach auch kein Interesse am Abschluss eines neuen Lizenzvertrags, wie es nun § 108a InsO-E allgemein vorsähe. Dagegen mag angeführt werden, dass das Nutzungsrecht im Falle des „Erlöschens" des vertraglichen Verhältnisses aufgrund der Ausübung des Nichterfüllungswahlrechts an den Lizenzgeber zurückfällt.[586] Allerdings berücksichtigt dieser Einwand nicht die vom Bundesgerichtshof festgelegte Rechtsfolge der Undurchsetzbarkeit des Vertragsverhältnisses nach Ausübung des Nichterfüllungswahlrechts gemäß § 103 I InsO.[587] Die Annahme des Rückfalls des Lizenzrechts beruht allein auf der Annahme, dass im Immaterialgüterrecht das Abstraktionsprinzip keine Anwendung fände, welche wiederum auf § 9 VerlG gestützt wird, der für den Verlagsvertrag die Geltung des Abstraktionsprinzips ausschließt.[588] Jener Ausschluss der Geltung des Abstraktionsprinzips wurde irrtümlicherweise als Analogieschluss auf das gesamte Immaterialgüterrecht übertragen.[589]

Diese Annahme ist jedoch grundlegend abzulehnen.[590] Erstens handelt es sich bei § 9 VerlG um eine absolute Ausnahmeregelung, welche weder in ähnlicher Form, noch mit vergleichbarem Inhalt in ein anderes immaterialgüterrechtliches Gesetz übernommen wurde.[591] Daher sollte eine analoge Anwendung ausschließlich bei absolut vergleichbarer Interessenlage und nur in Ausnahmefällen erfolgen.[592] Zweitens würde dadurch der Sinn, Zweck und Inhalt der Einräu-

---

[585] *Kellenter* in Keller/Plassmann/von Falck, FS für Winfried Tilmann - Zum 65. Geburtstag, S. 807 (817); vgl. auch *Pahlow*, WM 2008, 2041 (2044).

[586] LG Mannheim 7 O 127/03, DZWIR 2003, 479 (481 f.).

[587] Vgl. oben zur Wirkung der Nichterfüllungswahl S. 73 m.w.N.; ebenso *Redeker*, ITRB 2005, 263.

[588] *Schricker*, VerlR, § 9 Rn 3.

[589] Vgl. auch *Smid/Lieder*, DZWIR 2005, 7 (8 f.); ebenso für das Patentrecht *Graf Ballestrem*, Die Sicherungsübertragung von Patenrechten, Rn 191.

[590] Im Ergebnis ebenso *Lisch*, Das Abstraktionsprinzip im Urheberrecht, S. 154 ff.; *Esser*, Urheberrechtliche Lizenzen in der Insolvenz, S. 104 f.

[591] Vgl. auch *Abel*, NZI 2003, 121 (126); *Graf Ballestrem*, Die Sicherungsübertragung von Patenrechten, Rn 191; *Bausch*, NZI 2005, 289 (293).

[592] Vgl. auch BGH I ZR 31/57, NJW 1995, 1583 (1584); *Esser*, Urheberrechtliche Lizenzen in der Insolvenz, S. 103 ff.

mung eines dinglichen Rechts völlig konterkariert.[593] Dies mag zwar im Rahmen des Verlagsrechts gute Gründe haben, wie beispielsweise dem Verleger das uneingeschränkte Recht zur Verwertung und Verbreitung des Werks des Urhebers zu sichern.[594] Diese Gründe gelten allerdings, wie bereits angedeutet, nicht im Falle der Insolvenz.[595] Gegen die Anwendbarkeit der Regelung des § 9 I VerlG im Fall der Insolvenz spricht, dass auch der Bundesgerichtshof in seiner Entscheidung *Softwarelizenz* nicht auf dessen Anwendung eingegangen ist,[596] obwohl der Insolvenzverwalter in dem dort vorliegenden Fall ebenfalls die Nichterfüllung des Softwarelizenzvertrags gemäß § 103 I InsO gewählt hatte. Ebenso ist aufgrund des Wortlauts des § 9 I VerlG eine Anwendung dieser Norm im Fall der Nichterfüllungswahl abzulehnen. § 9 I VerlG spricht ausdrücklich von der *„Beendigung des Vertragsverhältnisses"*. Diese tritt allerdings nicht mit Wahl der Nichterfüllung ein. Vielmehr verlieren die vertraglichen Ansprüche lediglich ihre Durchsetzbarkeit,[597] während das Vertragsverhältnis weiterhin Bestand hat.[598]

Folglich ist eine analoge Geltung der Regelung des § 9 VerlG auf das gesamte Immaterialgüterrecht und damit ein Heimfall der Lizenz im Falle des Erlöschens des Verpflichtungsgeschäfts abzulehnen.[599] Dies gilt insbesondere im Zusam-

---

[593] *Berger* in Berger/Wündisch, Hdb Urhebervertragsrecht, § 1 Rn 33; *Bausch*, NZI 2005, 289 (292).

[594] LG Hamburg 308 O 304/05, NJW 2007, 3215 (3217).

[595] LG Hamburg 308 O 304/05, NJW 2007, 3215 (3217); *Wallner*, NZI 2002, 70 (73 ff.); *Abel*, NZI 2003, 121 (126); mit anderen Gründen im Ergebnis ebenso *Daneshzadeh Tabrizi*, Lizenzen in der Insolvenz nach dem Scheitern des § 108a InsO, S. 108.

[596] BGH IX ZR 162/04, NJW 2006, 915.

[597] Vgl. oben zur Wirkung der Nichterfüllungswahl S. 73 m.w.N.; ebenso *Redeker*, ITRB 2005, 263; *Smid/Lieder*, DZWIR 2005, 7 (16).

[598] *Koehler/Ludwig*, NZI 2007, 79 (83 f.); *Pahlow*, WM 2008, 2041 (2043); a.A. *Smid/Lieder*, DZWIR 2005, 7 (16).

[599] Vgl. dazu auch die Tendenz der Rechtsprechung in BGH I ZR 153/06, GRUR 2009, 946; BGH I ZR 69/08, GRUR 2010, 628; ebenso *Reber*, ZUM 2009, 855 (856 f.); *Haedicke*, ZGE 2011, 377 (388 f.); ausführlich gegen eine analoge Geltung des § 9 I VerlG im Urheberrecht *Wallner*, NZI 2002, 70 (73 ff.).

menhang mit der Ausübung des Nichterfüllungswahlrechts des Insolvenzverwalters, da dieses noch nicht einmal zum Erlöschen des Vertragsverhältnisses führt.

Damit bleibt es im Ergebnis dabei, dass der Inhaber einer dinglichen Lizenz nicht auf den zugrundeliegenden Lizenzvertrag angewiesen ist und die Regelung des § 108a InsO-E folglich insoweit leer läuft.

V. Regelungsvorschlag

Um eine kohärente Lösung in der Diskussion um die Insolvenzfestigkeit von immaterialgüterrechtlichen Lizenzen in der Insolvenz des Lizenzgebers zu erreichen, muss der Insolvenzrechtsreformgesetzgeber Rücksicht auf die Besonderheiten und die rechtlichen Gegebenheiten des Immaterialgüterrechts nehmen. Dies bedeutet insbesondere eine Anerkennung dinglicher Nutzungsrechte, sowie deren Unterscheidung zu rein schuldrechtlichen Nutzungsrechten.

Daher sollte der Reformvorschlag explizit und ausschließlich schuldrechtliche Lizenzen zum Gegenstand haben. Lizenzen mit dinglicher Natur unterliegen unstreitig der Regelung des § 47 S. 1 Alt. 1 InsO.[600] Sie sind somit ein aussonderungsfähiges Gut, wodurch sie folglich insolvenzfest sind. Sie bedürfen keiner weiteren Regelung. Würde man durch eine entsprechende Ausgestaltung des § 108a InsO-E zusätzlich die schuldrechtliche Lizenz schützen, so würde dadurch nicht nur ein umfassender Schutz der Lizenz in der Insolvenz des Lizenzgebers gewährleistet werden, sondern ebenso Rechts- und Investitionssicherheit am Forschungsstandort Deutschland erreicht werden. Zwingend notwendig zur Erreichung dieses Ziels ist allerdings, dass die dingliche Lizenz aus dem Anwendungsbereich des § 108a InsO-E ausgenommen wird.

Um einen angemessenen Interessenausgleich zwischen den Zielen des Insolvenzverfahrens und denen des Lizenznehmers zu erreichen scheint allein die bereits dargestellte US-amerikanische Lösung erstrebenswert.[601] Durch sie wird die Insolvenzmasse nicht durch weitere Verpflichtungen gegenüber dem Lizenznehmer belastet. Gleichzeitig bleibt aber auch der Lizenznehmer weiterhin nutzungsberechtigt und zu Gunsten der Masse zur Entrichtung der ursprünglich

---

[600] *Ganter* in Kirchhof/Lwowski/Stürner, MüKo InsO, § 47 Rn 339; *Brinkmann* in Uhlenbruck/Hirte/Vallender, InsO, § 47 Rn 67; *Bausch*, NZI 2005, 289 (293 f.); *Koehler/Ludwig*, NZI 2007, 79 (82 f.).

[601] Vgl. zur US-amerikanischen Regelung oben S. 139 ff.

vereinbarten Lizenzgebühr verpflichtet. In diesem Zusammenhang kann auch nicht stets davon ausgegangen werde, dass die vor Eintritt der Insolvenz vereinbarten Lizenzgebühren nicht marktgerecht waren und deshalb einer Anpassung bedürften.[602] Im Übrigen würden dadurch auch die enormen Rechtsverfolgungskosten auf beiden Seiten vermieden, die aufgrund des aktuellen Regelungsvorschlags beinahe vorprogrammiert scheinen.

Ebenso wird dadurch vermieden, dass ein Gericht einen angemessenen Interessenausgleich zwischen den Parteien finden muss, den diese selbst nicht erreichen konnten, obwohl die Parteien aufgrund der Komplexität der Lizenzierungspraxis sehr viel vertrauter mit dem Wert und Umfang der in Frage stehenden Lizenzen sind.[603]

Daher wird folgende Formulierung eines zukünftigen § 108a InsO vorgeschlagen:

„§ 108a

Schuldner als Lizenzgeber

Im Fall der Nichterfüllungswahl durch den Insolvenzverwalter bleibt der Inhaber einer schuldrechtlichen Lizenz über die Nutzung von Geistigem Eigentum weiterhin zur Nutzung berechtigt, soweit damit keine fortlaufenden Verpflichtungen zu Lasten der Insolvenzmasse verbunden sind. Für die Nutzung ist das zwischen den ursprünglichen Lizenzvertragsparteien vereinbarte Nutzungsentgelt zu zahlen.

Soweit die fortgesetzte Nutzung mit fortlaufenden Verpflichtungen verbunden ist, steht es dem Lizenznehmer frei, diese zu übernehmen. Andernfalls erlischt die Nutzungsberechtigung insoweit.“

---

[602] Ebenso BDI - Bundesverband der Deutschen Industrie e.V., Stellungnahme zum Gesetzesentwurf zur Verkürzung der Restschuldbefreiung, zur Stärkung der Gläubigerrechte und zur Insolvenzfestigkeit von Lizenzen , 3.

[603] Vgl. zur Problematik des Interessensausgleichs U.S. Bankruptcy Court for the Eastern District of Virginia, Alexandria Division In re: Qimonda AG, debtor, GRUR Int 2012, 86 (90 ff.); ebenso der Referentenentwurf, der keine Regelung für den komplexen Fall der Kreuzlizenz treffen wollte Referentenentwurf des BMJ vom 18. Januar 2012, S. 42.

Die vorgeschlagene Formulierung macht deutlich, dass nur die schuldrechtliche Lizenz von der Neuregelung erfasst sein soll. Die bislang geltende Rechtslage zur Insolvenz der dinglichen Lizenz bliebe somit unberührt.

Weiterhin würde weder die Insolvenzmasse noch der Lizenznehmer über Gebühr belastet werden. Die Masse übernimmt die vom Schuldner vor der Insolvenz geschaffene Situation, ohne weitere Verpflichtungen eingehen zu müssen oder durch fortlaufende Verpflichtungen belastet zu sein. Dies gilt insbesondere auch für die Höhe der vor der Insolvenz vereinbarten Vergütung. Diese bleibt bestehen. Im Regelfall ist davon auszugehen, dass die ursprünglichen Lizenzvertragsparteien eine marktübliche Vergütung vereinbart haben.[604] Eine gesetzlich vorgesehene Anpassungsmöglichkeit würde erneut zu unüberschaubaren Konflikten zwischen dem Lizenznehmer und dem Insolvenzverwalter über die Marktgerechtigkeit der Lizenzgebühr führen. Daher sollte im Gesamtinteresse auch für die wenigen Ausnahmen, in denen tatsächlich keine marktgerechte Vergütung vereinbart wurde, gleichwohl die vereinbarte Vergütung weitergelten.

Gleichzeitig bleibt die Nutzungsberechtigung des Lizenznehmers bestehen. Sollten die Insolvenzmasse weitere Verpflichtungen, wie beispielsweise Gebührenzahlungen zur Aufrechterhaltung des Schutzrechts, treffen, so erlischt entweder das Nutzungsrecht oder der Lizenznehmer hat die Kosten hierfür zu übernehmen.[605]

Darüber hinaus bestünde weder auf Seiten des Lizenznehmers noch auf der des Insolvenzverwalters bzw. eines zukünftigen Schutzrechtserwerbers eine Unsicherheit bzgl. des Fortbestands des immaterialgüterrechtlichen Nutzungsrechts. Durch den Reformvorschlag sollte genau diese Unsicherheit vermieden werden, um Deutschland als Forschungs- und Wirtschaftsstandort attraktiver zu machen.[606] Daher sollte auch eine eindeutige, leicht handhabbare Regelung, wie sie hier vorgeschlagen wird, verabschiedet werden.

---

[604] Ebenso BDI - Bundesverband der Deutschen Industrie e.V., Stellungnahme zum Gesetzesentwurf zur Verkürzung der Restschuldbefreiung, zur Stärkung der Gläubigerrechte und zur Insolvenzfestigkeit von Lizenzen , S. 3.

[605] Vgl. bereits *Isay*, PatG, § 6 Rn 16 a.E. zur Möglichkeit dem Lizenznehmer die Aufrechterhaltungsgebühren für das Patent aufzuerlegen.

[606] Referentenentwurf des BMJ vom 18. Januar 2012, S. 43.

Die nachfolgende Darstellung beschäftigt sich ergänzend mit der dinglichen Lizenz in der Insolvenz des Lizenzgebers.

G. Gesamtlösung

Um zu einem Konsens zwischen der Entwicklung der immaterialgüterrechtlichen Rechtsprechung und der insolvenzrechtlichen Gesetzgebung zu gelangen, wird im Nachfolgenden die Dinglichkeit der nicht-exklusiven Patentlizenz und deren insolvenzrechtliche Auswirkungen abschließend dargestellt.

I. Die dingliche Erteilung der nicht-exklusiven Patentlizenz als Rechtsabspaltung aus dem Stammrecht

Bereits in der Zeit um das Jahr 1900 wurden Theorien zur dinglichen Einräumung bzw. Übertragung von immaterialgüterrechtlichen Nutzungsrechten aufgestellt.[607] Vorherrschend waren dabei zwei Betrachtungsweisen: zum einen die Einräumung eines Nutzungsrechts durch Vergabe einer Lizenz in Form einer Belastung des Stammrechts und zum anderen die Nutzungsrechtseinräumung durch Übertragung eines Nutzungsrechts in Form einer Abspaltung aus dem Stammrecht. Beide Möglichkeiten sind rechtsdogmatisch vertretbar, wenngleich auch, wie im Nachfolgenden gezeigt wird, die Theorie von der Abspaltung im Ergebnis vorzugswürdig ist.

1) Die Abgrenzung zwischen Belastung des Schutzrechts und Abspaltung aus dem Schutzrecht

V. Thur unterscheidet zwischen dem konstitutiv abgeleiteten und dem translativ abgespaltenem Recht.[608] Sowohl durch Ableitung als auch durch Abspaltung ist die Gewährung eines dinglichen Rechts möglich.[609] Im Rahmen der Ableitung werden dingliche Nutzungsrechte an einem Gegenstand gewährt, die stets vom Fortbestand der Sache abhängig sind.[610] Anders hingegen verhält es sich bei abgespaltenen Rechten. Diese sind in ihrem Bestand eigenständig und unabhängig,

---

[607] *Kohler*, Deutsches Patentrecht systematisch bearbeitet, S. 149 ff.; *Kohler*, Hdb Deutsches Patentrecht, S. 512 ff.; *Aeberhard*, Rechtsnatur und Ausgestaltung der Patentlizenz, S. 28; *Frey*, Die Rechtsnatur der Patentlizenz, S. 51 ff.

[608] *v. Tuhr*, BGB AT II/1, S. 62 ff.; vgl. auch *Klauze*, Urheberrechtliche Nutzungsrechte in der Insolvenz, S. 17 ff.

[609] Vgl. zur Belastung des Stammrechts durch die konstitutive Ableitung eines Nutzungsrechts bereits oben S. 9 ff.

[610] Vgl. auch *Klauze*, Urheberrechtliche Nutzungsrechte in der Insolvenz, S. 17 ff.

da sie vollständig vom Bestand des ursprünglichen Gegenstands abgespalten und abgetrennt wurden.[611]

Überträgt man diese Annahme auf das Patentrecht so wird deutlich, dass allein die konstitutive Abspaltung einen ausreichenden Schutz zu Gunsten des Lizenznehmers bieten kann, ohne gleichzeitig den Patentrechtsinhaber unangemessen in seinen Befugnissen einzuschränken.

Die konstitutive Übertragung eines, aus dem Patentrecht abgespaltenen, Teils gewährt dem Lizenznehmer das Nutzungsrecht unabhängig sowohl vom Fortbestand des Patents, wie auch vom wirtschaftlichen Schicksal des Patentrechtsinhabers.[612] Selbst wenn das Patent erlischt besteht das Nutzungsrecht fort. Demgegenüber bleibt der Lizenznehmer bei Einräumung eines abgeleiteten Rechts stets vom Patent bzw. dessen Inhaber abhängig.

Gleichermaßen ist die Abspaltung eines Teils aus dem Patent nicht weniger vorteilhaft für den Patentrechtsinhaber als die Einräumung eines abgeleiteten Rechts. Beide Übertragungs- bzw. Einräumungsmöglichkeiten schränken den Patentrechtsinhaber in der Ausbeutung seines Schutzrechts gleichermaßen ein. Zwar mag es auf den ersten Blick so aussehen, als ob der Patentrechtsinhaber durch Einräumung eines abgeleiteten Rechts weniger stark belastet ist, was sich jedoch bei näherer Betrachtung als ein Trugschluss herausstellt. Während das abgeleitete Recht zwar vom Fortbestand des Stammrechts abhängig sein mag, so ist es gleichzeitig aber auch vorrangig.[613] Die Befugnisse aus dem Stammrecht sind nicht mehr allumfassend, vielmehr werden sie durch das abgeleitete Recht beschränkt und damit gleichzeitig inhaltlich neu definiert. Damit bietet es dem Patentrechtsinhaber keinerlei Vorteil gegenüber dem abgespaltenen Recht. Auch greift der Einwand, dass dem Patentrechtsinhaber lediglich ein Verfügungsrecht verbleibt, nachdem er ein Benutzungsrecht aus dem Stammrecht abgespalten hat,[614] nicht. Diese generalisierte Ansicht trägt nicht der Vielzahl von Gestal-

---

[611] v. Tuhr, BGB AT II/1, S. 60; vgl. auch Kohler, Deutsches Patentrecht systematisch bearbeitet, S. 150 f.; Kohler, Lehrbuch Patentrecht, S. 185 f.; Klauze, Urheberrechtliche Nutzungsrechte in der Insolvenz, S. 17.

[612] v. Tuhr, BGB AT II/1, S. 60; ebenso Stöckl/Brandi-Dohrn, CR 2011, 553 (556).

[613] v. Tuhr, BGB AT II/1, S. 75.

[614] Aeberhard, Rechtsnatur und Ausgestaltung der Patentlizenz, S. 28.

tungsmöglichkeiten der Lizenzeinräumung Rechnung. Kein Patentrechtsinhaber ist zur Übertragung einer exklusiven Lizenz verpflichtet. Abgesehen davon, mag es für den Patentrechtsinhaber für den Fall, dass er selbst kein Nutzungsinteresse an der Erfindung hat, auch wirtschaftlich vorteilhafter erscheinen, alle in dem Stammrecht verkörperten Nutzungsrechte zu übertragen.

Weiterhin spricht gegen eine Ableitung aus dem Stammrecht, dass nach verbreiteter Ansicht das abgeleitete Recht nach Erlöschen wieder an den Stammrechtsinhaber zurückfließt.[615] Diese Annahme widerspricht nicht nur grundsätzlich der Rechtsnatur der Dinglichkeit sowie dem geltenden Trennungs- und Abstraktionsprinzip,[616] sondern ist auch irreführend. So ist unklar, aus welchem Grund und in welcher Form ein erloschenes Recht wieder zum Schutzrechtsinhaber zurückkehren soll. Wenn und soweit ein Recht erlischt, ist es nicht mehr existent. Daher ist nicht nur unmöglich, dass ein erloschenes Recht zurückfließt, sondern vielmehr überflüssig.

Folglich ist die Methode der Abspaltung aus dem Stammrecht nicht nur vorzugswürdig, sondern einzig logisch konsistent.

2) Die Möglichkeit der unbegrenzten Teilabspaltungen

Gegen die Abspaltung von Teilrechten aus dem Stammrecht mag nun angeführt werden, dass eine dingliche Abspaltung nicht unbegrenzt erfolgen kann, da sonst kein Rest aus dem Stammrecht übrig bliebe. Dem ist im Hinblick auf körperliche Gegenstände zuzustimmen. Diese sind aufgrund ihrer Körperlichkeit lediglich in einem begrenzten Maße nutzbar.

Anders hingegen verhält es sich im Falle von Immaterialgüterrechten. Immaterialgüterrechte sind aufgrund ihrer unkörperlichen Natur weder verbrauchbar, noch sind sie nur in beschränkter Anzahl nutzbar. Vielmehr besteht ein immaterialgüterrechtliches Schutzrecht aus einer gebündelten Vielzahl von Benutzungs- und Ausbeutungsrechten, die der Inhaber grundsätzlich frei, einzeln und quantitativ sowie qualitativ uneingeschränkt übertragen kann.[617]

---

[615] Vgl. für den Ansatz der „gebundenen Übertragung" *Forkel*, NJW 1983, 1764 (1765).

[616] Vgl. zur Geltung des Trennungs- und Abstraktionsprinzips bereits oben S. 149 f. und im Folgenden S. 162 ff.

[617] *Frey*, Die Rechtsnatur der Patentlizenz, S. 51 f.

Selbstverständlich ist es nicht möglich, nach Vergabe einer exklusiven Lizenz weitere Lizenzen zu vergeben, allerdings ändert dies nichts an der grundsätzlichen Unbegrenztheit der nutzungsrechtlichen Teilabspaltungen durch Einräumung nicht-exklusiver Lizenzen.[618]

Nun mag weiterhin argumentiert werden, dass der abgespaltene und übertragene Teil beim Schutzrechtsinhaber erlöschen müsste, da sonst kein dingliches Recht übertragen worden wäre.[619] Wie eben dargestellt ist dies bei Übertragung einer exklusiven Lizenz ohne weiteres der Fall, da dem Patentrechtsinhaber kein Nutzungsrecht verbleibt. Aber auch bei Übertragung einer nicht-exklusiven Lizenz mit dinglicher Wirkung tritt ein Verlust für den Patentrechtsinhaber ein. Andernfalls wäre die Vergabe von nicht-exklusiven Lizenzen mit dinglicher Wirkung eine uneingeschränkte Quelle des Reichtums. Um nachzuvollziehen, welcher Teil des Rechts genau auf der Seite des Patentrechtsinhabers bei Übertragung einer solchen Lizenz erlischt, muss man die Bestandteile der Berechtigung des Patentrechtsinhabers aus dem Schutzrecht einer detaillierteren Betrachtung unterziehen.[620] Erstens existiert das uneingeschränkte Recht das Schutzrecht zu nutzen und dieses auszubeuten.[621] Zweitens besteht das ebenso uneingeschränkte Recht, das Schutzrecht wirtschaftlich zu verwerten.[622] Unstreitig erlöschen bei Vergabe einer exklusiven Lizenz sowohl das Nutzungsrecht, wie auch das Verwertungsrecht des Patentrechtsinhabers. Ebenso denklogisch zwingend geht bei jeder Vergabe einer nicht-exklusiven Lizenz ein weiterer Teil des zu Beginn uneingeschränkt bestandenen Verwertungsrechts unter.[623] Es erlischt das Charakte-

---

[618] So schon *Seligsohn*, PatG, § 6 Rn 6.

[619] *Frey*, Die Rechtsnatur der Patentlizenz, S. 53 f.

[620] Vgl. für eine Übersicht über die Befugnisse des Patentrechtsinhabers *Martius*, Rechtliche Natur der Lizenzerteilung, S. 23.

[621] *Kohler*, Lehrbuch Patentrecht, S. 125; *Graf Ballestrem*, Die Sicherungsübertragung von Patenrechten, Rn 67.

[622] *Kohler*, Lehrbuch Patentrecht, S. 126; *Graf Ballestrem*, Die Sicherungsübertragung von Patenrechten, Rn 70.

[623] Im Ergebnis ebenso *Kraßer*, GRUR Int 1983, 230 (232) zum Verbrauch der Verfügungsmacht, die im Endergebnis nichts anderes als das Verwertungsrecht des Patentinhabers darstellt.

ristikum, auf dem die Verwertung basiert: Der wirtschaftliche Wert des Verwertungsrechts.[624]

3) Die wirtschaftliche Bewertung eines abgespaltenen Teils

Ein weiterer Punkt in der Einräumung eines dinglichen Rechts besteht in der Bestimmbarkeit eines eigenen wirtschaftlichen Werts des dinglichen Rechts. Diese Bestimmung des Werts könnte angesichts der Möglichkeit der unbegrenzten Anzahl von Teilabspaltungen aus Immaterialgüterrechten weitere Probleme aufwerfen. Die Ursache liegt auf der Hand:

Die wirtschaftliche Bewertung eines abgespaltenen Teils hängt stets von der Anzahl der weiteren abgespaltenen Teile ab. Der besondere Wert eines Immaterialgüterrechts besteht in seiner Einzigartigkeit und der sich daraus ergebenden Monopolstellung, auf dieses immaterielle Gut zuzugreifen.[625] Diese Monopolstellung und damit auch der wirtschaftliche Wert des Immaterialgüterrechts werden durch die Vergabe von Nutzungsrechten eingeschränkt bzw. verringert. Je mehr Nutzungsberechtigte existieren, umso geringer wird der Wert des Immaterialgüterrechts, da dadurch die Monopolstellung des Schutzrechtsinhabers geschwächt bzw. sogar vollständig abgeschafft wird. Gleiches gilt ebenfalls für den Wert der jeweiligen Nutzungsrechte, also der abgespaltenen Teile aus dem Schutzrecht. Es existiert folglich kein gleichbleibender Wert, wodurch stets eine Einzelfallbewertung zwingend erforderlich wird. Allerdings ist dies nicht weiter bedenklich. Vielmehr entspricht eine Einzelfallbewertung der ständigen Praxis im Hinblick auf die Bewertung einer Vielzahl von Wirtschaftsgütern.[626]

Ein weiterer Faktor, der die wirtschaftliche Bewertbarkeit der dinglichen Teilabspaltung verkompliziert, besteht stets in der wirtschaftlichen Nutzbarkeit der abgespaltenen Lizenz. Dies ergibt sich bereits aus der Natur der Sache. Damit besteht diese Problematik aber nicht allein im Hinblick auf nicht-exklusive dingliche Nutzungsrechte, sondern ebenso bei exklusiven Nutzungsrechten. Also bei jeglicher Art von Nutzungsrechten. Gleichwohl bestehen auch hierfür anerkann-

---

[624] Ebenso Ebenso *Kohler*, Deutsches Patentrecht systematisch bearbeitet, S. 157.

[625] Vgl. auch *Kohler*, Lehrbuch Patentrecht, S. 125; ebenso zur Monopolstellung oben S. 1 m.w.N.

[626] Vgl. exemplarisch zur Bewertung der urheberrechtlichen Lizenz *Fröhlich/Köchling* in Berger/Wündisch, Hdb Urhebervertragsrecht, § 11.

te und in der Praxis angewandte Methoden, den wirtschaftlichen Wert des jeweiligen Nutzungsrechts zu bestimmen.[627]

Im Ergebnis steht damit auch die wirtschaftliche Bewertbarkeit des abgespaltenen Teils nicht der Einräumung einer nicht-exklusiven Lizenz mit dinglichem Charakter, durch Teilabspaltung aus dem Schutzrecht, entgegen.

II.   Die positive, nicht-exklusive Lizenz als dingliches Recht

Nachdem nun positiv festgestellt wurde, dass die nicht-exklusive Patentlizenz als dingliches Recht übertragen werden kann, sollen im nachfolgenden Abschnitt die letzten verbliebenen dogmatischen Zweifel an der Möglichkeit der Einräumung einer dinglichen, nicht-exklusiven Lizenz ausgeräumt werden.

1)   Nichtanwendbarkeit der bürgerlich-rechtlichen Sachenrechtsgrundsätze

Ein häufig vorgebrachter Einwand gegen die Dinglichkeit von nicht-exklusiven Patentlizenzen basiert darauf, dass eine solche Patentlizenz nicht den bürgerlich-rechtlichen Sachenrechtsgrundsätzen entsprechen würde.[628] Gestützt wird diese Annahme irrtümlicherweise auf die Entscheidung des Bundesgerichtshofs in der Entscheidung *Vorschaubilder*, in der das Gericht festgestellt hat, dass *„[...] die (konkludente) Willenserklärung, mit der der Urheber einem Dritten ein Nutzungsrecht einräumt, den Anforderungen an (dingliche) Verfügungen über Rechte genügen [muss].“*[629] Der Bundesgerichtshof legt mit dieser Aussage lediglich fest, dass die Willenserklärung des Übertragenden den Anforderungen an eine dingliche Verfügung genügen muss, nicht jedoch das übertragene Recht selbst. Dies wird schon allein dadurch deutlich, wenn man den nächsten Satz des Urteils betrachtet:

„Die betreffende Willenserklärung setzt demnach insbesondere voraus, dass unter Berücksichtigung der gesamten Begleitumstände

---

[627] Vgl. vertiefend zur handelsrechtlichen Bewertung von immateriellen Gütern *Köchling*, Die Bedeutung immaterieller Werte im Insolvenzverfahren, S. 71 ff., vgl. beispielsweise für das Patent S. 143 ff.

[628] Vgl. auch *Ganter*, NZI 2011, 833 (839); *Chrociel* in Krause/Veelken/Vieweg, Gedächtnisschrift für Wolfgang Blomeyer, S. 303 (319 f.).

[629] BGH I ZR 69/08, GRUR 2010, 628 (631).

nach dem objektiven Inhalt der Erklärung unzweideutig zum Ausdruck gekommen ist, der Erklärende wolle über sein Urheberrecht in der Weise verfügen, dass er einem Dritten daran ein bestimmtes Nutzungsrecht einräume (vgl. BGH, GRUR 1971, 362 [363] – Kandinsky II, m.w. Nachw.). " [630]

Damit wird klar, dass sich der Bundesgerichtshof allein zu den Anforderungen an die zur Übertragung erforderliche Willenserklärung äußern wollte.

Dass die Sachenrechtsgrundsätze auch im Übrigen weder auf immaterialgüterrechtliche Schutzrechte noch auf Nutzungsrechte vernünftigerweise anwendbar sind, liegt in der unkörperlichen Natur des Geistigen Eigentums begründet. [631]

Der sachenrechtliche Grundsatz der Absolutheit von Rechten, lässt sich – wie bereits an diversen Stellen ausgeführt[632] – wenn überhaupt, nicht ohne Mühe, unter Berücksichtigung der besonderen Eigenschaften von Immaterialgüterrechten, auf diese übertragen. [633] So ist bei einer körperlichen Sache niemals die gleichzeitige Benutzung ohne Beeinträchtigung eines anderen Nutzers möglich, was jedoch bei unkörperlichen Gegenständen ohne weiteres möglich ist. Daher besteht deshalb schon keine zwingende Notwendigkeit zum absoluten Ausschluss anderer Nutzer. Vielmehr besteht ein zwingendes Interesse daran, diese Nutzung gegen Erhalt einer adäquaten Gegenleistung zu fördern. [634]

Ebenso ist höchstrichterlich anerkannt, dass der Grundsatz der Bestimmtheit und Spezialität nur in angepasster Form auf Immaterialgüterrechte angewendet werden kann. [635] Während bei der Übertragung von körperlichen Dingen, diese unverwechselbar und individuell bezeichnet bzw. zumindest nach der All-Formel räumlich klar abgegrenzt sein müssen, gilt im Immaterialgüterrecht ein anderer

---

[630] BGH I ZR 69/08, GRUR 2010, 628 (631).

[631] Vgl. zur Kurzdarstellung der Sachenrechtsgrundsätze oben S. 48 ff.; a.A. *Berger*, Insolvenzschutz für Markenlizenzen, S. 24.

[632] Vgl. oben S. 14 f., 19 f.

[633] Ebenso *Stöckl/Brandi-Dohrn*, CR 2011, 553 (554).

[634] Vgl. oben S. 159 f.

[635] BGH X ZR 42/76, GRUR 1979, 145.

Maßstab.[636] Die Anforderungen an die Bestimmtheit von Schutzrechten und Lizenzen sind weit geringer und lassen sich eher damit beschreiben, dass es Teil der „essentialia negotii" ist, den Vertragsgegenstand in ausreichender Weise zu beschreiben. Von einer sachenrechtlichen Bestimmtheit oder gar Spezialität kann hier indessen nicht die Rede sein. Insbesondere „[...] erfordert [die Übertragung] nicht die [individuelle] Aufzählung sämtlicher Sachen und Rechte, die auf den Erwerber übertragen werden sollen."[637] Vielmehr genügt beispielsweise die Formulierung „sämtliche aktiven Vermögenswerte (welcher Art auch immer, Sachen und Rechte einschließlich aller gewerblichen Schutzrechte und Vertragsrechte, die jetzt bestehen oder in Zukunft entstehen werden)".[638] Eine solche Formulierung würde selbst bei Anwendung der All-Formel den sachenrechtlichen Anforderungen nicht genügen.[639] Da sie aber sogar gemäß der Auffassung des Bundesgerichtshofs augenscheinlich für die Übertragung von Immaterialgüterrechten ausreicht, lässt dies nur einen Schluss zu, nämlich, dass im Rahmen der Übertragung von Immaterialgüterrechten weder Bestimmtheit noch Spezialität im sachenrechtlichen Sinne Beachtung finden.

Gleiches gilt im Ergebnis auch für den Publizitätsgrundsatz.[640] Die Begründung für die Nichtanwendbarkeit des Publizitätsgrundsatzes liegt auf der Hand. Während für die Übertragung körperlicher Gegenstände stets ein Publizitätsakt vorausgesetzt wird, ist dieser im Hinblick auf immaterialgüterrechtliche Nutzungsrechte entweder schlichtweg gar nicht erst möglich bzw. auch überhaupt nicht erforderlich und somit überflüssig. Die Übertragung von Besitz – gleich ob unmittelbar oder mittelbar – erscheint bei einem unkörperlichen Nutzungsrecht bisweilen, aufgrund der Unkörperlichkeit und der darüber hinaus noch fehlenden Verkörperung des Rechts in einer offiziellen Urkunde, unmöglich.[641] Eine weitere Möglichkeit zur offenkundigen Übertragung von dinglichen Rechten besteht im Bereich des Immobiliarsachenrechts anhand der verpflichtenden Eintragung

---

[636] Vgl. oben S. 64 f.

[637] BGH X ZR 42/76, GRUR 1979, 145 (146).

[638] BGH X ZR 42/76, GRUR 1979, 145 (146).

[639] Vgl. zur All-Formel oben S. 64.

[640] Vgl. zum Publizitätsgrundsatz oben S. 64.

[641] Vgl. auch RGZ 17, 53 (54); *Kraßer*, GRUR Int 1983, 537 (540).

der Rechte in das Grundbuch.[642] Dies lässt sich jedoch nicht auf das Patentrecht übertragen. Zwar existiert ein Patentregister, in dem jedes Patent angemeldet und eingetragen werden muss, allerdings besteht weder für die erstmalige Einräumung, noch für die Übertragung von Nutzungsrechten, eine Eintragungspflicht in dieses Register.[643] Dies gilt unabhängig davon, ob es sich um eine exklusive, nicht-exklusive oder nur eine negative Lizenz handelt. Eine Eintragung ist zwar generell möglich, hat allerdings keinerlei konstitutive Wirkung.[644] Folglich kann der Publizitätsgrundsatz im Patentrecht keine Anwendung finden.

Ebenso beansprucht der Numerus Clausus der Sachenrechte[645] keine Geltung im Immaterialgüterrecht.[646] Schon im traditionellen bürgerlichen Recht ist der Numerus Clausus, trotz Kodifizierung der Typen der dinglichen Rechte, durch die Rechtsfortbildung der Rechtsprechung von Erweiterungen und Ausnahmen, wie beispielsweise dem Anwartschaftsrecht oder dem Sicherungseigentum, durchzogen.[647] Im Immaterialgüterrecht besteht bislang keinerlei Kodifizierung der dinglichen Rechte.[648] Weder ist die Rechtsnatur der Schutzrechte noch der Lizenzen an diesen, Gegenstand einer immaterialgüterrechtlichen Regelung. Vielmehr wurde die Rechtsnatur der Immaterialgüterrechte stets von der Rechtsprechung entwickelt und fortgebildet.[649] Dagegen sprechen auch keine Gründe des Verkehrsschutzes. Bislang wurden bei der Schaffung und Entwicklung von immaterialgüterrechtlichen Rechtsfiguren die Belange des Verkehrsschutzes

---

[642] Vgl. auch *Kraßer*, GRUR Int 1983, 537 (540).

[643] *Schäfers* in Benkard, PatG, § 30 Rn 27.

[644] *Knobloch*, Abwehransprüche für den Nehmer einer einfachen Patentlizenz?, Rn 125, 572, 704; *Schäfers* in Benkard, PatG, § 30 Rn 27; so schon *Seligsohn*, PatG, § 6 Rn 3.

[645] Vgl. oben S. 65 f.

[646] Im Ergebnis ebenso *Leßmann*, DB 1987, 145 (153) m.w.N.

[647] Vgl. oben S. 65 f.

[648] *Knobloch*, Abwehransprüche für den Nehmer einer einfachen Patentlizenz?, Rn 544 ff.

[649] Vgl. zur Entwicklung RGZ 75, 400 (405); RGZ 82, 155 (159); RGZ 122, 70 (73 ff.); RGZ 142, 212 (213); BGH KZR 5/81, NJW 1983, 1790; BGH IX ZR 162/04, NJW 2006, 915; BGH I ZR 93/04, GRUR 2007, 877; BGH I ZR 153/06, GRUR 2009, 946; BGH I ZR 69/08, GRUR 2010, 628; LG Mannheim 7 O 100/10, BeckRS 2011, 04156.

stets hinten an gestellt.[650] So steht es den Parteien frei ein Nutzungsrecht beliebiger Ausgestaltung auszutauschen.[651] Ein Beispiel dafür ist die exklusive Lizenz, welche keinem kodifizierten dinglichen Recht exakt entspricht und gleichwohl als dinglich anerkannt ist.[652] Folglich hat ein Typenzwang, wie er das traditionelle Sachenrecht kennzeichnet, im Immaterialgüterrecht nie existiert.

Im Hinblick auf das Trennungs- und Abstraktionsprinzip wurde bislang eine entgegengesetzte Argumentation zur Rechtsnatur der Lizenz geführt. Bezüglich der bislang diskutierten Sachenrechtsgrundsätze wurde stets argumentiert, dass sie auf Immaterialgüterrechte Anwendung finden und die nicht-exklusive Lizenz nicht dinglich sei, weil sie diese Prinzipien nicht vollumfänglich erfüllt. Im Gegensatz dazu wurde im Hinblick auf das Trennungs- und Abstraktionsprinzip verbreitet vertreten, dass es im Immaterialgüterrecht keine Anwendung fände und die Lizenz deshalb nur ein schuldrechtliches Recht sei. Die Grundlage für eine Argumentation gegen die Anwendbarkeit des Trennungs- und Abstraktionsprinzips bildete eine analoge Anwendung des § 9 VerlG.[653] Diese Argumentation ist nicht nur inkonsistent, sondern geht auch fehl. Es besteht kein Anlass § 9 VerlG in Analogie auf das gesamte Immaterialgüterrecht anzuwenden oder unabhängig von dieser Regelung auf das Abstraktionsprinzip im Recht des Geistigen Eigentums zu verzichten. Vielmehr würde es zu Wertungswidersprüchen führen, wenn man zwar die Einräumung eines dinglichen Rechts zulässt, im Gegenzug allerdings das Recht bei Erlöschen des Lizenzvertrags zurückfordern könnte.[654] Dies lässt sich dogmatisch weder nachvollziehen noch widerspruchsfrei begründen.

---

[650] Ebenso *Knobloch*, Abwehransprüche für den Nehmer einer einfachen Patentlizenz?, Rn 698.

[651] *Forkel*, Gebundene Rechtsübertragungen, S. 68.

[652] Vgl. auch *Knobloch*, Abwehransprüche für den Nehmer einer einfachen Patentlizenz?, Rn 698.

[653] Vgl. zum aktuellen Meinungsstand m.w.N. S. 149 ff.

[654] Vgl. auch *Kellenter* in Keller/Plassmann/von Falck, FS für Winfried Tilmann - Zum 65. Geburtstag, S. 807 (817).

Im Ergebnis ist aus oben genannten Gründen festzuhalten, dass das bürgerlich-rechtliche Sachenrechtsverständnis nicht ohne weiteres auf das Immaterialgüterrecht anwendbar ist. Akzeptiert man diesen Umstand besteht auch kein Zwang, die Dinglichkeit der nicht-exklusiven Lizenz abzulehnen, nur weil sie nicht alle Kriterien der Sachenrechtsgrundsätze erfüllt. Dies gilt im Übrigen auch für die exklusive Lizenz, welche gleichwohl als dingliches Recht anerkannt ist.[655] Es bestehen somit keinerlei Gründe, einen solchen argumentativen und dogmatischen Widerspruch aufrechtzuerhalten oder gar zu forcieren. Vielmehr sollte das Augenmerk auf eine kohärente Sichtweise zur Rechtsnatur der Lizenz gelegt werden. Unvertretbar ist zumindest, die Dinglichkeit der Exklusivlizenz anhand der Sachenrechtsgrundsätze zu belegen und die Dinglichkeit der nicht-exklusiven Lizenz damit zu verneinen, während keine der beiden Lizenzarten alle Sachenrechtsgrundsätze erfüllt.[656] Aufgrund dieser Widersprüchlichkeit können die Sachenrechtsgrundsätze – sollten sie überhaupt stringent als anwendbar erachtet werden, was aufgrund der eben ausgeführten Gründe durchaus zweifelhaft erscheint – in jedem Fall nicht gegen die Dinglichkeit der nicht-exklusiven Lizenz angeführt werden.

Und vor allem sind diese Grundsätze nicht zwingend für die Charakterisierung eines dinglichen Rechts nach § 47 S. 1 InsO, wie bereits der Wortlaut der Vorschrift zeigt, der lediglich von Gegenständen spricht.[657]

2) Fortbestand der Möglichkeit eine rein schuldrechtliche Lizenz zu erteilen

Ebenso falsch wäre es allerdings, wiederum in eine Schwarz-Weiß-Sicht zur Rechtsnatur der nicht-exklusiven Patentlizenz zu verfallen. Vielmehr muss sich eine differenzierende Sichtweise zur Charakterisierung der Rechtsnatur der nicht-exklusiven Patentlizenz durchsetzen. Eine pauschalierende Einordung der Lizenz, wie sie in den vergangenen 30 Jahren, seit der Entscheidung des Bundesgerichtshofs in *Verankerungsteil*[658] vorgenommen worden ist, wurde weder

---

[655] a.A. *Daneshzadeh Tabrizi*, Lizenzen in der Insolvenz nach dem Scheitern des § 108a InsO, S. 76.

[656] Vgl. oben S. 13 ff., 27.

[657] Vgl. dazu bereits oben S. 66 ff.

[658] BGH KZR 5/81, NJW 1983, 1790.

der damaligen Entscheidung gerecht,[659] noch ist sie angesichts der heutigen immensen wirtschaftlichen Bedeutung des Immaterialgüterrechts noch tragbar.

Damit wird deutlich, dass die schuldrechtliche Erteilung einer nicht-exklusiven Lizenz selbstverständlich möglich bleibt. Erforderlich ist lediglich eine differenziertere Ausgestaltung und Auslegung des Lizenzvertrags.

a) Regelfall des dinglichen Rechts

Trotz der weiterbestehenden Möglichkeit, eine nicht-exklusive Lizenz mit schuldrechtlicher Wirkung einzuräumen, muss aufgrund der neuesten Rechtsprechung[660] davon ausgegangen werden, dass im Regelfall ein dingliches Recht übertragen wird.

i) Gestaltungsvorschläge zur dinglichen Übertragung einer Lizenz

Um in jedem Fall die dingliche Übertragung einer nicht-exklusiven Lizenz zu gewährleisten, sind gleichwohl verschiedene Kriterien für die Übertragung des Nutzungsrechts zu beachten. Es wurde bereits deutlich, dass im Recht des Geistigen Eigentums andere Merkmale Einfluss auf die Rechtsnatur eines Rechts haben können, als es im traditionellen bürgerlichen Recht der Fall ist.[661] So sind insbesondere die Unwiderruflichkeit und die zeitliche Unbegrenztheit eines Nutzungsrechts Anzeichen für die Dinglichkeit des Rechts.

Im Detail sollten die Lizenzvertragsparteien, wenn sie eine nicht-exklusive Lizenz mit dinglicher Wirkung übertragen möchten, darauf achten, dass keine stets fortwährende Leistungsverpflichtung vereinbart wird. Dies würde leicht dazu führen, dass das Vertragsverhältnis als Dauerschuldverhältnis und damit als „Rechtspacht" eingeordnet wird. Die Folgen im Falle der Insolvenz könnten sich, angesichts des dann anwendbaren Nichterfüllungswahlrechts des Insolvenzverwalters aus § 103 I InsO, als katastrophal herausstellen.[662] Folglich sollte ein einmaliger Leistungsaustausch vereinbart werden. Ob dieser in einer Ein-

---

[659] Vgl. zur Auslegung des Wortlauts der Entscheidung „[...] im Regelfall [...]" S. 99.

[660] BGH IX ZR 162/04, NJW 2006, 915; BGH I ZR 93/04, GRUR 2007, 877; BGH I ZR 153/06, GRUR 2009, 946; BGH I ZR 69/08, GRUR 2010, 628; vgl. für eine eingehendere Darstellung der Rechtsprechung bereits oben S. 99 ff.

[661] Vgl. S. 13 ff.

[662] Vgl. auch LG Mannheim 7 O 127/03, DZWIR 2003, 479.

malzahlung der Lizenzgebühr oder im Austausch von Kreuzlizenzen besteht ist grundsätzlich gleichgültig. Allein entscheidend ist nur, dass ein einmaliger Akt der Rechtseinräumung von statten geht und der Lizenzgeber dem Lizenznehmer das Nutzungsrecht nicht dauerhaft vermitteln muss.[663]

Weiterhin sind die bereits angesprochene Unwiderruflichkeit sowie die zeitliche Unbegrenztheit der Lizenz von Bedeutung. Besonders geeignet und unmissverständlich für die Unwiderruflichkeit des übertragenen Rechts sind Vereinbarungen, die den Fortbestand des Nutzungsrechts – unabhängig von einer Kündigung, einem Rücktritt oder einer sonstigen Beendigung des Vertrags – gewährleisten. Dies würde insbesondere den Insolvenzfall und die Ausübung des Nichterfüllungswahlrechts umfassen, ohne gleichzeitig gemäß § 119 InsO unwirksam zu sein, da die Klausel weder auf den Insolvenzfall, noch auf das Nichterfüllungswahlrecht abzielt.[664] Zwar sollte das Nichterfüllungswahlrecht bei Einräumung einer dinglichen Lizenz keine Rolle spielen, allerdings ist eine doppelte Absicherung im Zweifel nicht von Schaden.[665]

Ebenso sind vertragliche Klauseln relevant, welche die zeitliche Unbegrenztheit des Nutzungsrechts festlegen. Hierfür bietet sich insbesondere an, den Bestand des Nutzungsrechts von der Lebensdauer des Patents abhängig zu machen. Damit wird die zeitliche Dauer auf das Maximum festgeschrieben. Eine solche Regelung bietet den Lizenzvertragsparteien den Vorteil keinem weiteren Abhängigkeitsverhältnis unterliegen zu müssen, sondern flexibel agieren zu können. Im Übrigen entspricht dies auch am ehesten dem traditionellen Konzept der Dinglichkeit, das die Unabhängigkeit des dinglichen Rechts vom Fortbestand des zugrunde liegenden Vertrags fordert.

Mit Hilfe dieser Gestaltungsmöglichkeiten sollte es den Lizenzvertragsparteien angesichts der aktuellen Rechtsprechung möglich sein, eine nicht-exklusive Lizenz mit dinglicher Wirkung zu übertragen, die damit auch vom Insolvenzfall des Lizenzgebers unbeeinträchtigt bleibt.

---

[663] Vgl. auch BGH I ZR 153/06, GRUR 2009, 946 (948).

[664] BGH IX ZR 162/04, NJW 2006, 915 (917); ebenso bereits oben zur insolvenzunabhängigen Lösungsklausel S. 121.

[665] Vgl. zur Notwendigkeit im Einzelfall einer solchen doppelten Absicherung und der vollständigen Einräumung des Nutzungsrechts LG Mannheim 7 O 127/03, DZWIR 2003, 479.

ii) Vermutung zu Gunsten der dinglichen Natur

Unabhängig von den bereits dargestellten vertraglichen Gestaltungsmöglichkeiten zur Übertragung einer nicht-exklusiven Lizenz mit dinglicher Wirkung und der auf diese Vermutung hindeuteten Rechtsprechung, soll im nachfolgenden Abschnitt abschließend dargestellt werden, dass eine Vermutung zu Gunsten der dinglichen Natur der nicht-exklusiven Lizenz tatsächlich tragfähig und aus insolvenzrechtlicher Sicht sogar wünschenswert ist.

Bis dato vertrat die herrschende Meinung in der juristischen Literatur die Auffassung, dass die Einräumung von nicht-exklusiven Patentlizenzen stets schuldrechtlicher Natur sein müsse.[666] Angesichts der aktuellen Entwicklungen in der Rechtsprechung und der verheerenden ökonomischen Auswirkungen dieser Annahme in der Insolvenz des Lizenzgebers, muss diese Annahme jedoch revidiert werden.[667] Die Rechtsprechung des Bundesgerichthofs zeigt, dass die nicht-exklusive Lizenz mit dinglicher Wirkung breite Anerkennung im Immaterialgüterrecht erfährt. Darauf müssen sowohl die juristische Literatur wie auch die Vertragspraxis reagieren. Angesichts dieser Entwicklungen ist nunmehr grundsätzlich von einer Vermutung zu Gunsten der dinglichen Wirkung der positiven nicht-exklusiven Lizenz auszugehen.

Diese grundsätzliche Vermutung stellt einen wichtigen Schritt in Richtung Insolvenzfestigkeit der nicht-exklusiven Lizenz dar, da durch sie auch die Arbeit der insolvenzrechtlichen Praxis wesentlich vereinfacht wird. Das Insolvenzrecht ist stets auf Charakterisierungen und Rechtsfiguren außerhalb des eigenen Rechtsgebiets angewiesen.[668] Bestünde nun eine Vermutung zu Gunsten der dinglichen Natur eines Rechts, so wäre dies für das Insolvenzrecht leichter handhabbar und würde die Anwendung deutlich vereinfachen.

Gleichwohl bleibt, wie bereits angedeutet, auch die Möglichkeit der schuldrechtlichen Einräumung einer Lizenz weiterbestehen.[669]

---

[666] Statt vieler *Ganter*, NZI 2011, 833; *Wündisch/Bauer*, GRUR Int 2010, 641.

[667] Vgl. zur Rechtslage vor zehn Jahren *Seemann*, Der Lizenzvertrag in der Insolvenz, S. 110 ff.

[668] Vgl. beispielhaft § 47 S. 2 InsO.

[669] Vgl. oben S. 167 f.

b) Vorschläge zur vertraglichen Ausgestaltung der Gewährung einer schuldrechtlichen Lizenz

Zur Erteilung einer rein schuldrechtlichen Lizenz bestehen auch weiterhin zwei Alternativen. Zum einen steht es den Parteien offen eine negative Lizenz[670] zu vereinbaren. Zum anderen kann auch eine positive nicht-exklusive Lizenz mit rein schuldrechtlicher Wirkung gewährt werden.

Der erste Fall stellt keine weiteren Probleme hinsichtlich der Rechtsnatur der Lizenz dar, da es sich lediglich um einen vertraglich vereinbarten Verzicht der Geltendmachung von Abwehrrechten ohne Einräumung eines positiven Nutzungsrechts handelt. Eine dingliche Übertragung ist mangels Rechtseinräumung somit von vorneherein ausgeschlossen.

Im zweiten Fall hingegen sollte auf eine saubere vertragliche Ausgestaltung der Lizenzeinräumung geachtet werden. Wenn sich die Lizenzvertragsparteien darüber einig sind, dass die Lizenz lediglich rein schuldrechtliche Wirkung haben soll, müssen sie sich ebenfalls darüber im Klaren sein, dass dies zu einem Untergang der Lizenz in der Insolvenz des Lizenzgebers führt, wenn und soweit § 108a InsO-E[671] nicht verabschiedet wird. Besteht hierüber Einigkeit zwischen den Lizenzvertragsparteien, so sollten insbesondere Formulierungen vermieden werden, die auf einen einmaligen und abgeschlossenen Übertragungsakt des lizenzvertraglichen Nutzungsrechts abstellen. Vielmehr sollte eine Orientierung an der traditionellen Vereinbarung einer „Rechtspacht" erfolgen. Dementsprechend sollten die Parteien eine andauernde Verpflichtung zur Zahlung von Lizenzgebühren vereinbaren. Ebenso sollte auch im Rahmen der Lizenzgewährung eine andauernde Pflicht des Lizenzgebers zur Aufrechterhaltung des Schutzrechts, sowie zur ständigen Vermittlung der Lizenz vereinbart werden.[672] Folglich ist es nicht empfehlenswert, die Gewährung der Lizenz schlichtweg an die Lebensdauer des Patents zu knüpfen. Dies würde zum einen bedeuten, dass zumindest der Lizenzgeber nicht notwendigerweise zur Aufrechterhaltung des Patents verpflichtet ist und ihn damit keine Dauerleistungspflicht trifft. Zum ande-

---

[670] Vgl. zum Begriff der negativen Lizenz oben S. 9 f.

[671] Vgl. hierzu ausführlich S. 135 ff.

[672] Vgl. zum Kriterium der ständigen Vermittlung auch BGH I ZR 153/06, GRUR 2009, 946 (948).

ren würde dies auf eine Unwiderruflichkeit der Lizenz hindeuten, was wiederum für eine dingliche Natur des Nutzungsrechts sprechen würde.[673] Solche Irritationen gilt es aus Gründen der Rechtssicherheit zu vermeiden.

Wird von den Lizenzvertragsparteien der grundsätzliche Unterschied zwischen einem einmaligen Akt der Rechtseinräumung und der Lizenzgewährung im Dauerschuldverhältnis beachtet, so steht der Einräumung einer positiven nicht-exklusiven Lizenz mit rein schuldrechtlichem Charakter nichts entgegen.

c) Besondere Anforderungen an die Auslegung bereits bestehender Lizenzverträge

Ein weiterer Punkt, der in der Vertragspraxis zu beachten ist, liegt in der Auslegung bereits bestehender nicht-exklusiver Lizenzverträge über die Einräumung eines positiven Benutzungsrechts. Anders als bei der Neugestaltung von Verträgen kann hier das Problem entstehen, dass in dem jeweiligen Lizenzvertrag beide Arten von Ausgestaltungsformen – sowohl schuldrechtliche als auch dingliche – verwirklicht sind.

Zwar mag sich auf den ersten Blick die Frage stellen, wie es dazu kommen kann, dass der Vertrag in beide Richtungen zeigt. Allerdings ist dieser Umstand angesichts der rasanten Entwicklung im Lizenzvertragsrecht sowie im Immaterialgüterrecht allgemein, ebenso wie im Zusammenspiel mit dem Insolvenzrecht, wenig überraschend. Bis vor zehn Jahren war die Problematik einer dinglichen bzw. schuldrechtlichen Lizenz in der Insolvenz beinahe gänzlich unbekannt.[674] Gleich welche Rechtsnatur eine Lizenz hatte, wurde sie gemäß § 21 KO in der Insolvenz des Lizenzgebers geschützt.[675] Ebenso bestand auch im Immaterialgüterrecht bislang kein eigenständiges Bedürfnis die Rechtsnatur eines nicht-exklusiven Benutzungsrechts bindend festzulegen. Aufgrund dieser Tatsachen entstanden die heute weit verbreiteten, sozusagen „gemischten" Lizenzverträge, die sowohl Elemente für eine dingliche Einräumung wie auch eine schuldrechtliche Gewährung der Lizenz beinhalten. Gleichwohl ist eine Entscheidung zwischen dinglicher und schuldrechtlicher Natur der eingeräumten Nutzungsrechte

---

[673] Vgl. zur Unwiderruflichkeit der Lizenz oben S. 16 f., 19 f.

[674] Vgl. zur Öffentlichkeitswirkung der Insolvenz der Kirch-Gruppe auch oben S. 1 f.

[675] Vgl. oben S. 85 ff.

zwingend notwendig, da die deutsche Rechtsordnung kein gemischt schuldrecht-lich-dingliches Recht kennt.[676]

Um eine solche abschließende Entscheidung zur Rechtsnatur der eingeräumten Nutzungsrechte treffen zu können, sollte bei der Auslegung, ob es sich um eine dingliche Einräumung oder eine rein schuldrechtliche Gewährung im Rahmen solcher „Altverträge" handelt, besonders darauf geachtet werden, welche Merk-male überwiegen und was dem Willen der Vertragsparteien entsprechen würde. So sind beispielsweise die Vereinbarung andauernder Leistungspflichten oder eines einmaligen Einräumungsakts relativ eindeutig. Anders verhält es sich hin-gegen bei Kriterien wie beispielsweise der Unwiderruflichkeit. Bei solchen muss dem Willen der Parteien Vorrang eingeräumt werden. Freilich lässt sich dieser hypothetische Wille später zumeist nur schwer bestimmen, allerdings ist es den-noch in einer Vielzahl von Fällen möglich, unter Zuhilfenahme aller Verhand-lungs- und Vertragsdokumente, festzustellen, ob die Lizenzvertragsparteien eine schuldrechtliche oder eine dingliche Lizenz vereinbaren wollten.

Gleichwohl besteht bei der Bewertung solcher „Altverträge" eine große Unsi-cherheit im Insolvenzfall.

III. Insolvenzrechtliche Bewertung der dinglichen Wirkung der nicht-exklusiven Patentlizenz

Nachdem in den bisherigen Ausführungen positiv festgestellt wurde, dass die Übertragung einer nicht-exklusiven Patentlizenz mit dinglichem Charakter so-wohl dogmatisch als auch vertraglich möglich ist, wird im Nachfolgenden eine abschließende Bewertung dieses Umstands aus insolvenzrechtlicher Sicht vor-genommen.

Da die exklusive Lizenz seit jeher als dingliches oder zumindest quasi-dingliches Recht anerkannt wird und dem Lizenznehmer damit ein Aussonde-rungsrecht in der Insolvenz seines Lizenzgebers gemäß § 47 S. 1 Alt. 1 InsO gewährt,[677] bleibt der Status Quo der exklusiven Patentlizenz von der hier vor-genommenen Betrachtung unberührt.

---

[676] *Stöckl/Brandi-Dohrn*, CR 2011, 553.

[677] Vgl. statt vieler *Ullmann*, MittdtPatA 2008, 49 (51 f.).

Folglich muss lediglich die Insolvenzfestigkeit der nicht-exklusiven Patentlizenz neu evaluiert werden.

Wurde eine nicht-exklusive Patentlizenz mit dinglicher Wirkung eingeräumt, so gewährt diese – ebenso wie die exklusive Lizenz – dem Lizenznehmer ein Aussonderungsrecht gemäß § 47 S. 1 Alt. 1 InsO. Dies verstößt weder gegen den Grundsatz der Gläubigergleichbehandlung, noch gegen die besonderen Rechte des Insolvenzverwalters, wie beispielsweise das Nichterfüllungswahlrecht.

Ein Verstoß gegen den Grundsatz der Gläubigergleichbehandlung ist schon allein deshalb denklogisch ausgeschlossen, weil der Lizenznehmer kein Insolvenzgläubiger ist, der in irgendeiner denkbaren Weise eine vorteilhafte Behandlung genießen würde, sondern ein Aussonderungsberechtigter, deren Gruppe anerkanntermaßen nicht zu den Insolvenzgläubigern zählt.[678] Der Inhaber einer dinglichen Lizenz macht lediglich sein ihm übertragenes dingliches Recht gegenüber der Masse geltend. Allein die Tatsache, dass es sich bei einem dinglich übertragenen Recht nicht um einen Teil der Insolvenzmasse handelt, schließt einen Verstoß gegen den Grundsatz der Gläubigergleichbehandlung aus.[679] Dieser Grundsatz besagt lediglich, dass alle Insolvenzgläubiger gleichermaßen aus der Insolvenzmasse befriedigt werden sollen,[680] nicht jedoch, dass massefremde Rechte, wie auch das dingliche Nutzungsrecht,[681] zum Zwecke der Befriedigung der Insolvenzgläubiger zur Insolvenzmasse gezogen werden sollen. Eine solche Vorgehensweise entspricht weder dem Grundsatz der Gläubigergleichbehandlung noch der grundgesetzlich vorgegebenen Eigentumsordnung.

Dementsprechend wird der Grundsatz der Gläubigergleichbehandlung, durch die Aussonderung einer nicht-exklusiven Lizenz mit dinglicher Wirkung, nicht durchbrochen.

---

[678] Vgl. dazu vertiefend oben S. 39 f.

[679] Vgl. zur Zusammensetzung der Insolvenzmasse oben S. 61.

[680] Vgl. dazu bereits S. 39 f.

[681] Zur dinglichen Lizenz allgemein *Kellenter* in Keller/Plassmann/von Falck, FS für Winfried Tilmann - Zum 65. Geburtstag, S. 807 (818).

Die vielfach vorgebrachten Einwände,[682] dass nicht der für Insolvenzsachen zuständige IX. Senat des Bundesgerichtshofs über die Rechtsnatur der immaterialgüterrechtlichen Lizenzen entschieden hat[683] bzw. dass die Entscheidungen nicht im Zusammenhang mit dem Insolvenzrecht ergangen wären oder auch dass eine solche dingliche Charakterisierung nicht für das Insolvenzrecht gelten mag, sind zumeist unbegründet und teilweise sogar unrichtig. So ist erneut klarzustellen, dass das Insolvenzrecht im Rahmen von § 47 S. 2 InsO eine klare Entscheidung dazu getroffen hat, dass die Charakterisierung eines Rechts außerhalb des Insolvenzrechts – also im vorliegenden Fall durch das Immaterialgüterrecht – vorgenommen wird.[684] Eine solche Entscheidung, die sogar Eingang in den Wortlaut der Gesetzesvorschrift gefunden hat, kann nicht einfach ignoriert werden. Vor allem kann sie nicht je nach Bedarf ignoriert werden.

Die Entscheidung des Bundesgerichtshofs in *Verankerungsteil* und die dort getroffene Charakterisierung der nicht-exklusiven Patentlizenz[685] wurde allgemein anerkannt und im Insolvenzrecht angewandt.[686] Beachtenswert ist allerdings, dass auch diese Entscheidung nicht von dem für Insolvenzsachen zuständigen IX. Senat des Bundesgerichtshofs getroffen wurde, sondern durch den Kartellsenat des Bundesgerichtshofs. Gleichwohl wurde bislang nie die Anwendbarkeit der – vom Kartellsenat getroffenen – Charakterisierung der nicht-exklusiven Patentlizenz auf das Insolvenzrecht in Frage gestellt. Warum hingegen an der Anwendbarkeit der Entscheidungen des I. Senats des Bundesgerichtshofs oder an jener des LG Mannheims gezweifelt bzw. diese sogar abgelehnt wird, stößt vor diesem Hintergrund auf Unverständnis.

---

[682] *Dieselhorst*, CR 2010, 69 (74 f.); *Ganter*, NZI 2011, 833 (835); *Adolphsen/Daneshzadeh Tabrizi*, GRUR 2011, 384 (390); *Slopek*, WRP 2010, 616 (617).

[683] Vgl. BGH I ZR 93/04, GRUR 2007, 877; BGH I ZR 153/06, GRUR 2009, 946; BGH I ZR 69/08, GRUR 2010, 628; LG Mannheim 7 O 100/10, BeckRS 2011, 04156 als Entscheidungen zur Rechtsnatur der Lizenz.

[684] Ebenso *Esser*, Urheberrechtliche Lizenzen in der Insolvenz, S. 45; *Brinkmann* in Uhlenbruck/Hirte/Vallender, InsO, § 47 Rn 3.

[685] BGH KZR 5/81, NJW 1983, 1790.

[686] *Dieselhorst*, CR 2010, 69 (72); *Ganter*, NZI 2011, 833 (834 f.).

Darüber hinaus wiegt noch schwerer, dass sogar eine der Entscheidungen des I. Senats des Bundesgerichtshofs, nämlich *Reifen Progressiv*, tatsächlich in Zusammenhang mit einem Insolvenzverfahren ergangen ist.[687]

Abgesehen davon verstößt weder die dingliche Charakterisierung der nicht-exklusiven Patentlizenz, noch das damit einhergehende Aussonderungsrecht gegen das Nichterfüllungswahlrecht des Insolvenzverwalters. Wie bereits eingangs erörtert, stehen die Vorschriften der § 47 und § 103 InsO insoweit in einem Exklusivitätsverhältnis.[688] Folglich fällt das dingliche Recht nicht in den Anwendungsbereich des § 103 I InsO. Eine Verletzung des Nichterfüllungswahlrechts ist somit von vornherein ausgeschlossen.

Abschließend ist festzuhalten, dass keine fundierten Bedenken gegen die Insolvenzfestigkeit der nicht-exklusiven Patentlizenz mit dinglichem Charakter im Wege der Aussonderung erkennbar sind.

Gleichwohl ist weiterhin die Insolvenzfestigkeit der nicht-exklusiven Patentlizenz mit rein schuldrechtlicher Wirkung nicht abschließend geklärt. Da trotz der bislang vorgebrachten Lösungsmodelle der juristischen Literatur nach wie vor kein allgemein verlässlicher Lösungsweg aufgezeigt wurde, der den Vertragsparteien ausreichend Rechtssicherheit und gleichzeitig dem Lizenznehmer einen angemessenen Schutz bieten würde,[689] hängt die Insolvenzfestigkeit der schuldrechtlichen Lizenz von der Fassung und der Verabschiedung des § 108a InsO-E ab. Wie bereits aufgezeigt, kann der bislang vorliegende Referentenentwurf weder die notwendige Rechtsicherheit, noch den erforderlichen Schutz des Lizenznehmers gewährleisten.[690] Aus diesem Grund wurde in der vorliegenden Arbeit ein einfacher, aber funktionierender Regelungsvorschlag unterbreitet.[691]

---

[687] BGH I ZR 153/06, GRUR 2009, 946; vgl. auch oben S. 105 f. und die Vorinstanzen LG Köln 28 O 349/05 und OLG Köln 6 U 224/05, GRUR-RR 2007, 33.

[688] Vgl. oben S. 59 ff.

[689] Vgl. oben S. 131.

[690] Vgl. oben S. 145 ff.

[691] Vgl. oben S. 152.

H. Zusammenfassung der Ergebnisse

Im Laufe dieser Arbeit hat sich gezeigt, dass sowohl im Bereich der Insolvenzfestigkeit von nicht-exklusiven Patentlizenzen als auch von immaterialgüterrechtlichen Lizenzen im Allgemeinen nicht nur erheblicher Klärungsbedarf, sondern ebenso eine dringende Notwendigkeit für die Aufgeschlossenheit gegenüber neuen Rechtsinstituten besteht.

Historisch war jegliche Art von Lizenz in der Insolvenz des Lizenzgebers durch die analoge Anwendung des § 21 KO geschützt. Nach Inkrafttreten der Insolvenzordnung im Jahr 1999 wurde dieser Schutz durch die Neufassung der Vorschrift in § 108 InsO abgeschafft. Die daraufhin entwickelten Lösungsansätze der juristischen Literatur brachten nur wenig Rechtssicherheit und Schutz für den Lizenznehmer. Ebenso spiegelten sie auch nicht stets die Interessen des Lizenzgebers wider. So wurde durch diese Lösungsvorschläge kein hinreichender Schutz in der Insolvenz geschaffen.

Gleichwohl war seit Einführung der Insolvenzordnung klar, dass es nicht der Intention des Gesetzgebers entsprach, Lizenznehmern den Schutz in der Insolvenz zu entziehen. Trotzdem ist ein Schutz des Lizenznehmers, mangels vergleichbarer Interessenlage, nicht über eine analoge Anwendung der Vorschrift des § 108 InsO möglich.

Zur Lizenz ist zusammenfassend festzuhalten, dass es sich bei immaterialgüterrechtlichen Nutzungsrechten nicht um statische Rechtsfiguren handelt, die stets genau definiert und abgegrenzt sind. Vielmehr wurde in der vorliegenden Arbeit offensichtlich, dass die Ausgestaltung, die Definition, der Inhalt und die Rechtsnatur der Lizenz der ständigen Fortentwicklung durch die juristische Literatur, die Rechtsprechung und am Ende auch der Gesetzgebung unterliegen. Diesem natürlichen Wandel in Richtung Dinglichkeit versperrt sich aktuell ein großer Teil der insolvenzrechtlichen Fachliteratur. Es wäre wünschenswert, wenn auch den Vorteilen, die sich aus dieser Veränderung und dem damit einhergehenden Fortschritt ergeben, mehr Offenheit entgegengebracht werden würde.

Im Sinne dieser Offenheit wird von der heutigen Rechtsprechung ein klarer Weg zur Insolvenzfestigkeit von nicht-exklusiven Lizenzen aufgezeigt. Die Rechtsprechung nimmt an, dass auch nicht-exklusive Lizenzen dingliche Wirkung haben können. Dadurch würden sie in den Anwendungsbereich des § 47 S. 1

Alt. 1 InsO fallen und dem Lizenznehmer in der Insolvenz des Lizenzgebers ein Aussonderungsrecht geben. Die gegen diese Charakterisierung vorgebrachten Einwände und Argumente greifen aus mannigfaltigen Gründen nicht. Zum einen sind die traditionellen bürgerlich-rechtlichen Grundsätze zum Sachenrecht nicht generell auf Immaterialgüterrechte anwendbar, da schon allein die unkörperliche Natur des Geistigen Eigentums eine Anwendung denkbar schwierig gestaltet. Zum anderen würde selbst eine Anwendung dieser Grundsätze die Dinglichkeit der Lizenz nicht ausschließen. Bislang wurde die Dinglichkeit der nicht-exklusiven Lizenz mit dem Argument verneint, dass der einfache Lizenznehmer kein Ausschließungsrecht gegenüber jedermann hat, sondern weitere Lizenznehmer neben sich dulden muss. Dies ist ebenso der Fall bei mehreren Miteigentümern wie auch bei mehreren Nießbrauchsberechtigten nebeneinander. Gleichwohl würde niemand die Dinglichkeit der zwei zuletzt genannten Rechte in Zweifel ziehen. Gleiches sollte auch für die nicht-exklusive Lizenz gelten.

Abgesehen von der nicht-exklusiven Lizenz mit dinglicher Wirkung muss auch die nicht-exklusive Lizenz mit lediglich schuldrechtlicher Wirkung einen Schutz in der Insolvenz des Lizenzgebers erfahren. Der Gesetzgeber hat zu diesem Zweck eine Neufassung des § 108a InsO-E vorgeschlagen. Unglücklicherweise sind sowohl der Anwendungsbereich der Norm, wie auch deren Durchführung undurchsichtig und überaus komplex geraten. Um trotzdem einen verlässlichen und gleichzeitig einfachen Schutz in der Insolvenz zu erlangen, sollte eine Regelung geschaffen werden, welche die Lizenz in der Insolvenz des Lizenzgebers fortbestehen lässt und trotzdem gleichzeitig die Masse von jeglicher aktiver Verpflichtung zur Erfüllung entbindet.

Nur so kann ein kohärenter Schutz in der Insolvenz für alle Arten von Lizenzen – gleich ob exklusiv oder nicht-exklusiv, positiv oder negativ, dinglich oder schuldrechtlich – geschaffen werden.

Abkürzungsverzeichnis

a.A.	andere Ansicht
a.E.	am Ende
AG	Amtsgericht
Alt.	Alternative
Art	Artikel
AT	Allgemeiner Teil
BeckRS	Beck-Rechtsprechung
BGB	Bürgerliches Gesetzbuch
BGBl.	Bundesgesetzblatt
BGH	Bundesgerichtshof
BMJ	Bundesministerium der Justiz
BR-Drs.	Bundesratsdrucksachen
BT-Drs.	Bundestagsdrucksachen
BVerfG	Bundesverfassungsgericht
bzgl.	bezüglich
bzw.	beziehungsweise
CR	Computer und Recht
DB	Der Betrieb
DStR	Deutsches Steuerrecht
DtZ	Deutsch-Deutsche Rechts-Zeitschrift
DZWIR	Deutsche Zeitschrift für Wirtschafts- und Insolvenzrecht
ESUG	Gesetz zur weiteren Erleichterung der Sanierung von Unternehmen
EDV	Elektronische Datenverarbeitung
f.	folgender

FD-GewRS	Fachdienst Gewerblicher Rechtsschutz
ff.	Folgende
Fn	Fußnote
FS	Festschrift
GRUR	Gewerblicher Rechtsschutz und Urheberrecht
GRUR Int	Gewerblicher Rechtsschutz und Urheberrecht Internationaler Teil
GRUR-Prax	Gewerblicher Rechtsschutz und Urheberrecht
	Praxis im Immaterialgüter- und Wettbewerbsrecht
GRUR-RR	Gewerblicher Rechtsschutz und Urheberrecht Rechtsprechungs-Report
GWR	Gesellschafts- und Wirtschaftsrecht
h.M.	herrschende Meinung
Hdb	Handbuch
HK	Handkommentar
Inc.	Incorporated
Int.	International
ITRB	Der IT-Rechts-Berater
i.V.m.	in Verbindung mit
IDW	Institut der Wirtschaftsprüfer in Deutschland e.V.
InsO	Insolvenzordnung
Kap.	Kapitel
KO	Konkursordnung
KTS	Zeitschrift für Insolvenzrecht Konkurs, Treuhand, Sanierung

LG	Landgericht
LMK	beck-fachdienst Zivilrecht
m.w.N.	mit weiteren Nachweisen
MarkenG	Markengesetz
MittdtPatA	Mitteilungen der deutschen Patentanwälte
MüKo	Münchener Kommentar
NJW	Neue Juristische Wochenschrift
NJW-RR	Neue Juristische Wochenschrift Rechtsprechungs-Report Zivilrecht
NJW-Spezial	Neue Juristische Wochenschrift Spezial
Nr.	Nummer
NZG	Neue Zeitschrift für Gesellschaftsrecht
NZI	Neue Zeitschrift für das Recht der Insolvenz und Sanierung
OK	Online-Kommentar
OLG	Oberlandesgericht
PatG	Patentgesetz
PS	Prüfungsstandard
Reg-E	Regierungsentwurf
RGBl.	Reichsgesetzblatt
RGZ	Entscheidungssammlung der Entscheidungen des Reichsgerichts in Zivilsachen
Rn	Randnummer
S.	Seite
Sec.	Section
u.a.	unter anderem
u.U.	unter Umständen
UrhG	Urhebergesetz

UrhR	Urheberrecht
US	United States
USA	United States of America
v.	von
VerlG	Verlagsgesetz
VerlR	Verlagsrecht
vgl.	Vergleiche
Vorb.	Vorbemerkung
WM	WERTPAPIER-MITTEILUNGEN Zeitschrift für Wirtschafts- und Bankrecht
WRP	Wettbewerb in Recht und Praxis
ZGB	Zivilgesetzbuch
ZGE	Zeitschrift für Geistiges Eigentum
ZInsO	Zeitschrift für das gesamte Insolvenzrecht
ZIP	Zeitschrift für Wirtschaftsrecht
ZPO	Zivilprozessordnung
ZUM	Zeitschrift für Urheber- und Medienrecht
ZUM-RD	Zeitschrift für Urheber- und Medienrecht – Rechtsprechungsdienst
ZZP	Zeitschrift für Zivilprozeß

Literaturverzeichnis

Abel, Paul Dr.

Filmlizenzen in der Insolvenz des Lizenzgebers und Lizenznehmers, In: NZI 2003, 121.

Adolphsen, Jens Prof. Dr.

Die Insolvenz im Filmlizenzgeschäft, In: DZWIR 2003, 228.

Adolphsen, Jens Prof. Dr./
Daneshzadeh Tabrizi,
Mahdi

Zur Fortwirkung zurückgerufener Nutzungsrechte, In: GRUR 2011, 384.

Aeberhard, Marcel

Rechtsnatur und Ausgestaltung der Patentlizenz im deutschen, französischen und schweizerischen Recht, Bern, 1952.
zitiert: Rechtsnatur und Ausgestaltung der Patentlizenz

Ampferl, Hubert Dr.

Der "starke" vorläufige Insolvenzverwalter in der Unternehmensinsolvenz, Köln, 2002.
zitiert: Der "starke" vorläufige Insolvenzverwalter

ders.

In: *Beck, Siegfried Dr./Depré, Peter*, Praxis der Insolvenz, 2. Aufl., Nürnberg; Mannheim, 2010.
zitiert: *Bearbeiter* in Beck/Depré, Praxis der Insolvenz

Andres, Dirk Dr.

In: *Andres, Dirk Dr./Leithaus, Rolf Dr.*, Insolvenzordnung - Kommentar, 2. Aufl., Düsseldorf; Köln; München, 2011.
zitiert: *Bearbeiter* in Andres/Leithaus, InsO

ders. In: *Nerlich, Jörg Dr./Römermann, Volker Dr.,* Insolvenzordnung - Kommentar, Düsseldorf; Hannover; München, 2011.
zitiert: *Bearbeiter* in Nerlich/Römermann, InsO

Apel, Claudia Herausgabeansprüche im bürgerlichrechtlichen und insolvenzrechtlichen Haftungssystem - Inhalt und Insolvenzfestigkeit bürgerlichrechtlicher Ansprüche auf Herausgabe von Sachen -, Altenburg, 2011.
zitiert: Herausgabeansprüche im bürgerlichrechtlichen und insolvenzrechtlichen Haftungssystem

Armillotta, Monica Technology Pooling License Agreements: Promoting Patent Access Through Collaborative IP Mechanisms, Baden-Baden, 2010.
zitiert: Technology Pooling License Agreements

Bartenbach, Britta Die Patentlizenz als negative Lizenz, Köln, 2002.

Bauer, Joachim Ungleichbehandlung der Gläubiger im geltenden Insolvenzrecht, Berlin; Kiel, 2007.
zitiert: Ungleichbehandlung der Gläubiger

Bäuerle, Elke In: *Braun, Eberhard,* Insolvenzordnung - Kommentar, 4. Aufl., Achern, 2010.
zitiert: *Bearbeiter* in Braun, InsO

Baur, Jürgen F. Prof. Dr./ Sachenrecht, 18. Aufl., München, 2009.
Stürner, Rolf Prof. Dr. zitiert: Sachrenrecht

Bausch, Rainer Dr.	Patentlizenz und Insolvenz des Lizenzgebers, In: NZI 2005, 289.
Beck, Siegfried Dr.	In: *Beck, Siegfried Dr./Depré, Peter*, Praxis der Insolvenz, 2. Aufl., Nürnberg; Mannheim, 2010. zitiert: *Bearbeiter* in Beck/Depré, Praxis der Insolvenz
Becker, Udo	In: *Musielak, Hans-Joachim Prof. Dr.*, Kommentar zur Zivilprozessordnung mit Gerichtsverfahrensgesetz, 9. Aufl., Passau, 2012. zitiert: *Bearbeiter* in Musielak, ZPO
Berger, Christian Prof. Dr.	Der BGH auf dem Wege zur Anerkennung der Insolvenzfestigkeit von Softwarelizenzen, In: NZI 2006, 380.
ders.	Der Lizenzsicherungsnießbrauch - Lizenzerhaltung in der Insolvenz des Lizenzgebers, In: GRUR 2004, 20.
ders.	Auf dem Weg zur Insolvenzfestigkeit von Lizenzen - Kritik und Alternativen zum Regierungsentwurf eines neuen § 108a InsO, In: ZInsO 2007, 1142.
ders.	In: *Berger, Christian Prof. Dr./Wündisch, Christian Dr.*, Urhebervertragsrecht - Handbuch, 1. Aufl., Leipzig; Dresden, 2008. zitiert: *Bearbeiter* in Berger/Wündisch, Hdb Urhebervertragsrecht
Berger, Lucina	Insolvenzschutz für Markenlizenzen, Tübingen, 2006.
Bork, Reinhard Prof. Dr.	Die Doppeltreuhand in der Insolvenz, In: NZI 1999, 337.

Literatur

Brinkmann, Moritz Dr.	In: *Uhlenbruck, Wilhelm Prof. Dr./Hirte, Heribert Prof. Dr./Vallender, Heinz Prof. Dr.*, Insolvenzordnung - Kommentar, 13. Aufl., Köln; Hamburg, 2010. zitiert: *Bearbeiter* in Uhlenbruck/Hirte/Vallender, InsO
Bühling, Jochen	Die Markenlizenz im Rechtsverkehr, In: GRUR 1998, 196.
Bullinger, Winfried Prof. Dr./ Garbers-von Boehm, Katharina	Google-Bildersuche - Schlichte Einwilligung des Urhebers als Lösung?, In: GRUR-Prax 2010, 257.
Bußhardt, Harald	In: *Braun, Eberhard*, Insolvenzordnung, 4. Aufl., Achern, 2010. zitiert: *Bearbeiter* in Braun, InsO
Chrocziel, Peter Prof. Dr.	In: *Martinek, Michael Prof. Dr. Dr. Dr. h.c. mult./Semler, Franz-Jörg Prof. Dr./Habermeier, Stefan Prof. Dr./Flohr, Eckhard Prof. Dr.*, Handbuch des Vertriebsrechts, 3. Aufl., Saarbrücken; Stuttgart; Greifswald; Kitzbühel, 2010. zitiert: *Bearbeiter* in Martinek/Semler/Habermaier/Flohr, Hdb Vertriebsrecht
ders.	In: *Krause, Rüdiger/Veelken, Winfried/Vieweg, Klaus*, Recht der Wirtschaft und der Arbeit in Europa - Gedächtnisschrift für Wolfgang Blomeyer, Berlin, 2004. zitiert: *Bearbeiter* in Gedächtnisschrift für Wolfgang Blomeyer

Conrad, Albrecht Dr.	Anmerkung zu BGH, Urteil vom 29. April 2010 - I ZR 69/08 - Vorschaubilder, In: ZUM 2010, 585.
Czychowski, Christian	BGH: Google-Thumbnails sind urheberrechtlich zulässig, In: GRUR-Prax 2010, 251.
Dahl, Michael	Der Gläubigerantrag in der Insolvenz, In: NJW-Spezial 2009, 741.
ders.	Der Eigenantrag des Schuldners in der Unternehmensinsolvenz, In: NJW-Spezial 2009, 613.
ders.	Die Neuregelungen des ESUG - ein Überblick, In: NJW-Spezial 2012, 21.
Dahl, Michael/Schmitz, Jan	Der Lizenzvertrag in der Insolvenz des Lizenzgebers und die geplante Einführung des § 108a InsO, In: NZI 2007, 626.
dies.	Probleme von Überschuldung und Zahlungsunfähigkeit nach FMStG und MoMiG, In: NZG 2009, 567.
Daneshzadeh Tabrizi, Mahdi	Lizenzen in der Insolvenz nach dem Scheitern des Gesetzes zur Einführung eines § 108a InsO, Freiburg, 2011. zitiert: Lizenzen in der Insolvenz nach dem Scheitern des § 108a InsO
Delhaes, Wolfgang, Dr.	Im Überblick: Der Insolvenzverwalter im eröffneten Insolvenzverfahren, In: NZI 1999, 47.
ders.	Im Überblick: Der vorläufige Insolvenzverwalter, In: NZI 1998, 102.

Literatur

Dengler, Christph C. Dr./ *Druson, Sebastian Dr./* *Spielberger, Ronald*	Insolvenzfestigkeit von Lizenzen? Forschungsstandort Deutschland - so wohl kaum!, In: NZI 2006, 677.
Dieselhorst, Jochen Dr.	Zur Dinglichkeit und Insolvenzfestigkeit einfacher Lizenzen, In: CR 2010, 69.
Dörner, Heinrich Prof. *Dr.*	In: *Schulze, Reiner Prof. Dr. Dr. h.c.,* Bürgerliches Gesetzbuch - Handkommentar, 7. Aufl., Baden-Baden, 2012. zitiert: *Bearbeiter* in Schulze, HK BGB
Dreier, Thomas Dr.	In: *Dreier, Thomas Dr./Schulze, Gernot Dr.,* Urheberrechtsgesetz - Urheberrechtswahrnehmungsgesetz, Kunsturhebergesetz, 3. Aufl., Karlsruhe; München, 2008. zitiert: *Bearbeiter* in Dreier/Schulze, UrhG
Drexl, Josef Dr.	In: *Säcker, Franz Jürgen Dr. Dr. Dr.* *h.c./Rixecker, Roland Dr.,* Münchener Kommentar zum BGB, 11. Bd, 5. Aufl., München, 2010. zitiert: *Bearbeiter* in Säcker/Rixecker, MüKo BGB
Drukarczyk, Jochen Prof. *Dr. Dr. h.c.*	In: *Kirchhof, Hans-Peter/Lwowski, Hans-* *Jürgen Dr./Stürner, Rolf Prof. Dr.,* Münchener Kommentar zur Insolvenzordnung, 1. Bd, 2. Aufl., München, 2007. zitiert: *Bearbeiter* in Kirchhof/Lwowski/Stürner, MüKo InsO

Eickmann, Dieter	In: *Gottwald, Peter Prof. Dr. Dr. h.c.,* Insolvenzrechts-Handbuch, 4. Aufl., Regensburg, 2010. zitiert: *Bearbeiter* in Gottwald, Hdb Insolvenzrecht
Eilenberger, Guido Prof. Dr.	In: *Kirchhof, Hans-Peter/Lwowski, Hans-Jürgen Dr./Stürner, Rolf Prof. Dr.,* Münchener Kommentar zur Insolvenzordnung, 1. Bd, 2. Aufl., München, 2007. zitiert: *Bearbeiter* in Kirchhof/Lwowski/Stürner, MüKo InsO
Esser, Philipp	Urheberrechtliche Lizenzen in der Insolvenz, Frankfurt a.M., 2008.
Fezer, Karl-Heinz Prof. Dr.	In: *Fezer, Karl-Heinz Prof. Dr.,* Markenrecht - Kommentar zum Markengesetz, zur Pariser Übereinkunft und zum Madrider Markenübereinkommen, 4. Aufl., Konstanz, 2009. zitiert: *Bearbeiter* in Fezer, Markenrecht
ders.	Lizenzrechte in der Insolvenz des Lizenzgebers - Zur Insolvenzfestigkeit der Markenlizenz, In: WRP 2004, 793.
Forkel, Hans Prof. Dr.	Zur dinglichen Wirkung einfacher Lizenzen, In: NJW 1983, 1764.
ders.	Gebundene Rechtsübertragungen, Würzburg, 1977.
Frey, Conrad	Die Rechtsnatur der Patentlizenz, Zürich, 1976.
Fridgen, Alexander Dr.	Das ESUG - Abschluss der ersten Stufe der Insolvenzrechtsreform, In: GWR 2011, 535.

Fritzsche, Jörg Prof. Dr.　　In: *Bamberger, Heinz Georg Dr./Roth,*
Herbert Prof. Dr., Beck'scher Online-
Kommentar BGB, 22. Aufl., Mainz;
Regensburg, 2012.
zitiert: *Bearbeiter* in Bamber/Roth, Beck OK
BGB

Fröhlich, Andreas Dr./　　In: *Berger, Christian Prof. Dr./Wündisch,*
Köchling, Marcel Dr.　　*Christian Dr.*, Urhebervertragsrecht -
Handbuch, 1. Aufl., Leipzig; Dresden, 2008.
zitiert: *Bearbeiter* in Berger/Wündisch, Hdb
Urhebervertragsrecht

Frystatzki, Christian Dr.　　Der Tatbestand der Überschuldung gem. § 19
II InsO nach dem 31. 12. 2013 – Die
Handlungsoptionen des Gesetzgebers, In: NZI
2011, 521.

Gaier, Reinhard Dr.　　In: *Säcker, Franz Jürgen Dr. Dr. Dr.*
h.c./Rixecker, Roland Dr., Münchener
Kommentar zum Bürgerlichen Gesetzbuch, 6.
Bd, 5. Aufl., München, 2009.
zitiert: *Bearbeiter* in Säcker/Rixecker, MüKo
BGB

Ganter, Hans Gerhard Dr.　　Patentlizenzen in der Insolvenz des
Lizenzgebers, In: NZI 2011, 833.

ders.　　In: *Kirchhof, Hans-Peter/Lwowski, Hans-*
Jürgen Dr./Stürner, Rolf Prof. Dr.,
Münchener Kommentar zur
Insolvenzordnung, 1. Bd, 2. Aufl., München,
2007.
zitiert: *Bearbeiter* in
Kirchhof/Lwowski/Stürner, MüKo InsO

Gogger, Martin Dr.	Insolvenzgläubiger-Handbuch - Optimale Rechtsdurchsetzung bei Insolvenz des Schuldners, 3. Aufl., Würzburg, 2011. zitiert: Hdb Insolvenzgläubiger
Götting, Horst-Peter Prof. Dr.	BGH: Urheberrechtliche Zulässigkeit von Vorschaubildern in der Trefferliste einer Suchmaschine – Vorschaubilder, In: LMK 2010, 309481.
Gottzmann, Sandra	Sukzessionsschutz im Gewerblichen Rechtsschutz und Urheberrecht, Köln, 2008. zitiert: Sukzessionsschutz im Gewerblichen Rechtsschutz
Graf Ballestrem, Johannes	Die Sicherungsübertragung von Patent- und Gebrauchsmusterrechten, Hamburg; Köln, 2009. zitiert: Die Sicherungsübertragung von Patentrechten
Groß, Michael Dr.	Der Lizenzvertrag, 10. Aufl., Frankfurt a.M., 2011.
Grüneberg, Christian Dr.	In: *Palandt*, Bürgerliches Gesetzbuch, 71. Aufl., Göttingen; Hamburg; Karlsruhe; Lübeck; München; Roth, 2012. zitiert: *Bearbeiter* in *Palandt*, BGB
Haarmeyer, Hans Prof. Dr.	In: *Kirchhof, Hans-Peter/Lwowski, Hans-Jürgen Dr./Stürner, Rolf Prof. Dr.*, Münchener Kommentar zur Insolvenzordnung, 1. Bd, 2. Aufl., München, 2007. zitiert: *Bearbeiter* in Kirchhof/Lwowski/Stürner, MüKo InsO

Haberhauer, *Stefanie/Meeh, Günther*	Aufgaben des vorläufigen Insolvenzverwalters zwischen Antrag und Eröffnung des Insolvenzverfahrens, In: DStR 1995, 1442.
dies.	Handlungsspielraum des Insolvenzverwalters im eröffneten Insolvenzverfahren, In: DStR 1995, 2005.
Haedicke, Maximilian *Prof. Dr.*	Die Gewährleistungshaftung bei Patentveräußerungs- und Patentlizenzverträgen und das neue Schuldrecht, In: GRUR 2004, 123.
ders.	Dingliche Wirkungen und Insolvenzfestigkeit von Patentlizenzen in der Lizenzkette, In: ZGE 2011, 377.
Hänel, Robert Dr.	In: *Büchting, Hans-Ulrich/Heussen, Benno Prof. Dr.*, Beck'sches Rechtsanwaltshandbuch, 10. Aufl., Berlin; München, 2011. zitiert: *Bearbeiter* in Büchting/Heussen, Rechtsanwaltshandbuch
Häsemeyer, Ludwig Dr.	Insolvenzrecht, 4. Aufl., Köln; München, 2007.
Heimberg, Dominik	Lizenzen und Lizenzverträge in der Insolvenz - Die Vorteile einer großen Lösung, Bayreuth, 2011. zitiert: Lizenzen und Lizenzverträge in der Insolvenz
Henckel, Wolfram Dr.	In: *Jaeger, Ernst Prof. Dr.*, Konkursordnung - Großkommentar, 1. Bd, 9. Aufl., Berlin, 1997. zitiert: *Bearbeiter* in Jaeger, KO

ders. In: *Jaeger, Ernst Prof. Dr./Henckel, Wolfram Dr.*, Insolvenzordnung - Großkommentar, 1. Bd, 1. Aufl., Berlin, 2004.
zitiert: *Bearbeiter* in Jaeger/Henckel, KO

Henn, Günter Prof. Dr. Patent- und Know-how-Lizenzvertrag - Handbuch für die Praxis, 5. Aufl., Heidelberg, 2003.
zitiert: Patent- und Know-how-Lizenzvertrag

Hess, Harald Dr. In: *Hess, Harald Dr.*, Kommentar zur Konkursordnung, 6. Aufl., Neuwied, 1998.
zitiert: *Bearbeiter* in Hess, KO

Hirte, Heribert Prof. Dr. Anmerkungen zum von § 270b RefE-InsO ESUG vorgeschlagenen "Schutzschirm", In: ZInsO 2011, 401.

ders. In: *Uhlenbruck, Wilhelm Prof. Dr./Hirte, Heribert Prof. Dr./Vallender, Heinz Prof. Dr.*, Insolvenzordnung - Kommentar, 13. Aufl., Köln; Hamburg, 2010.
zitiert: *Bearbeiter* in Uhlenbruck/Hirte/Vallender, InsO

Hirte, Heribert Prof. Dr./Knof, Béla Wem „gehört" die Lizenz? - Plädoyer für eine Dekonstruktion des Haftungsrechts in der Insolvenz, In: JZ 2011, 889.

Hoeren, Thomas Dr. In: *Möhring, Philipp Prof. Dr./Nicolini, Käte Dr./Ahlberg, Hartwig Prof. Dr.*, Urheberrechtsgesetz - Kommentar, 2. Aufl., Köln; Hamburg, 2000.
zitiert: *Bearbeiter* in Möhring/Nicolini/Ahlberg, UrhG

Hölder, Niels Dr./Schmoll, Andrea Dr. Patentlizenz- und Know-how-Verträge in der Insolvenz - Teil II: Insolvenz des Lizenzgebers, In: GRUR 2004, 830.

Holzer, Johannes Dr. In: *Beck, Siegfried Dr./Depré, Peter*, Praxis der Insolvenz, 2. Aufl., Nürnberg; Mannheim, 2010. zitiert: *Bearbeiter* in Beck/Depré, Praxis der Insolvenz

Hombrecher, Lars Dr. Die vertragliche Absicherung des Markenlizenznehmers gegen eine Insolvenz des Lizenzgebers , In: WRP 2006, 219.

Hub, Benjamin Filmlizenzen in der Insolvenz des Lizenzgebers, Hamburg, 2006.

Huber, Michael Prof. Dr. Gegenseitige Verträge und Teilbarkeit von Leistungen in der Insolvenz, In: NZI 2002, 467.

ders. Die Abwicklung gegenseitiger Verträge nach der Insolvenzordnung, In: NZI 1998, 97.

ders. In: *Kirchhof, Hans-Peter/Lwowski, Hans-Jürgen Dr./Stürner, Rolf Prof. Dr.*, Münchener Kommentar zur Insolvenzordnung, 2. Bd, 2. Aufl., München, 2008. zitiert: *Bearbeiter* in Kirchhof/Lwowski/Stürner, MüKo InsO

Huber, Michael Prof. *Dr./Riewe, Anne Deike*	Erwerb eines Nutzungsrechts durch Kündigung in der Insolvenz des Lizenzgebers - Oder: Ein Fall zum Anfang vom Ende des Wahlrechts samt Diskussion um die insolvenzrechtliche Wirksamkeit einer Lösungsklausel?, In: ZInsO 2006, 290.
Ingerl, Reinhard Prof. *Dr./* *Rohnke, Christian Prof.* *Dr.*	Markengesetz - Gesetz über den Schutz von Marken und sonstigen Kennzeichen, 3. Aufl., München; Hamburg, 2010. zitiert: *Ingerl/Rohnke*, Markengesetz
Isay, Hermann Prof. Dr.	Patentgesetz und Gesetz, betreffend des Schutz von Gebrauchsmustern, 5. Aufl., Berlin, 1931. zitiert: *Isay*, PatG
Jauernig, Othmar Prof. *Dr. Dr. h.c.*	Bürgerliches Gesetzbuch mit Allgemeinen Gleichbehandlungsgesetz (Auszug), 14. Aufl., Freiburg; Köln; Konstanz; Leipzig; Mainz, 2011. zitiert: *Jauernig*, BGB
Kammel, Volker Dr.	In: *Kilian, Wolfgang Dr./Heussen, Benno Dr.*, Computerrechts-Handbuch, Hannover; Berlin; München, 2011. zitiert: *Bearbeiter* in Kilian/Heussen, Hdb Computerrecht
Kellenter, Wolfgang	In: *Keller, Erhard Dr./Plassmann, Clemens Dr./von Falck, Andreas Dr.*, Festschrift für Winfried Tilmann - Zum 65. Geburtstag, Köln, 2003. zitiert: *Bearbeiter* in Keller/Plassmann/von Falck, FS für Winfried Tilmann - Zum 65. Geburtstag

Kepplinger, Henriette-Christine	Das Synallagma in der Insolvenz. Das Wahlrecht des Masseverwalters, Ausgleichsschuldners und Insolvenzverwalters, Wien; New York, 2000. zitiert: Das Synallagma in der Insolvenz
Kießner, Ferdinand Dr.	In: *Braun, Eberhard*, Insolvenzordnung - Kommentar, 4. Aufl., Achern, 2010. zitiert: *Bearbeiter* in Braun, InsO
Kindl, Johann Prof. Dr.	In: *Bamberger, Heinz Georg Dr./Roth, Herbert Prof. Dr.*, Beck'scher Online-Kommentar BGB, 22. Aufl., Mainz; Regensburg, 2012. zitiert: *Bearbeiter* in Bamberger/Roth, Beck OK BGB
Klauze, Andreas	Urheberrechtliche Nutzungsrechte in der Insolvenz, Bonn, 2006.
Klopp, Onno Dr./ Kluth, Thomas Dr.	In: *Gottwald, Peter Prof. Dr. Dr. h.c.*, Insolvenzrechts-Handbuch, 4. Aufl., Regensburg, 2010. zitiert: *Bearbeiter* in Gottwald, Hdb Insolvenzrecht
Knap, Karel Dr.	Der Lizenzvertrag als ein besonderer Vertragstypus, In: GRUR Int 1973, 226.
Knobloch, Karsten	Abwehransprüche für den Nehmer einer einfachen Patentlizenz?, Eisenberg, 2006.
Knoche, Joachim P. Dr./ Biersack, Cornelia	Das zwangsvollstreckungsrechtliche Prioritätsprinzip und seine Vereitelung in der Praxis, In: NJW 2003, 476.
Köchling, Marcel	Die Bedeutung immaterieller Werte im Insolvenzverfahren, Lohmar, 2006.

Koehler, Philipp Dr./
Ludwig, Daniel Dr.

Die Behandlung von Lizenzen in der Insolvenz,
In: NZI 2007, 79.

dies.

Die "insolvenzfeste" Gestaltung von Lizenzverträgen, In: WRP 2006, 1342.

Kohler, Josef Prof. Dr.

Deutsches Patentrecht systematisch bearbeitet unter vergleichender Berücksichtigung des französischen Patenrechts, Mannheim, 1878.
zitiert: Deutsches Patentrecht systematisch bearbeitet

ders.

Handbuch des Deutschen Patentrechts in rechtsvergleichender Darstellung, Mannheim, 1900/01.
zitiert: Hdb Deutsches Patentrecht

ders.

Lehrbuch des Patentrechts, Leipzig; Mannheim; Windermere, 1908.
zitiert: Lehrbuch Patentrecht

Kotthoff, Jost

In: *Dreyer, Gunda Dr./Kotthoff, Jost, Dr./Meckel, Astrid Dr.*, Urheberrecht - Urheberrechtsgesetz, Urheberrechtswahrnehmungsgesetz, Kunsturhebergesetz, 2. Aufl., Heidelberg, 2009.
zitiert: *Bearbeiter* in Dreyer/Kotthoff/Meckel, UrhR

Kraßer, Rudolf Prof. Dr.

Patenrecht - Ein Lehr- und Handbuch zum deutschen Patent- und Gebrauchsmusterrecht, Europäischen und Internationalen Patentrecht, 6. Aufl., München, 2009.
zitiert: *Kraßer*, Patenrecht

Literatur

ders.	Die Wirkung der einfachen Patentlizenz, In: GRUR Int 1983, 537.
ders.	Verpflichtung und Verfügung im Immaterialgüterrecht, In: GRUR Int 1983, 230.
Kraßer, Rudolf Prof. Dr./Schmid, Hans Dieter Dr.	Der Lizenzvertrag über technische Schutzrechte aus der Sicht des deutschen Zivilrechts, In: GRUR Int 1982, 324.
Kroth, Harald	In: *Braun, Eberhard,* Insolvenzordnung - Kommentar, 4. Aufl., Achern, 2010. zitiert: *Bearbeiter* in Braun, InsO
Krüger, Stefan Dr./Pape, Maximilian	Patronatserklärungen und Beseitigung von Zahlungsunfähigkeit, In: NZI 2011, 617.
Kummer, Joachim Dr.	Zum Interessenausgleich zwischen Insolvenzverwalter und Lizenznehmen in der Insolvenz des Lizenzgebers, In: GRUR 2009, 293.
Kunz-Hallstein, Hans Peter Dr./Loschelder, Michael Prof. Dr.	Stellungnahme der Deutschen Vereinigung für Gewerblichen Rechtsschutz und Urheberrecht e.V. GRUR zur Frage der Insolvenzfestigkeit von Lizenzen - Entwurf eines § 108a InsO, In: GRUR 2008, 138.
Lange, Paul Prof. Dr.	Marken- und Kennzeichenrecht, München, 2006.
Larenz, Karl Prof. Dr.	Methodenlehre der Rechtswissenschaft, 4. Aufl., München, 1979.

Leithaus, Rolf Dr. In: *Andres, Dirk Dr./Leithaus, Rolf Dr.*,
Insolvenzordnung - Kommentar, 2. Aufl.,
Düsseldorf; Köln; München, 2011.
zitiert: *Bearbeiter* in Andres/Leithaus, InsO

Leitzen, Mario Dr./ Renaissance der patentrechtlichen
Kleinevoss, Tim Zwangslizenz? - Die Neuregelung des § 24 II
PatG, In: MittdtPatA 2005, 198.

Leßmann, Hendrik Weitergeltung von Lizenzen bei Veräußerung
des zugrundeliegenden Schutzrechts bzw.
anderweitiger Lizenzierung, In: DB 1987,
145.

Lieberknecht, Otfried, Dr. Patente, Lizenzverträge und Verbot von
Wettbewerbsbeschränkungen - Eine
vergleichende Darstellung der Rechtslage in
Deutschland, Großbritannien und den
Vereinigten Staaten, Frankfurt a.M., 1953.
zitiert: Patente, Lizenzverträge und Verbot
von Wettbewerbsbeschränkungen

Lisch, Karsten Das Abstraktionsprinzip im Urheberrecht,
Münster, 2006.

Lutz, Holger Softwarelizenzen und die Natur der Sache,
München, 2009.
zitiert: Softwarelizenzen

Lwowski, Hans-Jürgen In: *Kirchhof, Hans-Peter/Lwowski, Hans-*
Dr./ *Jürgen Dr./Stürner, Rolf Prof. Dr.*,
Peters, Bernd Dr. Münchener Kommentar zur
Insolvenzordnung, 1. Bd, 2. Aufl., München,
2007.
zitiert: *Bearbeiter* in
Kirchhof/Lwowski/Stürner, MüKo InsO

Literatur

Maaßen, Stefan Dr.   BGH: Auch bei Markenverletzungen keine
zeitliche Begrenzung des Auskunftsanspruchs
durch Nachweis der ersten
Verletzungshandlung,
In: FD-GewRS 2007, 240353.

ders.   LG Mannheim: Kein Sukzessionsschutz für
Nutzungsrechte an deutschem Patent, die
aufgrund einer FRAND-Erklärung der ETSI
eingeräumt werden, In: GRUR-Prax 2011,
149.

Marotzke, Wolfgang Prof.   Sukzessionsschutz für Lizenzen im
Dr.   Immaterialgüterrecht - dargestellt am Beispiel
der Patentlizenz, In: ZGE 2010, 233.

ders.   Nutzungs- und Immaterialgüterrechte im
Fokus der aktuellen (Insolvenz-
)Rechtspolitik,
In: ZInsO 2008, 1108.

ders.   Vorbereitende Stellungnahme zum Reg-E
eines Gesetzes zur Entschuldung mitteloser
Personen, zur Stärkung der Gläubigerrechte
sowie zur Regelung der Insolvenzfestigkeit
von Lizenzen, BT-Drs. 16/7416.

Martius, Alexander   Über die rechtliche Natur der Licenzerteilung
durch den Patentinhaber, Berlin, 1897.
zitiert: Rechtliche Natur der Licenzerteilung

McGuire, Mary-Rose   Nutzungsrechte an Computerprogrammen in
der Insolvenz - Zugleich eine Stellungnahme
zum Gesetzentwurf zur Regelung der
Insolvenzfestigkeit von Lizenzen, In: GRUR
2009, 13.

Mitlehner, Stephan	§ 108a InsO RegE - Insolvenzfestigkeit von Lizenzverträgen kraft Gesetzes?, In: ZIP 2008, 450.
Moersch, Karl-Friedrich	In: *Hannemann, Thomas/Wiegner, Michael*, Münchener Anwaltshandbuch Mietrecht, 3. Aufl., München, 2010. zitiert: *Bearbeiter* in Hannemann/Wiegner, Anwaltshandbuch Mietrecht
Moglia, Marianne	Die Patentierbarkeit von Geschäftsmethoden, München, 2011.
Mönning, Rolf-Dieter Dr.	In: *Nerlich, Jörg Dr./Römermann, Volker Dr.*, Insolvenzordnung - Kommentar, Düsseldorf; Hannover; München, 2011. zitiert: *Bearbeiter* in Nerlich/Römermann, InsO
Münster, Thomas	Lizenz zum Abzocken, Financial Times Deutschland, 13. März 2012, S. 20.
Musiol, Christian	BGH: Rückruf eines ausschließlichen Nutzungsrechts hat keine Auswirkungen auf abgeleitetes einfaches Nutzungsrecht, In: FD-GewRS 2009, 290122.
Neumaier, Markus	Wann wird eine Zahlungsstockung zur Zahlungsunfähigkeit?, In: NJW 2005, 3041.
Niesert, Burkhard	In: *Andersen Freihalter Rechtsanwaltsgesellschaft mbH*, , Aus- und Absonderungsrechte in der Insolvenz, Köln, 1999.

Onderka, Julia Bettina	In: *Kindl, Johann Prof. Dr./Meller-Hannich, Caroline Prof. Dr./Wolf, Hans-Joachim,* Gesamtes Recht der Zwangsvollstreckung - ZPO | ZVG | Nebengesetze | Europäische Regelungen | Kosten - Handkommentar, 1. Aufl., Münster; Halle/Saale; Bonn, 2010. zitiert: Bearbeiter in Kindl/Meller-Hannich/Wolf, HK Zwangsvollstreckung
Osterrieth, Christian Prof. Dr.	Patentrecht, 4. Aufl., Oberasbach; Düsseldorf, 2010.
ders.	In: *Pfaff, Dieter Prof. Dr. Dr. h.c./Osterrieth, Christian Prof. Dr.*, Lizenzverträge - Formularkommentar, 3. Aufl., Bielefeld; Düsseldorf; Hamburg; Erlangen, 2010. zitiert: *Bearbeiter* in Pfaff/Osterrieth, Lizenzverträge
Ott, Claus Dr./ Vuia, Mihai Dr.	In: *Kirchhof, Hans-Peter/Lwowski, Hans-Jürgen Dr./Stürner, Rolf Prof. Dr.*, Münchener Kommentar zur Insolvenzordnung, 1. Bd, 2. Aufl., München, 2007. zitiert: *Bearbeiter* in Kirchhof/Lwowski/Stürner, MüKo InsO
Pahlow, Louis Prof. Dr.	Lizenz und Lizenzvertrag in der Insolvenz - Von einer unbefriedigenden Rechtslage zu einer verbesserungsbedürftigen Reform - , In: WM 2008, 2041.
ders.	Lizenz und Lizenzvertrag im Recht des Geistigen Eigentums, Bayreuth, 2006. zitiert: Lizenz und Lizenzvertrag

ders. Von Müttern, Töchtern und Enkeln - Zu
Rechtscharakter und Wirkung des
urhebervertraglichen Rückrufs, In: GRUR
2010, 112.

ders. Das einfache Nutzungsrecht als
schuldrechtliche Lizenz, In: ZUM 2005, 865.

ders. In der Insolvenz sind Lizenzen in Gefahr,
Frankfurter Allgemeine Zeitung, 9. Juli 2008,
S. 21.

ders. In: *Pahlow, Louis Prof. Dr./Eisfeld, Jens
Prof. Dr.*, Grundlagen und Grundfragen des
Geistigen Eigentums, Tübingen; Bayreuth;
Saarbrücken, 2008.

ders. In: *Gärditz, Klaus Ferdinand Prof.
Dr./Pahlow, Louis Prof. Dr.*,
Hochschulerfinderrecht - Ein Handbuch für
Wissenschaft und Praxis, Bonn; Saarbrücken,
2011.
zitiert: *Bearbeiter* in Gärditz/Pahlow,
Hochschulerfinderrecht

Pape, Gerhard Dr. Der lange Schatten der Insolvenzordnung –
Vorwirkungen eines Gesetzes, In: NJW 1997,
2777.

*Pape, Gerhard Dr./
Uhlenbruck, Wilhelm Dr.
Prof./
Voigt-Salus, Joachim* Insolvenzrecht, 2. Aufl., Göttingen; Berlin;
Köln, 2010.

Pape, Irmtraut

In: *Uhlenbruck, Wilhelm Prof. Dr./Hirte, Heribert Prof. Dr./Vallender, Heinz Prof. Dr.,* Insolvenzordnung - Kommentar, 13. Aufl., Köln; Hamburg, 2010. zitiert: *Bearbeiter* in Uhlenbruck/Hirte/Vallender, InsO

Paulus, Christoph

Software in Vollstreckung und Insolvenz, In: ZIP 1996, 2.

Penner, J E

The Law of Trusts, 6. Aufl., London, 2008.

Pfaff, Dieter Prof. Dr. Dr. h.c./ Nagel, Sibilla Dr.

In: *Pfaff, Dieter Prof. Dr. Dr. h.c./Osterrieth, Christian Prof. Dr.,* Lizenzverträge - Formularkommentar, 3. Aufl., Bielefeld; Düsseldorf; Hamburg; Erlangen, 2010. zitiert: *Bearbeiter* in Pfaff/Osterrieth, Lizenzverträge

Pfanner, Klaus

Die Zwangslizenzierung von Patenten: Überblick und neuere Entwicklungen, In: GRUR Int 1985, 357.

Pluta, Maximilian

Insolvenzaufrechnung und der Grundsatz der par conditio creditorum, Bielefeld, 2009.

Reber, Ulrich

Anmerkung zu BGH, Urteil vom 26. März 2009 – I ZR 153/06 – Reifen Progressiv, In: ZUM 2009, 855.

Redeker, Helmut Dr.

Softwareüberlassungsverträge in der Insolvenz des Softwarelieferanten - Folgen der Entscheidung des LG Mannheim v. 27.6.2003 - 7 O 127/03 für die Insolvenzfestigkeit von Softwarelizenzverträgen, In: ITRB 2005, 263.

Riedel, Ernst	In: *Vorwerk, Volkert Prof. Dr./Wolf, Christian Prof. Dr.*, Beck'scher Online-Kommentar ZPO, 3. Aufl., Hannover, 2012. zitiert: *Bearbeiter* in Vorwerk/Wolf, Beck OK ZPO
Römermann, Volker Dr.	Aktuelles zur Insolvenzantragspflicht nach § 15a InsO, In: NZI 2010, 241.
ders.	Neues Insolvenz- und Sanierungsrecht durch das ESUG, In: NJW 2012, 645.
Rühle, Thomas	Gegenseitige Verträge nach Aufhebung des Insolvenzverfahrens, Kiel, 2006.
Schäfers, Alfons	In: *Benkard, Georg Dr.*, Patentgesetz - Gebrauchsmustergesetz, 10. Aufl., Waldbronn, 2006. zitiert: *Bearbeiter* in Benkard, PatG
Scheffler, Dietrich	Die (ungenutzten) Möglichkeiten des Rechtsinstituts der Zwangslizenz, In: GRUR 2003, 97.
Scherenberg, Oliver	Lizenzverträge in der Insolvenz des Lizenzgebers unter besonderer Berücksichtigung des Wahlrechts des Insolvenzverwalters nach § 103 Abs. 1 InsO, Hamburg, 2005. zitiert: Lizenzverträge in der Insolvenz des Lizenzgebers
Schleich, Thorsten Dr./Götz, Florian	Gesetzentwurf zur Änderung der Insolvenzordnung - Zur Insolvenzfestigkeit von Lizenzverträgen, In: DZWIR 2008, 58.

Schmahl, Herrmannjosef Dr.

In: *Kirchhof, Hans-Peter/Lwowski, Hans-Jürgen Dr./Stürner, Rolf Prof. Dr.*, Münchener Kommentar zur Insolvenzordnung, 1. Bd, 2. Aufl., München, 2007.
zitiert: *Bearbeiter* in Kirchhof/Lwowski/Stürner, MüKo InsO

Schmidt, Karsten

Unterlassungsanspruch, Unterlassungsklage und deliktischer Ersatzanspruch im Konkurs - Eine Untersuchung am Beispiel des Patentverletzungsstreits, In: ZZP 90, 38.

Schmid, Matthias/Wirth, Thomas Dr.

In: *Schmid, Matthias/Wirth, Thomas Dr./Seifert, Fedor Dr.*, Urheberrechtsgesetz mit Urheberrechtswahrnehmungsgesetz - Handkommentar, 2. Aufl., Baden-Baden, 2009.
zitiert: *Bearbeiter* in Schmid/Wirth/Seifert, HK UrhG

Scholz, Jochen Dr.

Zum Fortbestand abgeleiteter Nutzungsrechte nach Wegfall der Hauptlizenz - Zugleich Anmerkung zu BGH „Reifen Progressiv", In: GRUR 2009, 1107.

Scholz, Susanne

Lizenzen in der Insolvenz, Köln; Aachen, 2010.

Schricker, Gerhard Prof. Dr. Dr. h.c. mult.

Verlagsrecht - Kommentar zum Gesetz über das Verlagsrecht vom 19.6.1901, 3. Aufl., München, 2001.
zitiert: *Schricker*, VerlR

ders.

In: *Schricker, Gerhard Prof. Dr. Dr. h.c. mult./Loewenheim, Ulrich Prof. Dr.*, Urheberrecht - Kommentar, 4. Aufl., München, 2010.
zitiert: *Bearbeiter* in Schricker/Loewenheim, UrhR

Schulte-Nölke, Hans Prof. Dr.

In: *Schulze, Reiner Prof. Dr. Dr. h.c.*, Bürgerliches Gesetzbuch - Handkommentar, 7. Aufl., Baden-Baden, 2012.
zitiert: *Bearbeiter* in Schulze, HK BGB

Schulze, Gernot Dr.

In: *Dreier, Thomas Dr./Schulze, Gernot Dr.*, Urheberrechtsgesetz - Urheberrechtswahrnehmungsgesetz, Kunsturhebergesetz, 3. Aufl., Karlsruhe; München, 2008.
zitiert: *Bearbeiter* in Dreier/Schulze, UrhG

Schwabe, Christian

Filmlizenzen in der Insolvenz - Eine vergleichende Untersuchung des deutschen und US-amerikanischen Rechts, Düsseldorf, 2006.
zitiert: Filmlizenzen in der Insolvenz

Schwarz, Benno

Die rechtliche Einordnung von Softwareüberlassungsverträgen im deutschen Recht, Regensburg, 1992.
zitiert: Die rechtliche Einordnung von Softwareüberlassungsverträgen

Seagon, Christopher

In: *Buth, Andrea K./Herrmanns, Michael*, Restrukturierung, Sanierung, Insolvenz - Handbuch, 3. Aufl., Wuppertal, 2009.
zitiert: *Bearbeiter* in Buth/Herrmanns Restrukturierung, Sanierung, Insolvenz

Literatur

Seemann, Tammo	Der Lizenzvertrag in der Insolvenz, Hamburg, 2002.
Seligsohn, Arnold Dr.	Patentgesetz und Gesetz betreffend den Schutz von Gebrauchsmustern, 5. Aufl., Berlin, 1912. zitiert: *Seligsohn*, PatG
Simon, Stefan Dr./ Merkelbach, Matthias Dr.	Gesellschaftsrechtliche Strukturmaßnahmen im Insolvenzplanverfahren nach dem ESUG, In: NZG 2012, 121.
Sinz, Ralf Prof. Dr.	In: *Uhlenbruck, Wilhelm Prof. Dr./Hirte, Heribert Prof. Dr./Vallender, Heinz Prof. Dr.*, Insolvenzordnung - Kommentar, 13. Aufl., Köln; Hamburg, 2010. zitiert: *Bearbeiter* in Uhlenbruck/Hirte/Vallender, InsO
Slopek, David E.F.	Die Lizenz in der Insolvenz des Lizenzgebers - Endlich Rettung in Sicht?, In: WRP 2010, 616.
Slopek, David E.F.	§ 108a InsO RegE und die Büchse der Pandora, In: ZInsO 2008, 1118.
Smid, Stefan Prof. Dr./Lieder, Solveig	Das Schicksal urheberrechtlicher Lizenzen in der Insolvenz des Lizenzgebers - Auswirkungen des § 103 InsO, In: DZWIR 2005, 7.
Sosnitza, Olaf Prof. Dr.	In: *Forkel, Hans Prof. Dr./Sosnitza, Olaf Prof. Dr.*, Zum Wandel beim Recht der Persönlichkeit und ihrer schöpferischen Leistungen, Würzburg, 2004.

Spautz, Wolfgang

In: *Möhring, Philipp Prof. Dr./Nicolini, Käte Dr./Ahlberg, Hartwig Prof. Dr.*, Urheberrechtsgesetz - Kommentar, 2. Aufl., Köln; Hamburg, 2000.
zitiert: *Bearbeiter* in Möhring/Nicolini/Ahlberg, UrhG

Spickerhoff, Kai

Aus- und Absonderung in der Insolvenz nach deutschem und französischem Recht, Düsseldorf, 2005.
zitiert: Aus- und Absonderung in der Insolvenz

Spindler, Gerald Prof. Dr.

Bildersuchmaschinen, Schranken und konkludente Einwilligung im Urheberrecht - Besprechung der BGH-Entscheidung "Vorschaubilder",
In: GRUR 2010, 785.

Stadler, Astrid Prof. Dr.

Gestaltungsfreiheit und Verkehrsschutz durch Abstraktion, Konstanz, 1996.

Staudinger, Ansgar Prof. Dr.

In: *Schulze, Reiner Prof. Dr. Dr. h.c.*, Bürgerliches Gesetzbuch - Handkommentar, 7. Aufl., Baden-Baden, 2012.
zitiert: *Bearbeiter* in Schulze, HK BGB

Stenglein, Melchior Dr.

Die Reichsgesetze zum Schutz des geistigen und gewerblichen Eigentums, 3. Aufl., Berlin, 1902.
zitiert: Reichsgesetze zum Geistigen Eigentum

Stöckl, Oliver Dr./ Brandi-Dohrn, Anselm Dr.

Der dingliche Charakter von Lizenzen - Ein Grundlagenbeitrag zur Dogmatik der Rechte an Geistigem Eigentum, In: CR 2011, 553.

Stresemann, Christina Dr.   In: *Säcker, Franz Jürgen Dr. Dr. Dr.*
h.c./Rixecker, Roland Dr., Münchener
Kommentar zum BGB, 1. Bd, 6. Aufl.,
München, 2012.
zitiert: *Bearbeiter* in Säcker/Rixecker, MüKo
BGB

Stürner, Rolf Prof. Dr.   In: *Baur, Fritz/Stürner, Rolf Prof. Dr.*,
Zwangsvollstreckungs-, Konkurs- und
Vergleichsrecht II. Insolvenzrecht: Ein
Lehrbuch, 2. Bd, 12. Aufl., Heidelberg, 1990.
zitiert: *Bearbeiter* in Baur/Stürner,
Insolvenzrecht

Tapia, Claudia   Industrial Property Rights, Technical
Standards and Licensing Practices (FRAND)
in the Telecommunications Industry, Köln,
2010.
zitiert: Industrial Property Rights

Uhlenbruck, Wilhelm   Zur Rechtsstellung des vorläufigen
Prof. Dr.   Insolvenzverwalters, In: NZI 2000, 289.

Uhlenbruck, Wilhelm   In: *Gottwald, Peter Prof. Dr. Dr. h.c.*,
Prof. Dr./   Insolvenzrechts-Handbuch, 4. Aufl.,
Gundlach, Ulf Dr.   Regensburg, 2010.
zitiert: *Bearbeiter* in Gottwald, Hdb
Insolvenzrecht

Uhlenbruck, Wilhelm   In: *Uhlenbruck, Wilhelm Prof. Dr./Hirte,*
Prof. Dr.   *Heribert Prof. Dr./Vallender, Heinz Prof. Dr.*,
Insolvenzordnung - Kommentar, 13. Aufl.,
Köln; Hamburg, 2010.
zitiert: *Bearbeiter* in
Uhlenbruck/Hirte/Vallender, InsO

Ullmann, Eike Prof. Dr.   Lizenz in der Insolvenz - Zum Bedarf einer
Neuregelung, In: MittdtPatA 2008, 49.

ders.   In: *Benkard, Georg Dr.*, Patentgesetz -
Gebrauchsmustergesetz, 10. Aufl.,
Waldbronn, 2006.
zitiert: *Bearbeiter* in Benkard, PatG

v. Tuhr, Alexander   Bürgerliches Recht AT II/1, 1. Aufl., Berlin,
1914, Nachdruck 1957.
zitiert: BGB AT II/1

Vallender, Heinz Prof. Dr.   In: *Uhlenbruck, Wilhelm Prof. Dr./Hirte,
Heribert Prof. Dr./Vallender, Heinz Prof. Dr.*,
Insolvenzordnung - Kommentar, 13. Aufl.,
Köln; Hamburg, 2010.
zitiert: *Bearbeiter* in
Uhlenbruck/Hirte/Vallender, InsO

Wallner, Jürgen Dr.   Insolvenzfeste Nutzungsrechte und Lizenzen
an Software, In: NZI 2002, 70.

Wallner, Jürgen/   Ein Zwischenbericht zur Haftung des
Neuenhahn, Stephan   (vorläufigen) Insolvenzverwalters -
Gratwanderung zwischen Fortführungs- und
Einstandspflicht, In: NZI 2004, 63.

Wandtke, Artur-Axel Dr./   In: *Wandtke, Artur-Axel Dr Prof./Bullinger,*
Grunert, Eike Wilhelm Dr.   *Winfried Dr. Prof.*, Praxiskommentar zum
Urheberrecht, 3. Aufl., Berlin, 2009.
zitiert: *Bearbeiter* in Wandtke/Bullinger,
UrhR

Wegener, Dirk Dr.   In: *Uhlenbruck, Wilhelm Prof. Dr./Hirte,
Heribert Prof. Dr./Vallender, Heinz Prof. Dr.*,
Insolvenzordnung - Kommentar, 13. Aufl.,
Köln; Hamburg, 2010.
zitiert: *Bearbeiter* in
Uhlenbruck/Hirte/Vallender, InsO

Wegener, Dirk Dr.   Das Wahlrecht des Insolvenzverwalters unter dem Einfluss des Schuldrechtsmodernisierungsgesetzes, Köln, 2007.
zitiert: Das Wahlrecht des Insolvenzverwalters

Wengel, Torsten Prof. Dr.   Die Insolvenztatbestände Überschuldung, Zahlungsunfähigkeit und drohende Zahlungsunfähigkeit, In: DStR 2001, 1769.

Westphal, Thomas, Dr.   In: *Nerlich, Jörg Dr./Römermann, Volker Dr.*, Insolvenzordnung - Kommentar, Düsseldorf; Hannover; München, 2011.
zitiert: *Bearbeiter* in Nerlich/Römermann, InsO

Wiebe, Andreas Prof. Dr.   Vertrauensschutz und geistiges Eigentum am Beispiel der Suchmaschinen, In: GRUR 2011, 888.

Wiedemann, Markus   Lizenzen und Lizenzverträge in der Insolvenz, München, 2006.

Wilhelm, Jan Prof. Dr.   Sachenrecht, 2. Aufl., Passau, 2002.
zitiert: Sachenrecht

Winzer, Wolfgang Prof. Dr.   In: *Pfaff, Dieter Prof. Dr. Dr. h.c./Osterrieth, Christian Dr.*, Lizenzverträge - Formularkommentar, 3. Aufl., Bielefeld; Düsseldorf; Hamburg; Erlangen, 2010.
zitiert: *Bearbeiter* in Pfaff/Osterrieth, Lizenzverträge

Witz, Wolfgang	In: *Grosch, Marcus/Ullmann, Eike Prof. Dr.*, Gewerbliche Schutzrechte und ihre Durchsetzung – Festschrift für Tilman Schilling zum 70. Geburtstag am 29. Juli 2007, Köln; München, 2007. zitiert: *Bearbeiter* in Grosch/Ullmann, FS für Tilman Schilling zum 70. Geburtstag
Wolf, Thomas/Kurz, Peter	Die Feststellung der Zahlungsunfähigkeit: Was sind 100 % bei Berücksichtigung eines Schwellenwerts?, In: DStR 2006, 1339.
Wöllner, Matthias	Die Wirksamkeit vertraglicher Lösungsklauseln im Insolvenzfall, Baden-Baden, 2009.
Wündisch, Sebastian Dr./Bauer, Stephan Dr.	Patent-Cross-Lizenzverträge - Terra incognita?, In: GRUR Int 2010, 641.

BDI - Bundesverband der Deutschen Industrie e.V., Stellungnahme zum Gesetzesentwurf zur Verkürzung der Restschuldbefreiung, zur Stärkung der Gläubigerrechte und zur Insolvenzfestigkeit von Lizenzen

Beilage: Entwurf eines Gesetzes zur Entschuldung mittelloser Personen, zur Stärkung der Gläubigerrechte sowie zur Regelung der Insolvenzfestigkeit von Lizenzen, NZI 2007, Heft 10, 2*

http://blog.handelsblatt.com/rechtsboard/2012/02/07/zweite-stufe-der-insolvenzrechtsreform-%E2%80%93-insolvenzfestigkeit-von-lizenzen/

http://www.bmj.de/SharedDocs/Pressemitteilungen/DE/2012/20120123_Zweite _Stufe_der_Insolvenzrechtsreform_kommt.html?nn=1930246

http://www.bmj.de/SharedDocs/Reden/DE/2011/20111101_Deutscher_Insolven zverwalterkongress_2011.html?nn=1477162

http://www.goerg.de/Legal-Updates.18.0.html?&no_cache=1&L=0&tx_kbgoerg_pi11[showUid]=232&cHa sh=47f12c8de0f30138bd1fa152119d475e

IDW Prüfungsstandard: Beurteilung eingetretener oder drohender Zahlungs-unfähigkeit bei Unternehmen (IDW PS 800)

Anlagen

I.   BDI - Bundesverband der Deutschen Industrie e.v., Stellungnahme zum Gesetzesentwurf zur Verkürzung der Restschuldbefreiung, zur Stärkung der Gläubigerrechte und zur Insolvenzfestigkeit von Lizenzen

II.   BMJ – Bundesministerium der Justiz, Pressemitteilung: Zweite Stufe der Insolvenzrechtsreform kommt

III.   BMJ – Bundesministerium der Justiz, Rede: Das Insolvenzrecht ist keine Reformbaustelle

IV.   Desch, Wolfram Dr., Die zweite Stufe der Insolvenzrechtsreform - Insolvenzfestigkeit von Lizenzen

V.   Schmid, Gregor Dr., Handelsblatt – Rechtsboard: Zweite Stufe der Insolvenzrechtsreform – Insolvenzfestigkeit von Lizenzen

Recht und Versicherung

Stellungnahme

zum Entwurf eines Gesetzes zur Verkürzung der Restschuldbefreiung, zur Stärkung der Gläubigerrechte und zur Insolvenzfestigkeit von Lizenzen

Dokumenten Nr.
D 0509

Der BDI ist die Spitzenorganisation der deutschen Industrie und der industrienahen Dienstleister. Er spricht für 38 Branchenverbände und mehr als 100.000 Unternehmen mit rund 8 Millionen Beschäftigten.

Datum
16. März 2012

Seite
1 von 6

Das Bundesministerium der Justiz hat am 18. Januar 2012 einen Diskussionsentwurf für ein Gesetz zur Verkürzung der Restschuldbefreiung, zur Stärkung der Gläubigerrechte und zur Insolvenzfestigkeit von Lizenzen vorgelegt. Der BDI nimmt im Folgenden zu diesem Entwurf gern Stellung, beschränkt sich dabei allerdings auf die Problematik der Insolvenzfestigkeit von Lizenzen, da dies aus Sicht der Industrie der wichtigste Bestandteil des Gesetzesvorhabens ist.

Die deutsche Industrie begrüßt das erklärte und wichtige Ziel des Diskussionsentwurfs, dass *„durch eine Regelung zur Insolvenzfestigkeit von Lizenzen der Wirtschafts- und Forschungsstandort Deutschland nachhaltig gestärkt, eine mögliche Abwanderung von Unternehmen in das Ausland verhindert und Investitionen der Lizenznehmer im Insolvenzfall gesichert werden."* Allerdings bringt der aktuelle Vorschlag aus unserer Sicht die Interessen des Lizenzgebers in der Insolvenz einerseits und des Lizenznehmers andererseits nicht zu einem angemessenen Ausgleich. Wir sehen in der Formulierung des Entwurfs eine Stärkung der Insolvenzverwalter zu Lasten der Lizenznehmer, die gerade in den für die deutsche Industrie relevanten Situationen weder rechtlich geboten noch wirtschaftlich ausgewogen ist.

Zur näheren Begründung führen wir folgendes aus:

1. Ausgangslage

Die elementare Bedeutung von Nutzungsrechten an geistigem Eigentum für alle Bereiche der Wirtschaft ist unbestritten. Gerade technologieorientierte Unternehmen stehen regelmäßig vor weitreichenden Investitionsentscheidungen in Forschung und Entwicklung und schließen in diesem Umfeld langfristige Verträge mit Dritten ab. Die gesetzlichen Rahmenbedingungen zur Umsetzung, Nutzung und Absicherung von Investitionen fließen dabei naturgemäß in die Entscheidung ein. Ausschlaggebend sind neben Wirtschaftlichkeitsberechnungen in hohem Maß auch Rechts- und Planungssicherheit sowie Investitionsschutz. Die Frage nach dem Schicksal von Lizenzen, wenn der Lizenzgeber insolvent wird, ist mithin aus unserer Sicht von zentraler Bedeutung für das Ob und Wie einer Investitionsentscheidung.

Bundesverband der Deutschen Industrie e.V.
Mitgliedsverband
BUSINESSEUROPE

Telekontakte
T: 030 2028-1436
F: 030 2028-2436
Internet
www.bdi.eu
E-Mail
H.Willems@bdi.eu

Anlage I

Selbst der Erwerb und die anschließende Nutzung von einfachen, in Unternehmen allgegenwärtigen Standardsoftwareprodukten können elementar wichtig für die Produktionsfähigkeit von Unternehmen sein. Sehr viele industriell gefertigte Produkte (auch Hardwareprodukte) enthalten Software-Anteile, darunter eine große Zahl von Fremdsoftwarekomponenten, die lizenziert wurden und laufend vom Hersteller des Endprodukts vervielfältigt werden, auch wenn man dem Produkt dies nicht sofort ansieht. Fällt dieses Recht zur Vervielfältigung weg, so darf das Produkt nicht mehr legal vertrieben werden, obgleich man als Hersteller vielleicht gar nichts von einer insolvenzbedingten Lücke in der Lizenzkette weiß.

Daher hat die deutsche Industrie stets gefordert, dass ein klarer rechtlicher Rahmen mit Bezug auf die Insolvenzfestigkeit von Lizenzen geschaffen werden muss. Hintergrund dieser Forderung war und ist, dass es in der Praxis mit Insolvenzverwaltern regelmäßig Diskussionen gibt, wonach Lizenzverträge und Lizenzen mit all den bekannten nachteiligen Rechtsfolgen insolvenzbedingt erlöschen sollen. Eine Gesetzesinitiative zur Einführung eines § 108a InsO, die den Fortbestand des Lizenzvertrags in der Insolvenz beinhaltet hätte, war in der vergangenen Legislaturperiode gescheitert.

2.   Diskussionsentwurf und aktuelle Rechtslage

Der Diskussionsentwurf führt eingangs in seiner Begründung aus: „Seit dem Inkrafttreten der Insolvenzordnung fallen Lizenzverträge unter § 103 InsO". Diese den aktuellen Stand der Rechtslage unvollständig darstellende Aussage haben wir mit Sorge gelesen. Besonders vermisst haben wir im weiteren Zusammenhang der Begründung eine aus unserer Sicht gebotene Differenzierung zwischen Lizenz und Lizenzvertrag. Wir unterstellen dabei angesichts der wirtschaftlichen Tragweite für Lizenznehmer, dass hier keine echte Rückwirkung angestrebt wird, fordern aber mit Nachdruck, dass in einem Gesetzesentwurf, der auf die aktuelle Rechtslage Bezug nimmt, diese auch vollständig und richtig dargestellt wird.

Ausschließliche Lizenzen sind heute auch nach höchstrichterlicher Rechtsprechung nahezu unstreitig insolvenzfest. Seit 2009 sind zum Urheberrecht richtungweisende und viel beachtete Entscheidungen u.a. des Bundesgerichtshofs ergangen, die auch sogenannten einfachen Lizenzen dingliche Wirkung und damit Insolvenzfestigkeit zuweisen. Schließlich bestätigen die vorgenannten Entscheidungen nach weit verbreiteter Ansicht zugleich die Insolvenzfestigkeit anderer einfacher Lizenzen, die teilweise auch Sukzessionsschutz genießen.

Es ist daneben anerkannt, dass § 103 InsO kein allumfassendes Rückabwicklungsrecht bezüglich bereits erbrachter (Teil-)Leistungen gewährt. Dieses Recht eröffnet nur eine erfolgreiche Insolvenzanfechtung. Gerade in den Fällen, in denen eine Lizenz bei Vertragsschluss gegen eine Einmalvergütung eingeräumt wird, käme der insolvenzbedingte Fortfall des Nutzungsrechts einem Entzug erbrachter Leistungen gleich. Es kann nicht Ziel der Gesetzgebung sein, dass ein Lizenznehmer z.B. seine Patentlizenz in der Insolvenz des Lizenzgebers ein zweites Mal bezahlt. Gerade bei Unternehmen in der Aufbauphase könnte dies zu ungeplanten und unkalkulierbaren Finanzierungsengpässen führen. Aber auch bei größeren Unternehmen, die im Vertrauen auf das Bestehen bereits erteilter Lizenzen erhebliche Entwicklungs- und Herstellungsinvestitionen getroffen haben, könnte dies gravierende Folgen haben. Daneben fürchten wir, dass der im Diskussionsentwurf vorgesehene Fortfall des Nutzungsrechts gerade auch unter Berücksichtigung der vorgeschlagenen Regelungen zum Neuabschluss zur Folge hat, dass Lizenzen bei Fremdfinanzierungen an die Lizenznehmer nicht mehr als Sicherheit akzeptiert werden. Dies würde zu einem erheblichen Standortnachteil gegenüber vergleichbaren Ländern führen.

3. Analyse und Auswirkungen des Diskussionsentwurfs

3.1 Grundannahme

Der Entwurf schlägt im Lichte der Beratungen aus der vergangenen Legislaturperiode und der damals diskutierten lizenzvertraglichen Strukturen einen völlig neuen Ansatz zur Stärkung der Lizenzen in der Insolvenz vor. Das Vertrauen in lizenzbasierte Investitionen zu fördern, ist sehr begrüßenswert, jedoch muss der vorliegende Ansatz grundsätzlich hinterfragt werden, zumal der aktuelle Stand der Rechtsprechung Lizenzen in der Insolvenz bereits stärker schützt. Ziel der Neuregelung sollte es daher sein, die jüngere Rechtsprechung zu bestätigen und etwaige verbleibende Zweifelsfälle eindeutig zu regeln. Der Gesetzgeber sollte daher klarstellen, dass die bereits vor Insolvenzeröffnung erteilten Lizenzen in einer Insolvenz des Lizenzgebers fortbestehen.

Der Entwurf – mit einem Anspruch des Lizenznehmers auf Neuabschluss des Vertrags zu angemessenen Bedingungen – scheint zudem von weit verbreiteten unangemessenen Lizenzvergütungen auszugehen. Dieser Annahme widersprechen wir nachdrücklich. Bei der Frage der Ausgewogenheit einer Vergütungsregelung für die Nutzung von Lizenzen in der Insolvenz sind zweifellos viele unterschiedliche Konstellationen, Sachverhalte und rechtliche Rahmenbedingungen zu berücksichtigen. Dies zeigt schon die Vielzahl der unterschiedlichen Wirtschaftszweige, die sich in der laufenden Diskussion zu Wort melden. Obgleich solche Konstellationen vorgefunden werden mögen, ist nach der Erfahrung der Unternehmen der deutschen Industrie die Annahme unzutreffend, dass Lizenzverträge „ohne marktgerechte Vergütung abgeschlossen" werden. Bei Verträgen unter fremden Dritten muss im Regelfall davon ausgegangen werden, dass sich Leistung und Gegenleistung gleichwertig gegenüberstehen. An diesem Regelfall sollte sich auch der Gesetzgeber orientieren.

3.2 Nutzungsvergütung und Grundprinzipien der Insolvenz

Aus unserer Sicht kann es für den Gesetzgeber nicht als solches ein Anliegen sein, „dem Wunsch der Insolvenzverwalter nach der Beibehaltung des bisherigen Wahlrechts" nachzukommen und „ihre Verhandlungsposition" zu stärken. Man muss auch hinterfragen, inwieweit und in welchen Konstellationen der geäußerte Wunsch, die Insolvenzmasse an allen Erträgen und Vorteilen der Lizenznutzung partizipieren zu lassen, wirklich rechtlich und wirtschaftlich legitim ist und in welchen Fällen eine ungerechtfertigte Bevorzugung der Insolvenzgläubiger vorliegt. Dabei sprechen die Unternehmen der deutschen Industrie nicht nur als Lizenznehmer, sondern auch als

219

Insolvenzgläubiger, da sie in beiden Rollen betroffen sind. Aus Sicht der Industrie ist zu betonen, dass der Schaden des Lizenznehmers durch den Wegfall seiner Lizenzen den Nutzen zusätzlicher Erträge für die Insolvenzmasse und für die Gläubiger bei weitem überwiegt.

Bei einer ausgewogenen Vergütungsregelung für die Nutzung von Lizenzen in der Insolvenz ist zudem im Lichte der typischen Fallkonstellationen zu berücksichtigen, dass der insolvente Vertragspartner bzw. die Insolvenzmasse nicht wirtschaftlich besser gestellt wird als der Vertragspartner ohne Insolvenz. Dies wäre jedoch durch die jetzt im Regelfall vorgeschlagene Neuverhandlung der Bedingungen der Fall; denn diese birgt ein erhebliches Druckpotential des Insolvenzverwalters, weil der Lizenznehmer ein ihm erteiltes Nutzungsrecht regelmäßig nicht durch ein anderes Nutzungsrecht ersetzen kann. Ein solches Recht auf Besserstellung ist nicht aus § 103 InsO ableitbar und auch die Insolvenzanfechtung zielt nur auf Rückgewähr dessen, was gläubigerbenachteiligend der Insolvenzmasse entzogen wurde. Ohne wirtschaftliche Besserstellung werden auch etwaige Fehlanreize im Zusammenhang mit einer Insolvenzantragstellung ausgeschlossen. Es ist bekannt, dass bei Investitionen in Forschung und Entwicklung derjenige, der ein Investitionsrisiko eingeht, dies regelmäßig mit dem Ziel tut, adäquate Erträge auch durch die Nutzung von Lizenzen zu erzielen und weiteres Wachstum und damit auch die Schaffung von Arbeitsplätzen und weiterer Entwicklungen zu finanzieren. Es würde wirtschaftlichen Grundprinzipien widersprechen, dass die Insolvenzgläubiger zu Lasten desjenigen profitieren, der das Investitionsrisiko trägt. Dieser Grundsatz muss nach unserer Ansicht bei Nutzungsvergütungen in der Insolvenz stärker berücksichtigt werden. Nur bei denjenigen Ausnahmefällen, in denen der Lizenzvertrag zum Zeitpunkt des Abschlusses ein grobes Missverhältnis zwischen Leistung und Gegenleistung aufweist, kann es gerechtfertigt sein, die Vergütung nachträglich anzupassen. In allen übrigen (Regel-)Fällen fließt dem Lizenzgeber bzw. der Masse eine angemessene Vergütung zu, so dass kein Neuverhandlungsbedarf besteht.

3.3 Fallbeispiel zu § 108a InsOE 2012

Wir meinen, dass es mit der vorgeschlagenen Neuregelung des §108 a InsOE mit hoher Wahrscheinlichkeit zu folgendem stark vereinfacht dargestellten Szenario kommen wird:

Die LN (Lizenznehmer)-GmbH stellt der LG (Lizenzgeber)-GmbH 2 Mio. EUR zur Verfügung, um eine bestimmte Technologie zu entwickeln. Ob diese Entwicklung Erfolg haben wird, ist unsicher. Als Gegenleistung erhält die LN-GmbH im Erfolgsfall eine Lizenz an der Technologie für bestimmte Anwendungsfelder. Die LN-GmbH tätigt später nach erfolgreicher Entwicklung und Eintragung von drei Patenten zu Gunsten der LG-GmbH selbst noch weitere Investitionen in den Aufbau einer Produktion in Höhe von EUR 8 Mio. Die LG-GmbH wird wegen eines unerwarteten Großschadens in einem anderen Geschäftsbereich insolvent. Nach Auffassung des Insolvenzverwalters der LG-GmbH ist das Nutzungsrecht nunmehr neuerlich „angemessen" zu vergüten. Nach Auffassung der LN-GmbH ist es bereits aufgrund der Regelungen im Auftragsentwicklungsvertrag und der damit verbundenen Zahlung i.H.v. EUR 2 Mio vollständig erteilt und vergütet.

Unter heute geltender Rechtslage dürfte die LN-GmbH jedenfalls im Falle einer exklusiven Lizenz sowie nach herrschender Meinung in zahlreichen weiteren Fällen die Technologie ohne zusätzliche Kosten weiter nutzen. Dies ist auch richtig, weil die LN-GmbH einen üblichen Entwicklungsvertrag mit Rechteeinräumung abgeschlossen und dafür den Auftragnehmer bzw. Lizenzgeber vollständig vergütet hat. Nach der Formulierung des Diskussionsentwurfs müsste die LN-GmbH im Zweifel auf den Insolvenzverwalter zugehen, um einen neuen Lizenzvertrag abzuschließen. Dieser würde vermutlich eine erheblich abweichende Lizenzgebühr verlangen, die zum Zeitpunkt der Investitionsentscheidung über die EUR 8 Mio. nicht absehbar war, und es käme zum Rechtsstreit. Zum Erhalt des Nutzungsrechts müsste die LN-GmbH nach § 108 a Abs. 3 Nr. 1 InsOE einen unbestimmten „angemessenen" Betrag zunächst vorauszahlen, denn andernfalls könnte der Insolvenzverwalter eventuell im Wege der einstweiligen Verfügung auf das fehlende Nutzungsrecht verweisen und einen Auslieferungsstopp verlangen. Der Rechtsstreit würde sich jahrelang in einem Zustand der Rechtsunsicherheit hinziehen, Gutachter müssten über den Wert der Lizenz befinden, und weitere Investitionen blieben aus. Falls der Lizenznehmer – wie es der derzeitige Entwurf offenbar vorsieht – erneut zahlen müsste, wäre dies dann ein Fall des sog. „double dipping" d.h. für dieselbe Leistung müsste ein zweites Mal Geld, ggf. sogar ein höherer Betrag, gezahlt werden. Mit anderen Worten würde der Insolvenzfall dazu führen, dass dem Lizenzgeber etwas zufiele, das ihm ohne die Insolvenz niemals zustünde.

Weitere Komplexität und Verschlechterungen in der Position der LN-GmbH gewinnt der Grundfall, soweit der Insolvenzverwalter die drei Patente an verschiedene Investoren im Ausland verkauft hat, von denen einer im Verlauf des Rechtsstreits insolvent wird. Läge eine Lizenzkette vor, d.h. die LN-GmbH lizenziert an einen Produzenten und dieser an eine mehrstufige Vertriebskette, so müsste der letzte in der Kette ein mehrfaches Insolvenzrisiko tragen.

Zuletzt könnte angesichts der Formulierung „zu angemessenen Bedingungen" in Absatz 1 des Entwurfs darüber gestritten werden, ob der Insolvenzverwalter berechtigt wäre, eine ursprünglich exklusive Lizenz als einfache Lizenz fortzuführen und damit auch Dritten Lizenzen zu erteilen. Ein Entfallen der Exklusivität würde den Lizenznehmer aber erheblich, unvorhersehbar und unangemessen beeinträchtigen. Besonders relevant wäre der Verlust einer solchen Exklusivität beispielsweise in der Pharmabranche, die nur dadurch Innovationen hervorbringen kann, dass erhebliche vorausgehende Investitionen mit einer zeitlich befristeten Monopolstellung aufgrund von Patentschutz belohnt werden. Zu beachten ist dabei in dieser Branche, dass ein Großteil der Investitionen nicht den gewünschten Erfolg bringt und jeweils mit einem erheblichen Risiko belastet ist, das sich in den ursprünglich verhandelten Konditionen widerspiegelt. Würde die Exklusivität aufgrund der Insolvenz eines Lizenzgebers hier entfallen, könnte der Lizenznehmer die vorausgehenden Investitionen nicht durch den Verkauf der entwickelten Produkte erwirtschaften; sie wären weitgehend fruchtlos. Die Insolvenzmasse würde ihrerseits einen Profit erzielen, den das Unternehmen ohne die Insolvenz nie hätte erzielen können. Wichtig ist es daher auch

221

zukünftig, den Umfang und damit z.b. auch die Exklusivität einer einmal erteilten Lizenz im Insolvenzfall des Lizenzgebers nicht zu beeinträchtigen.

Wir verzichten auf ausführliche Ausführungen, dass sich die geschilderte Lage noch erheblich verschärfen kann, sobald globale Vertragsbeziehungen, Lizenzketten und Lizenzaustauschverträge über mehrere Schutzrechte und Produkte betroffen sind.

4. Fazit

Die geschilderten Auswirkungen verdeutlichen, dass der Diskussionsentwurf aus unserer Sicht seinem Ziel der Stärkung des Wirtschafts- und Forschungsstandorts Deutschland und der Sicherung der Investitionen der Lizenznehmer nicht gerecht wird. Der Entwurf bleibt trotz anders lautender Begründung hinter den Regelungen zum Schutz der Lizenznehmer in anderen Rechtsordnungen zurück. Dies ist ein Nachteil im Wettbewerb der Rechtsordnungen um Investitionen. Die für Investitionssicherheit wichtigsten Parameter, nämlich finanzielle Planungssicherheit, Rechtssicherheit und Investitionsschutz können nur durch eine Klarstellung erreicht werden, dass zumindest die Nutzungsrechte in der Insolvenz vollumfänglich fortbestehen.

Die deutsche Industrie ist im übrigen gern bereit, konstruktive Lösungsvorschläge im Zusammenhang mit Lizenzverträgen und deren Vergütung zu diskutieren, die auch diejenigen Fälle möglichst abschließend aufzählen und im Sinne eines angemessenen Ausgleichs regeln, in denen es ausnahmsweise notwendig erscheint, eine Vergütungsneuregelung zu finden, um einen angemessenen Ausgleich zu Gunsten der Insolvenzgläubiger herzustellen.

Bundesministerium der Justiz

Pressemitteilung: Zweite Stufe der Insolvenzrechtsreform kommt

Erscheinungsdatum   23.01.2012

Bundesjustizministerin Sabine Leutheusser-Schnarrenberger zur Versendung eines Gesetzentwurfs für die zweite Stufe der Insolvenzrechtsreform an Länder und Verbände:

Die zweite Stufe der Insolvenzrechtsreform kommt. Insolvente Existenzgründer und Verbraucher erhalten schneller als bisher eine zweite Chance, wenn sie einen Teil ihrer Schulden begleichen. Die Beschleunigung ist auch im Interesse der Gläubiger, weil die Schuldner einen gezielten Anreiz erhalten, möglichst viel zu bezahlen. Künftig können Schuldner im Insolvenzverfahren schon nach drei Jahren statt bisher sechs Jahren von ihren Restschulden befreit werden, wenn sie mindestens ein Viertel der Forderungen und die Verfahrenskosten bezahlen. Eine Verkürzung von bisher sechs auf fünf Jahre ist möglich, wenn immerhin die Verfahrenskosten vollständig bezahlt werden.

Das außergerichtliche Einigungsverfahren wird gestärkt. Wenn sich einzelne Gläubiger gegen eine sinnvolle außergerichtliche Einigung sperren, kann ihre Zustimmung künftig vom Gericht ersetzt werden.

Mitglieder von Wohnungsgenossenschaften sollen in Zukunft in der Insolvenz ähnlich wie Mieter geschützt werden. Aus Sicht der Betroffenen macht es oft keinen Unterschied, ob sie in einer Miet- oder Genossenschaftswohnung wohnen.

Lizenzen sind oft millionenschwere Wirtschaftsgüter, die in der Insolvenz nicht blockiert werden sollen. Die Neuregelung zur Insolvenzfestigkeit von Lizenzen stellt sicher, dass Lizenzen auch bei einer Insolvenz des Lizenzgebers unter Wahrung der Gläubigerinteressen weitergenutzt werden können.

Zum Hintergrund:

Nach dem bereits verabschiedeten Gesetz zur weiteren Erleichterung der Sanierung von Unternehmen (ESUG), das in seinen wesentlichen Teilen am 1. März 2012 in Kraft treten wird, legt das Bundesministerium der Justiz mit dem Entwurf eines Gesetzes zur Verkürzung des Restschuldbefreiungsverfahrens, zur Stärkung der Gläubigerrechte und zur Insolvenzfestigkeit von Lizenzen im Rahmen eines dreistufigen Reformplans seine Vorschläge für die zweite Stufe der Reform vor.

Der Gesetzentwurf enthält Regelungen zur:
* Verkürzung und Umgestaltung des Restschuldbefreiungsverfahrens
* Stärkung der Gläubigerrechte
* Umgestaltung des Einigungsversuchs im Verbraucherinsolvenzverfahren
* insolvenzrechtlichen Stellung von Mitgliedern von Wohnungsgenossenschaften sowie
* Insolvenzfestigkeit von Lizenzen

Verkürzung und Umgestaltung des Restschuldbefreiungsverfahrens

Der Entwurf eröffnet Schuldnern die Möglichkeit, die Dauer des Restschuldbefreiungsverfahrens von derzeit sechs Jahren auf drei Jahre zu verkürzen. Diese Möglichkeit besteht, wenn es dem Schuldner gelingt, innerhalb der ersten drei Jahre des Verfahrens mindestens 25% der Gläubigerforderungen und die Verfahrenskosten zu begleichen. Eine vorzeitige Restschuldbefreiung soll zudem nach fünf Jahren erlangbar sein, wenn zumindest die Verfahrenskosten beglichen werden können. Ansonsten soll es bei der derzeitigen Dauer des Restschuldbefreiungsverfahrens von sechs Jahren bleiben.

Anlage II

Mit dieser differenzierten Regelung sucht der Entwurf einen Ausgleich zwischen den Interessen des Schuldners an einer möglichst schnellen Restschuldbefreiung, die ihm eine „zweite Chance" eröffnet, den Interessen der Gläubiger an der Realisierung der ihnen zustehenden Forderungen und den Interessen der Landesjustizverwaltungen, welche sich über die Stundungsregelung des § 4a InsO an der Finanzierung der Insolvenzverfahren beteiligt sind.

Durch die neuen Regelungen wird die Effektivität des Verfahrens gesteigert und den Folgen einer Verkürzung der Wohlverhaltensperiode Rechnung getragen.

Die Möglichkeit einer Verkürzung des Restschuldbefreiungsverfahrens soll allen natürlichen Personen offen stehen, d.h. sie wird nicht auf bestimmte Personengruppen wie Existenzgründer oder Verbraucher beschränkt.

Stärkung der Gläubigerrechte
Die Wahrnehmung der Gläubigerrechte ist, gerade wenn es um die Erteilung der Restschuldbefreiung geht, teilweise beschwerlich. Die praktischen Schwierigkeiten führen dazu, dass zuweilen die Restschuldbefreiung erteilt wird, obwohl Versagungsgründe vorliegen. Mit den Maßnahmen zur Stärkung der Gläubigerrechte soll dies künftig verhindern werden. Der Entwurf will damit auch die Akzeptanz des Instituts der Restschuldbefreiung unter den Gläubigern weiter verbessern.

Umgestaltung des Einigungsversuchs im Verbraucherinsolvenzverfahren Das außergerichtliche Einigungsverfahren wird gestärkt. Danach erhält der Schuldner künftig bereits im Rahmen des außergerichtlichen Einigungsversuchs die Möglichkeit, die Zustimmung einzelner den Schuldenbereinigungsplan ablehnender Gläubiger vom Insolvenzgericht ersetzen zu lassen. Zudem soll künftig kein außergerichtlicher Einigungsversuch mehr unternommen werden müssen, wenn dieser offensichtlich aussichtslos ist. Hierdurch sollen die begrenzten Ressourcen von Schuldner- und Insolvenzberatungsstellen geschont werden

Schutz von Mitgliedern von Wohnungsgenossenschaften Mitglieder von Wohnungsgenossenschaften sollen künftig in der Insolvenz – ähnlich wie derzeit bereits Mieter – vor dem Wohnungsverlust geschützt werden. Die vorgeschlagene Regelung zielt auf einen wertungsmäßigen Gleichlauf mit dem sozialen Wohnraummietrecht und soll zugleich verhindern, dass Schuldner ihr Vermögen unbegrenzt als genossenschaftliches Geschäftsguthaben insolvenzfest anlegen können. Damit trägt es auch den Interessen der Insolvenzgläubiger Rechnung.

Insolvenzfestigkeit von Lizenzen
Der Referentenentwurf enthält auch einen Vorschlag zur Behandlung von Lizenzen in der Insolvenz des Lizenzgebers. Ziel der vorgeschlagenen Bestimmung, die es einem Lizenznehmer ermöglichen soll, die Lizenz auch in der Insolvenz des Lizenzgebers fortzunutzen, ist es, die Interessen der Gläubiger des Lizenzgebers mit den Interessen des Lizenznehmers in angemessenen Ausgleich zu bringen und dabei den Wirtschafts- und Forschungsstandort Deutschland zu stärken.

Nunmehr haben Länder und Verbände Gelegenheit, zu dem Entwurf Stellung zu nehmen. Der Referentenentwurf steht hier.

Zusatzinformationen

Weitere Meldungen

- Debatte über die Zukunft des Urheberrechts im Handelsblatt
- Sorgerechtsreform
- Der Richterwahlausschuss
- Abschied vom gedruckten Bundesanzeiger
- Kabinett schränkt Kronzeugenregelung ein

Alle Meldungen

**Bundesministerium
der Justiz**

Rede: Das Insolvenzrecht ist keine Reformbaustelle

Bundesministerin der Justiz Sabine Leutheusser-Schnarrenberger beim Deutschen Insolvenzverwalterkongress 2011 am 28. Oktober 2011 in Berlin

Es gilt das gesprochene Wort!

Sehr geehrter Herr Dr. Niering,
meine sehr geehrten Damen und Herren,

Reden beginnt man ja gerne mit Zitaten. Dann will ich aus einigen Fachaufsätzen und aus der Presse der letzten Zeit zitieren. „Zum Fortgang der Arbeiten auf der Dauerbaustelle InsO", heißt es da; oder „ewige Baustelle", oder sogar. „Die Bauhütte BMJ".

Ich weiß nicht, warum beim Thema Insolvenzrecht stets auf Baubilder zurückgegriffen wird. Liegt es daran, dass es bedauerlich viele Insolvenzen unter Bauunternehmen gibt? Fällt niemanden mehr etwas Passenderes ein? Nehmen Sie das Wort Bauhütte. Die brauchte man im Mittelalter, weil sich die Arbeiten an den gotischen Domen über mehrere Jahrzehnte erstreckten. Irgendwann waren die Kirchen dann fertig, selbst der Kölner Dom, und blieben unverändert in alle Ewigkeit stehen, die Bauhütten schlossen. Ewiger Friede. Ende aller Baumaßnahmen. Nachdem das ESUG gestern den Bundestag erfolgreich passiert hat, könnte man, um im Sprachbild zu bleiben, jetzt wohl einen Abschnitt der Baustelle schließen. Doch Gesetzgebung endet nicht an einem fixen Zeitpunkt und deshalb passt auch das Baustellenbild nicht. Die wirtschaftlichen und sozialen Rahmenbedingungen ändern sich ständig, und die Gesetzgebung wird weiterhin darauf reagieren müssen. Schon 1999 dachte man, den Schlussstein für das Gewölbe des neuen Insolvenzrechts gesetzt zu haben. So war es nicht, weil sich in der praktischen Anwendung, wie Sie nur zu gut wissen, schnell Anpassungsbedarf ergab. Gesetzgebung hat die Aufgabe, für die allgemein als notwendig erachteten Änderungen zwischen Praxis und Rechtspolitik, zwischen den Interessen von Gläubigern und Schuldnern einen gangbaren Weg zu finden. An diesem kooperativen Verständnis hat es zuletzt vielleicht etwas gemangelt. Die Aufgabe, die sich diese Bundesregierung im Koalitionsvertrag für das Insolvenzrecht gestellt hat, war ambitioniert, aber zu schaffen. Es galt, die Diskussionen der letzten Jahre und die ergebnislosen Anläufe zu als notwendig erkannten Fortentwicklungen der im Kern funktionierenden Insolvenzrechtsordnung zu einem Abschluss zu bringen.

Die dreistufige Insolvenzrechtsreform greift längst anstehende Vorhaben auf, wie den Umgang mit Lizenzen. Sie leitet vor allem einen Umbau des Insolvenzrechts hin zu einem effizienteren und nachhaltigeren Instrument wirtschaftlicher Steuerung ein, indem auf eine frühzeitige Sanierung gesetzt, Verbesserungen am Planverfahren vorgenommen wurden und vor allem dem Schuldner Anreize zur Entschuldung gegeben werden. Das Sprachbild Baustelle lässt sich umdrehen. Das Insolvenzrecht soll nicht die Abrissbirne sein, die ein zahlungsunfähiges Unternehmen platt macht und somit hohe Investitionen für den Wiederaufbau verursacht. Das Insolvenzrecht soll der Bautrupp sein, der an Gebäuden, die erhaltenswert sind, maßvolle Sanierungen vornimmt und damit Arbeitsplätze und wirtschaftliche Leistungskraft sichert.

Die Arbeiten an dieser Neudefinition schreiten, mit allen Zwischenstopps, die das politische Geschäft von uns verlangt, gut voran. Vor einem Jahr gab es noch äußerst langwierige und zähe Verhandlungen über das Haushaltsbegleitgesetz. Sie erinnern sich noch an das Fiskusprivileg, an das Restrukturierungsgesetz für Kreditinstitute und daran, dass die Arbeiten am ESUG damals gerade erst begonnen hatten? Jetzt sind sie im Wesentlichen abgeschlossen, der Deutsche Bundestag hat sich damit gestern in 2. und 3. Lesung befasst. Und ich bin in der glücklichen Lage, Ihnen heute die Grundzüge der zweiten Stufe der Reform vorstellen zu können.

Deren Kernpunkte sind bekannt: Verkürzung der Restschuldbefreiung, Umgestaltung des Verbraucherinsolvenzverfahrens, Neuregelung zur Insolvenzfestigkeit von Lizenzen. Der passende Gesetzentwurf liegt auf meinem Schreibtisch.

Anlage III

Natürlich interessiert Sie die Abkürzung des Restschuldbefreiungsverfahrens am meisten. Dass die Bundesregierung das bisherige Verfahren genauso wie die Verbraucherinsolvenzen neu ordnen würde, konnte indessen niemanden überraschen, der den Koalitionsvertrag gelesen hatte.

Alle natürlichen Personen sollen die Chance erhalten, die Phase der Restschuldbefreiung abzukürzen, wenn sie dafür etwas tun. Der Weg zur raschen Restschuldbefreiung öffnet sich nur unter Bedingungen. Der Gesetzentwurf ist kein Persilschein fürs Schuldenmachen. Aber gelingt es dem Schuldner, neben den Kosten des Verfahrens eine Mindestbefriedigungsquote von 25 Prozent zu erreichen, soll sich die Restschuldbefreiungsphase halbieren.

Drei Jahre weniger sind ein erhebliches Entgegenkommen.

Sicherlich werden 25 Prozent +/- X manche Schuldner nicht stemmen können. Um auch diesen Schuldnern einen Anreiz zu geben, wird der Gesetzentwurf einen auf fünf Jahre verkürzten Weg zur Restschuldbefreiung für Schuldner vorsehen, die zumindest die Verfahrenskosten tragen. Kann der Schuldner auch dies nicht bewältigen, bleibt es bei der derzeitigen Dauer der Restschuldbefreiung von sechs Jahren.

Das Konzept bemisst sich an der Befriedigung der offenen Forderungen und damit auch den Anstrengungen des Schuldners. Das Modell gleicht die berechtigten Interessen der Schuldner an einem zügigen „fresh start" und die ebenso berechtigten Interessen der Gläubiger an der Befriedigung ihrer Forderungen aus.

Ich sagte schon, die Verkürzung des Restschuldbefreiungsverfahrens ist bereits im Koalitionsvertrag vorgesehen. Die Koalitionsparteien hatten dabei vor allem Unternehmensgründer im Blick. Denn angesichts des erheblichen Risikos, das Gründer auf sich nehmen, besteht ein Bedürfnis, gescheiterten Unternehmern einen zügigen Neustart zu ermöglichen. Nur so können wir Unternehmensgründungen fördern und Mut zum Aufbruch in die Selbständigkeit machen. Gerade Gründern und Anfängern können Fehler unterlaufen, die nicht in jedem Fall dazu führen sollten, dass ein Neustart erst nach sechs Jahren wieder möglich sein soll. Aus Fehlern kann man lernen.

Aber auch Verbraucher sind auf die Möglichkeit zu einem schnellen Neustart angewiesen. Arbeitslosigkeit, Krankheit, Trennung und Scheidung sind häufige Verursacher von Überschuldenssituationen. Nach unserer Kenntnis wird rund die Hälfte aller Privatinsolvenzen durch persönliche Schicksalsschläge ausgelöst. Gleichzeitig verlangt der moderne Arbeitsmarkt mehr Flexibilität und mehr Weiterbildung und ist stärker von der Weltkonjunktur abhängig.

Wirtschaftliches Scheitern ist nicht in jedem Fall auf persönliches Fehlverhalten zurückzuführen und darf daher heute noch weniger als früher ein Stigma sein. Sozialpolitisch und volkswirtschaftlich ist es viel sinnvoller, schnell auf den Markt zurückzukehren. Eine zügige Wiedereingliederung wirkt sich positiv auf den Einzelnen und die Gesellschaft aus.

Gegen diesen Vorschlag ist Kritik erhoben worden. Kritik ist legitim. Wer die Verkürzung der Restschuldbefreiung kritisiert, muss aber die Folgen der jetzigen Regelung bedenken.

Eine lange Überschuldungsdauer birgt die Gefahr in sich, dass Schuldner in der Wartezeit ihre wirtschaftlichen Aktivitäten in den Bereich der Schattenwirtschaft verlagern. Andere Schuldner geben sich auf und erkranken ernsthaft körperlich oder psychisch. Beides führt zu nicht unerheblichen volkswirtschaftlichen Schäden, aber kaum dazu, dass Gläubiger geringere Abschreibungen auf ihre Ausfälle vornehmen können.

Eine verkürzte Entschuldungsdauer setzt nicht auf Frustration oder Verdrängung, sondern auf Anreizstrukturen. Schuldner erhalten die faire Chance, sich innerhalb eines fest definierten und überschaubaren Zeitraumes ernsthaft für eine Befriedigung der Gläubiger einzusetzen und dabei gegebenenfalls auch überobligatorische Leistungen zu erbringen. Der Schuldner kann – wozu er bislang keine Veranlassung hatte – zum Beispiel auf Teile seines unpfändbaren Einkommens oder Vermögens verzichten, durch Annahme eines Nebenjobs sein pfändbares Einkommen erhöhen oder ein Verwandtendarlehen in Anspruch nehmen. Insbesondere bei einer vom Insolvenzverwalter freigegebenen Tätigkeit können Überschüsse anfallen, die natürlich den Gläubigern zugeführt werden können.

Wie wir alle wissen, honoriert die Insolvenzordnung bislang solche besonderen Anstrengungen des Schuldners nicht. Das Anreizmodell setzt demgegenüber das Signal, dass es sich für Schuldner lohnen kann, einen Teil des Bergs der Verbindlichkeiten aktiv abzutragen.

Das Anreizmodell entspringt dabei nicht nur allgemeiner Freundlichkeit gegenüber den Schuldnern. Es trägt vor allem den Interessen der Gläubiger Rechnung. Die Auflagen an die Restschuldbefreiung sind nötig. Die Sechsjahresfrist einfach zu halbieren, ohne einen Ausgleich durch eine verbesserte Quote zu schaffen, wäre verfassungsrechtlich wohl bedenklich.

11.04.2012 10:44

Der vom Anreizmodell nahegelegte frühzeitige Weg ins Insolvenzverfahren sichert dagegen mehr Masse. Es liegt eine jüngere Untersuchung dazu vor, die zu dem Ergebnis kommt, dass allein zwischen dem Beginn der Überschuldung und dem Antrag auf Eröffnung des Insolvenzverfahrens durchschnittlich fünf Jahre vergehen. Menschen scheinen bei einer sich abzeichnenden Überschuldung - auch aus Angst vor der sozialen Stigmatisierung und der Drohung einer sechsjährigen Karenz – dazu zu neigen, den Kopf in den Sand zu stecken. Dieses Vogel-Strauss-Verhalten vergrößert Ausfallrisiko und Ausfallhöhe. Es ist also im wohlverstandenen Interesse beider Seiten, wenn die Tür zur Rückkehr in den Markt mit weniger Schlössern als bisher verriegelt wird. Die jetzt häufig anzutreffende Nullquote ist keine Alternative. Mit dem neuen Konzept kann ein hellsichtiger Schuldner seine Schuldenregulierung noch rechtzeitig in Angriff nehmen. Meine Damen und Herren, soviel zur Restschuldbefreiung, die auch den Gläubigerrechten zu Gute kommen soll. Aber der Gesetzentwurf sieht noch weitere Verbesserungen für die Rechte der Gläubiger vor, insbesondere soll ihre Stellung im Restschuldbefreiungsverfahren gestärkt werden.

Praktische Erfahrungen haben gezeigt, dass die gesetzlichen Regelungen diverse Schwachstellen enthalten. Viele Gläubiger empfinden die Wahrnehmung ihrer Rechte im Restschuldbefreiungsverfahren als beschwerlich. Werden Gläubigerrechte nicht effektiv wahrgenommen, können immer wieder unredliche Schuldner eine Restschuldbefreiung erhalten.

Der Gesetzesentwurf soll vier der wesentlichen Änderungen zur Abhilfe vorsehen:

Erstens: Nach derzeitiger Rechtslage muss der Gläubiger einen Versagungsantrag im Schlusstermin stellen. Es ist aufwendig, im Schlusstermin persönlich zu erscheinen. In der Folge werden Versagungsanträge nicht gestellt und dies selbst in offenkundigen Fällen. Die Lösung: Versagungsanträge können künftig jederzeit schriftlich gestellt werden.

Zweitens: Versagungsgründe, die erst nach dem Schlusstermin bekannt werden, können derzeit nicht mehr geltend gemacht werden. Einem Gläubiger die Versagung abzuschneiden, nur weil ein Insolvenzverfahren schnell abgeschlossen wurde, erscheint sinnwidrig. Werden Versagungsgründe erst nach dem Schlusstermin bekannt, soll ein Antrag innerhalb einer Überlegungsfrist von sechs Monaten nach Kenntnis vom Versagungsgrund gestellt werden können.

Drittens sollen die Versagungsgründe auf Straftatbestände ausgedehnt werden, durch die die wirtschaftlichen Interessen oder das Vermögen eines späteren Insolvenzgläubigers beeinträchtigt werden. Dass nur echte Insolvenzstraftaten als Versagensgründe greifen, ist nicht einsichtig, denn Betrug oder Untreue können bei einer Insolvenz das Opfer manchmal mehr schädigen als eine Insolvenzstraftat.

Und viertens zielt der Entwurf darauf ab, die Rechte der ungesicherten Gläubiger zu stärken. Die Befriedigungsaussichten dieser Gläubigergruppe werden heute häufig durch Lohnvorausabtretungen geschwächt, weil diese noch zwei Jahre nach Eröffnung des Insolvenzverfahrens wirksam bleiben. Um dem Grundsatz der Gläubigergleichbehandlung Rechnung zu tragen und die Verteilungsgerechtigkeit im Insolvenzverfahren zu erhöhen, wollen wir deshalb eine Abschaffung des Lohnabtretungsprivilegs vorsehen.

Meine Damen und Herren, Sie sehen, das Restschuldverfahren soll nicht nur verkürzt, es soll insgesamt effizienter gestaltet werden. Hierzu soll das Restschuldbefreiungsverfahren teilweise umgestaltet werden:

Derzeit entscheidet das Insolvenzgericht erst am Ende des Insolvenzverfahrens erstmals über den Antrag des Schuldners auf Restschuldbefreiung. Das Insolvenzverfahren muss also selbst dann durchgeführt werden, wenn die Restschuldbefreiung offenkundig versagt werden kann. Effizienter erscheint es, wenn das Insolvenzgericht künftig schon eingangs – also mit Eröffnung des Insolvenzverfahrens – erstmals über den Restschuldbefreiungsantrag entscheidet. Im Versagungsfall soll der Schuldner dann Gelegenheit bekommen, seinen Restschuldbefreiungsantrag zurückzunehmen. In dieser Eingangsentscheidung soll das Gericht von Amts wegen jedoch nur offensichtliche Versagungsgründe prüfen, das heißt nur solche, die auch Gegenstand der Prüfung im Stundungsverfahren sind. Da sich der Prüfungsumfang also deckt, wird die neue Eingangsentscheidung für die Durchführung des Restschuldbefreiungsverfahrens in den allermeisten Fällen kaum zusätzlichen Arbeitsaufwand verursachen.

Schließlich braucht es noch neue Regelungen für die sogenannten „asymmetrischen" Verfahren. Dies sind Verfahren, in denen die Restschuldbefreiung erteilt werden muss, obwohl das Insolvenzverfahren noch nicht aufgehoben ist. Diese „asymmetrischen" Verfahren kommen zuweilen schon heute vor. Und wegen der Möglichkeiten zur Verkürzung des Restschuldbefreiungsverfahrens ist damit zu rechnen, dass sich diese Fälle künftig häufen werden. Der Bundesgerichtshof hat bereits mit seinem Beschluss vom 3. Dezember 2009 Leitlinien aufgezeigt, wie in diesen Fällen zu verfahren ist. Der Gesetzentwurf übernimmt im Wesentlichen diese Rechtsprechung und stellt allgemeinverbindlich klar, dass über die Restschuldbefreiung auch dann zu entscheiden ist, wenn das Insolvenzverfahren noch nicht abgeschlossen ist. Zuvor müssen die Gläubiger, der Treuhänder und der Schuldner gehört werden.

Interessant ist aber vor allem die Frage, wie mit dem Neuerwerb umzugehen ist, den der Schuldner nach dem Ablauf der Abtretungsfrist im noch offenen Insolvenzverfahren erwirbt. Soll dieser nach der allgemeinen Regel des § 35 der Insolvenzordnung weiterhin in die Insolvenzmasse fallen, weil das Insolvenzverfahren noch nicht aufgehoben ist? Oder soll es dem Schuldner zustehen? Aus meiner Sicht muss nach dem Ablauf der Abtretungsfrist das Interesse des Schuldners an einem „fresh start" im Vordergrund stehen. Dem Schuldner soll kein Nachteil daraus erwachsen, dass das Insolvenzverfahren noch nicht abgeschlossen ist. Aus diesem Grund sollen dem Schuldner nach dem Ablauf der Abtretungsfrist im Wesentlichen alle Vermögenszuflüsse zustehen – also beispielsweise auch Schenkungen, Erbschaften und Steuerrückerstattungen. Eine Ausnahme bilden natürlich Erträge, die bereits vor Ablauf der Abtretungsfrist der Insolvenzmasse zuzurechnen sind, aber erst danach anfallen – wie zum Beispiel Zuflüsse aus Anfechtungsprozessen.

Meine Damen und Herren, dies sind die wesentlichen Änderungen im Restschuldbefreiungsverfahren. Ich komme nun zu den Änderungen, die wir im Verbraucherinsolvenzverfahren planen: Hier soll insbesondere der Einigungsversuch erleichtert werden. Untersuchungen zeigen, dass der außergerichtliche Einigungsversuch in einigen Bundesländern sehr erfolgreich ist.

Der Gesetzentwurf greift dies auf: Das bedeutungslose gerichtliche Schuldenbereinigungsplanverfahren wird abgeschafft. Dafür soll der Schuldner im außergerichtlichen Einigungsverfahren die Zustimmung der ablehnenden Gläubiger zum Schuldenbereinigungsplan ersetzen lassen können. Ist der außergerichtliche Einigungsversuch offenkundig aussichtslos, ist er entbehrlich. Der Schuldner kann anstelle des Nachweises über das Scheitern des Schuldenbereinigungsversuchs einen Nachweis erbringen, dass die Einigung offensichtlich aussichtslos war.

Meine Damen und Herren, eine weitere aus meiner Sicht wichtige Änderung ist für Mitglieder von Wohnungsgenossenschaften notwendig. Diese sollen künftig im Fall der Insolvenz genauso effektiv vor dem Verlust ihrer Wohnung geschützt werden wie normale Mieter. Bislang kann der Insolvenzverwalter auch nach gefestigter Rechtsprechung des Bundesgerichtshofs die Mitgliedschaft des Schuldners in einer Wohnungsgenossenschaft kündigen. In der Folge drohen dem Schuldner regelmäßig die Kündigung des Nutzungsverhältnisses durch die Genossenschaft und damit der Wohnungsverlust. Mitglieder von Wohnungsgenossenschaften stehen folglich derzeit in der Insolvenz schlechter als Wohnungsmieter, denen Mietverhältnis Kündigungsschutz genießt.

Der Entwurf beseitigt diese nicht gerechtfertigte Ungleichbehandlung, behält aber die Interessen der Insolvenzgläubiger im Auge. Bedingungslosen Kündigungsschutz kann es wegen der Besonderheiten des Genossenschaftsrechts nicht geben. Genossenschaftliches Geschäftsguthaben kann nicht in toto insolvenzfest sein. Kündigungsschutz wird nur gewährt, wenn die Höhe des genossenschaftlichen Geschäftsguthabens in etwa der Höhe einer normalen Mietkaution entspricht.

Meine Damen und Herren, die Neuregelung für Lizenzverträge hatte ich eingangs angekündigt. Wie sie wissen, ist der stark umstrittene Lösungsvorschlag aus der 16.Legislaturperiode nie Wirklichkeit geworden.

Das neue Regelungskonzept sollte hier bessere Chancen haben, nicht zuletzt, weil es die Wünsche der Insolvenzverwalter nach Beibehaltung ihres Wahlrechts berücksichtigt. Dem Interesse der Lizenznehmer, das lizenzierte Recht auch nach Eröffnung des Insolvenzverfahrens weiter nutzen zu können, ist ebenfalls Rechnung getragen: Der Lizenznehmer erhält einen Anspruch auf Abschluss eines neuen Lizenzvertrages und muss hierzu ein annahmefähiges Angebot unterbreiten. Das bringt Investitionsschutz.

Meine Damen und Herren, zum Abschluss möchte ich Ihnen – wie angekündigt – noch Aktuelles zum Entwurf eines Gesetzes zur weiteren Erleichterung der Sanierung von Unternehmen – kurz ESUG – berichten.

Wie eingangs erwähnt, hat der Bundestag den Entwurf in zweiter und dritter Lesung verabschiedet. Die Befassung des Bundesrats ist für den 25. November vorgesehen, so dass das Gesetzgebungsverfahren nach derzeitigem Stand noch in diesem Jahr seinen Abschluss finden kann.

Gegenüber dem Regierungsentwurf hat die vom Bundestag verabschiedete Fassung einige Änderungen erfahren:

Die zwingende Zuständigkeitskonzentration auf ein Amtsgericht je Landgerichtsbezirk ist weggefallen. Die Länder sollen nach dem Subsidiaritätsgrundsatz in eigener Verantwortung entscheiden können, wie sie die – auch weiterhin wünschenswerte – Zuständigkeitskonzentration umsetzen wollen. Die Bundesländer sind jetzt wieder in der Verantwortung, selbstständig auf eine effiziente Gerichtsorganisation in Insolvenzsachen hinzuwirken.

Daneben wurden die Bestimmungen zur Gläubigerbeteiligung ergänzt. Die Ergänzungen sollen vor allem den Besonderheiten eilbedürftiger Fälle gerecht werden, in denen das Verfahren der Einsetzung eines vorläufigen Gläubigerausschusses zu langwierig erscheint. Hier sieht die nun verabschiedete Entwurfsfassung vor, dass ein vorläufiger Verwalter zunächst durch das Gericht bestellt werden kann, wobei der später eingesetzte vorläufige Gläubigerausschuss die Möglichkeit erhält, den bestellten Verwalter abzuwählen und durch einen anderen zu ersetzen.

Geändert haben sich zudem die Größenkriterien, die für die Frage maßgeblich sind, ob ein Gläubigerausschuss zwingend zu bestellen ist. Die nun vom Bundestag verabschiedete Fassung lehnt sich an die bilanzrechtlichen Kriterien für die Definition kleiner Kapitalgesellschaften in § 267 Abs. 1 HGB an. Um aber auch im Übrigen zur Einsetzung von vorläufigen Gläubigerausschüssen zu ermutigen, sollen die Gerichte künftig auch bei Unternehmen, die diese Schwellenwerte nicht erreichen, die Bestellung eines vorläufigen Gläubigerausschusses in Betracht ziehen.

Auch die Regelungen zum Insolvenzplanverfahren sind im Rahmen der Ausschussberatungen geändert und ergänzt worden. Zu den Neuerungen gehört die Möglichkeit, dass der Insolvenzverwalter offensichtliche Fehler im Insolvenzplan korrigieren kann, wobei Berichtigungen durch das Gericht bestätigt werden müssen. Zudem wird sich der Planvollzug künftig im Rahmen eines dem aktienrechtlichen Freigabeverfahren nachgebildeten Verfahrens künftig beschleunigen lassen.

Zum Schutzschirmverfahren gibt es schließlich zwei wesentliche Änderungen: Erstens ist eine nachträgliche, d.h. nach der Anordnung des Schutzschirmverfahrens eintretende Zahlungsunfähigkeit kein Grund mehr, das Verfahren automatisch zu beenden. Nun sollen die Gläubiger entscheiden, ob wegen des Eintrittes der Zahlungsunfähigkeit das Schutzschirmverfahren beendet werden soll oder nicht. Und zweitens kann dem Schuldner auf Antrag durch gerichtlichen Beschluss die Fähigkeit zugesprochen werden, Masseverbindlichkeiten zu begründen.

Meine Damen und Herren, Sie sehen, das Insolvenzrecht ist keine Reformbaustelle. Die Insolvenzordnung soll vielmehr selbst das Instrument sein, mit dem Unternehmen im Interesse von Gläubigern und Schuldnern bei Bedarf saniert werden kann. Die Arbeiten an diesem Reformprojekt können nur dann gut gelingen können, wenn Praxis und Wissenschaft eng zusammenarbeiten. Das haben erfolgreiche wie gescheiterte Reformprojekte in der Vergangenheit bewiesen. Ich denke, in den Gesetzentwurf sind schon viele Überlegungen mit eingeflossen, die uns aus der Praxis bekannt sind. Gleichwohl können natürlich nicht alle Argumente antizipiert werden. Es wird neue Argumente geben, das ist klar und ich freue mich schon darauf, wie Sie dieses Reformprojekt diskutieren werden. Warten Sie daher die parlamentarischen Verhandlungen nicht erst ab, sondern halten Sie jetzt gleich mit Kritik und wenn Sie es gar nicht vermeiden können auch Lob nicht hinter dem Berg.

Zusatzinformationen

Weitere Meldungen

- Debatte über die Zukunft des Urheberrechts im Handelsblatt
- Sorgerechtsreform
- Der Richterwahlausschuss
- Abschied vom gedruckten Bundesanzeiger
- Kabinett schränkt Kronzeugenregelung ein

Alle Meldungen

---

goerg.de > Expertise > Legal Updates   2. April 2012

20.03.2012

⚖ ZWEITE STUFE DER INSOLVENZRECHTSREFORM – INSOLVENZFESTIGKEIT VON LIZENZEN

Das Bundesjustizministerium hat Ende Januar 2012 den Referentenentwurf für die zweite Stufe der Insolvenzrechtsreform vorgelegt (zur ersten Stufe der Reform siehe unser Legal Update vom 01.02.2012). Der nun vorgelegte Referentenentwurf beinhaltet eine für den Wirtschafts- und Forschungsstandort Deutschland wesentliche Neuregelung für Lizenzverträge in der Insolvenz. Diese Regelung stellen wir im Folgenden vor.

1. GEGENWÄRTIGE RECHTSLAGE UND VERTRAGSPRAXIS

Die Insolvenzordnung gibt einem Insolvenzverwalter das Recht, die Erfüllung von gegenseitigen Verträgen abzulehnen, soweit diese bei Insolvenzeröffnung noch nicht von beiden Seiten vollständig erfüllt sind, § 103 Abs. 1 InsO. Lehnt ein Insolvenzverwalter die Erfüllung eines Lizenzvertrags ab, entfällt endgültig das Recht des Lizenznehmers, das lizenzierte Recht zu nutzen. Ein eventuell bestehender Schadensersatzanspruch des Lizenznehmers wegen Nichterfüllung stellt lediglich eine Insolvenzforderung dar. Sie wird in der Praxis in der Regel mit einer geringen Quotenzahlung bedient. Insolvenzverwalter können ihr Wahlrecht zu Gunsten der Insolvenzmasse dazu nutzen, bestehende ungünstige Konditionen der Lizenzverträge nachzuverhandeln oder aber das jeweilige immaterielle Recht unbeschadet von Lizenzrechten an Dritte zu veräußern.

Dieser Vorteil für die Insolvenzmasse kann für einen Lizenznehmer in der Insolvenz des Lizenzgebers gravierende Folgen haben. Im Zusammenhang mit Patentlizenzen etwa der Automobil- und Pharmaindustrie tätigen Lizenznehmer häufig erhebliche Entwicklungs- und Vermarktungsinvestitionen. Können diese Lizennehmer ihre Produkte nicht mehr vertreiben, weil ein Insolvenzverwalter eines Lizenzgebers sich gegen die Erfüllung des Lizenzvertrages entscheidet, drohen ihnen erhebliche Schäden. Ähnliche Probleme entstehen bei Computersoftware.

Im Hinblick auf diese schwerwiegenden Auswirkungen des § 103 InsO auf Lizenznehmer hat die Praxis versucht, insolvenzfeste Konstruktionen zur Absicherung von Lizenzrechten zu entwerfen. So haben sich insolvenzerfahrene Anwälte etwa mit der Sicherungsabtretung des geschützten Rechts, dessen Verpfändung oder einem Lizenzsicherungsnießbrauch beholfen. In komplexeren Situationen wird häufig auch die Übertragung des jeweiligen immateriellen Rechtsguts auf eine Zweckgesellschaft gewählt. Bei Software ist eine Doppeltreuhand im Hinblick auf die Hinterlegung des Quellcodes gängige Marktpraxis. Mit wenigen Ausnahmen existieren aber keine gerichtlichen Entscheidungen zur Insolvenzfestigkeit dieser Konstruktionen.

Um die Interessen der Lizenznehmer besser zu berücksichtigen, will der Gesetzgeber mit der Schaffung des § 108a InsO eine rechtliche Regelung zu Lizenzen in der Insolvenz schaffen. Die Neuregelung erfolgt nicht zuletzt vor dem Hintergrund eines Wettbewerbs mit Jurisdiktionen anderer forschungsstarker Nationen wie Japan und den USA, die Lizenzen in der Insolvenz stärker schützen. Der Gesetzgeber hatte bereits 2007 einen Gesetzentwurf vorgelegt, der aber nie Gesetz wurde.

2. DIE NEUREGELUNG DES § 108A ABS. 1 INSO (REFE) – INSOLVENZ DES LIZENZGEBERS

Die Neuregelung des § 108a Abbs. 1 InsO (RefE) lässt das Wahlrecht des Insolvenzverwalters aus § 103 Abs. 1 InsO zunächst unberührt, trifft aber für den Fall der Insolvenz eines Lizenzgebers eine Sonderregelung. Lehnt der Insolvenzverwalter eines Lizenzgebers die Erfüllung eines Lizenzvertrages ab, kann der Lizenznehmer innerhalb eines Monats nach der Ablehnung vom Insolvenzverwalter den Abschluss eines neuen Lizenzvertrages zu „angemessenen Bedingungen" verlangen. Bei der Festlegung der angemessenen Bedingungen soll es nicht um eine marktgerechte Vergütung gehen. Vielmehr soll die Insolvenzmasse angemessen an den „Vorteilen und Erträgen" beteiligt werden, die der jeweilige Lizenznehmer konkret aus der Nutzung zieht. Soweit der Lizenznehmer werterhöhende Aufwendungen auf die Lizenz getätigt hat, beispielsweise Forschungs-, Entwicklungs- und Marketingkosten, sind diese bei der Beteiligung an den Erträgen als Abschlag zu berücksichtigen.

Während der Schwebezeit bis zum Abschluss eines neuen Lizenzvertrages bleibt der Lizenznehmer zur Nutzung des Lizenzvertrages berechtigt. Haben die Parteien allerdings nach drei Monaten noch immer keinen Vertrag geschlossen, entfällt das Nutzungsrecht. Ausnahmsweise behält der Lizenznehmer das Nutzungsrecht, wenn er eine angemessene Vergütung zahlt und den Insolvenzverwalter innerhalb einer Ausschlussfrist von zwei Wochen auf Abschluss des Lizenzvertrages verklagt. Die Angemessenheit der gezahlten Vergütung ist dann im Zweifel im Prozess zu klären. Wird der Vertrag geschlossen, wirkt er auf den Zeitpunkt der Verfahrenseröffnung zurück.

Das Recht des Lizenznehmers auf Vertragsschluss findet auch Anwendung, wenn der Insolvenzverwalter das immaterielle Recht veräußert, beispielsweise wenn er nicht auf den Abschluss eines neuen Lizenzvertrages warten will. Dann aber hat der Lizenznehmer einen Anspruch auf Abschluss des Lizenzvertrages mit dem Erwerber. Der Insolvenzverwalter wird den Erwerber im Zweifel auf diese Rechtsfolge hinzuweisen haben.

3. DIE NEUREGELUNG DES § 108A ABS. 2 INSO (REFE) – LIZENZKETTE

Der Referentenentwurf sieht ferner eine Regelung zur Lizenzkette vor. Eine Lizenzkette liegt vor, wenn die insolvente Gesellschaft (im Verhältnis zum Hauptlizenzgeber) Lizenznehmer und (im Verhältnis zum Unterlizenznehmer) zugleich Lizenzgeber ist. Der Insolvenzverwalter kann in diesem Fall ohne Einschränkung die Erfüllung des Lizenzvertrages mit dem Hauptlizenzgeber ablehnen. Die Auswirkung dieser Erfüllungsablehnung auf die Lizenzkette ist gegenwärtig durch den BGH nicht endgültig geklärt. Der Referentenentwurf geht aber davon aus, dass die Erfüllungsablehnung zum Erlöschen der Unterlizenz als davon abgeleitetem Recht führen kann. Daher sieht § 108a Abs. 2 S. 2 InsO (RefE) vor, dass in diesem Fall der Unterlizenznehmer vom Hauptlizenzgeber den Abschluss eines Lizenzvertrages nach den in § 108a Abs. 1 InsO (RefE) genannten Bedingungen verlangen kann. Bei Zweifeln an der Leistungsfähigkeit des Unterlizenznehmers kann der Hauptlizenzgeber den Abschluss des Lizenzvertrages von einer Sicherheitsleistung abhängig machen.

4. FAZIT

Der Referentenentwurf behält das Erfüllungswahlrecht des Insolvenzverwalters im Hinblick auf Lizenzverträge bei. Lehnt ein Insolvenzverwalter eines Lizenzgebers allerdings die Erfüllung eines Lizenzvertrages ab, soll der Lizenznehmer einen Anspruch auf Abschluss eines neuen Lizenzvertrages zu „angemessenen Bedingungen" haben. Dadurch werden die Rechte der Insolvenzmase gegenüber dem Vorentwurf aus 2007 etwas gestärkt. Dieser sah noch ein automatisches Fortbestehen der Lizenzverträge in der Insolvenz vor.

Die Vorgaben des Referentenentwurfs im Hinblick auf die „angemessenen Bedingungen" des Lizenzvertrages sind wenig konkret. Einigen sich die Parteien nicht, müssen die Bedingungen durch im Zweifel langjährige Prozesse geklärt werden. Um dieses Risiko zu reduzieren, wird es als Lizenznehmer auch in Zukunft sinnvoll sein, wichtige immaterielle Rechte durch vertragliche Regelungen abzusichern. Das kann beispielsweise durch deren Übertragung auf eine Zweckgesellschaft erfolgen.

Der Referentenentwurf enthält keine Aussage zu der umstrittenen Frage der Anwendbarkeit des § 103 Abs. 1 InsO auf dinglich wirkende ausschließliche Lizenzen und „kaufähnliche" Software-Verträge. Das wäre wünschenswert. Wäre § 103 Abs. 1 InsO nicht anwendbar, spielte auch die Neuregelung für diese Fälle keine Rolle.

Der Entwurf trifft ferner keine Regelung zu dem praktisch wichtigen Problem der Kreuzlizenzen, bei denen in der Regel keine Vergütung, wohl aber der gegenseitige Austausch von Lizenzen vereinbart ist.

Gegenwärtig liegt der Referentenentwurf den Verbänden zur Stellungnahme vor. Angesichts der Brisanz der Regelung für die deutsche Wirtschaft werden diese im Zweifel Änderungsvorschläge einbringen. Wir erwarten, dass sich der Entwurf im Laufe des Gesetzgebungsverfahrens noch verändern wird.

Dr. Wolfram Desch

Rechtsboard

» Gastautor 07. Februar 2012, 09:45 Uhr

INSOLVENZRECHT, LIZENZVERTRAG

Zweite Stufe der Insolvenzrechtsreform – Insolvenzfestigkeit von Lizenzen

RA Dr. Gregor Schmid, LL.M. (Cambridge), Partner, Taylor Wessing, Berlin

„Die zweite Stufe der Insolvenzrechtsreform kommt" – Mit dieser Ankündigung hat das BMJ am 23. 1. 2012 einen Referentenentwurf für die zweite Stufe der Insolvenzrechtsreform vorgelegt (Entwurf eines Gesetzes zur Verkürzung des Restschuldbefreiungsverfahrens, zur Stärkung der Gläubigerrechte und zur Insolvenzfestigkeit von Lizenzen, DB0466327). Der Referentenentwurf enthält auch eine Neuregelung für Lizenzverträge in der Insolvenz des Lizenzgebers.

Die Problematik von Lizenzen in der Insolvenz – insbesondere des Lizenzgebers – ist seit längerem bekannt. Seit Inkrafttreten der Insolvenzordnung unterliegt ein gegenseitiger Vertrag, der noch von keiner Seite vollständig erfüllt wurde, dem Wahlrecht des Insolvenzverwalters (§ 103 InsO). Dem Wahlrecht unterfallen, anders als nach der zuvor geltenden Konkursordnung, auch Lizenzverträge. Wählt der Insolvenzverwalter die Nichterfüllung, wird der Lizenzvertrag dauerhaft undurchsetzbar. Zugleich entfallen – nach überwiegend vertretener Ansicht – die eingeräumten Nutzungsrechte. Für den Lizenznehmer des insolventen Lizenzgebers kann der Wegfall der Nutzungsrechte einschneidende, teils ruinöse Folgen haben. Forschungs- oder Vertriebsinvestitionen, die im Vertrauen auf den Fortbestand der Rechte getätigt wurden, drohen wertlos zu werden. Auch bereits erteilte Unterlizenzen sind gefährdet.

Die von der Rechtsprechung bislang aufgezeigten Möglichkeiten zum Schutz des Lizenznehmers eignen sich nur für einige Sachverhalte. Die in der juristischen Literatur verschiedentlich vorgeschlagenen Lösungen, wie etwa die Vereinbarung von Sicherungsrechten, sind oft aufwendig und von der Rechtsprechung nicht bestätigt. Rechtssicherheit bietet bislang nur eine gesellschaftsrechtliche Lösung, die jedoch ebenfalls nicht alle Fallvarianten abdeckt. Ein im Jahr 2007 vorgelegter erster Gesetzesentwurf, der für den Fall der Insolvenz des Lizenzgebers generell das Fortbestehen des Lizenzvertrages vorsah, wurde nicht umgesetzt. Andere Jurisdiktionen, wie etwa die USA und Japan, sehen dagegen Schutzmechanismen für den Lizenznehmer vor.

Dieser in der Praxis unbefriedigenden Situation sucht der Entwurf des neuen § 108a InsO zu begegnen. Danach soll dem Lizenznehmer bei Insolvenz des Lizenzgebers binnen eines Monats nach Erfüllungsablehnung durch den Verwalter ein Anspruch auf Abschluss eines neuen Lizenzvertrages zu „angemessenen Bedingungen" zustehen. Bei der Festlegung der Vergütung soll eine „angemessene Beteiligung" der Insolvenzmasse an den Vorteilen aus der Nutzung des Rechts sichergestellt werden; umgekehrt sind werterhöhende Investitionen des Lizenznehmers zu berücksichtigen (Abs. 1). Hatte der insolvente Lizenzgeber Sublizenzen erteilt, kann der Sublizenznehmer den Abschluss eines (neuen) Lizenzvertrages unmittelbar vom Hauptlizenzgeber verlangen (Abs. 2). Der Lizenznehmer kann das lizenzierte Recht bis zum

Anlage V

Abschluss eines neuen Lizenzvertrages gemäß dem bisherigen Lizenzvertrag nutzen. Sofern nach Ablauf von drei Monaten noch kein neuer Lizenzvertrag abgeschlossen ist, steht die weitere Nutzung unter dem Vorbehalt der Zahlung einer „angemessenen" Vergütung und Erhebung einer Klage auf Abschluss des Lizenzvertrages (Abs. 3).

Der Entwurf bietet wichtige Ansätze, lässt jedoch einige Fragen offen. Aus Sicht der lizenznehmenden Wirtschaft ist zunächst sicher als nachteilig zu werten, dass das Wahlrecht des Insolvenzverwalters nicht angetastet wird. Unklar ist weiter, ob der Begriff des Lizenzvertrages auch die – wirtschaftlich sehr bedeutsamen – Know-how-Lizenzen umfasst. Zudem soll nach dem Entwurf offenbar der Lizenznehmer das Risiko tragen, dass er nach Ablauf der Drei-Monatsfrist die „angemessene" Vergütung zu gering einschätzt und dadurch eine Rechtsverletzung begeht. Auch scheinen die von der Rechtsprechung bislang entwickelten Ansätze für eine Insolvenzfestigkeit nicht ausreichend berücksichtigt. So sprechen schon nach heute geltendem Recht gewichtige Gründe dafür, dass mit dinglicher Wirkung eingeräumte Nutzungsrechte trotz Nichterfüllungswahl fortbestehen (BGH vom 17. 11. 2005 – IX ZR 162/04, DB0124004), und eingeräumte Unterlizenzen auch bei einem insolvenzbedingten Wegfall der Hauptlizenz unberührt bleiben (BGH vom 26. 3. 2009 – I ZR 153/06, DB0333543). Der Entwurf liegt nun den betroffenen Verbänden vor, die innerhalb der nächsten Monate Gelegenheit haben, zu dem Entwurf Stellung zu nehmen.

» Gastautor 07. Februar 2012, 09:45 Uhr

Die Kommentare sind geschlossen.

Aus unserem Verlagsprogramm:

Julian-Leslie Thomas
**Die Kompetenzverteilung im Insolvenzverfahren
einer Aktiengesellschaft**
Hamburg 2012 / 316 Seiten / ISBN 978-3-8300-6545-6

Thomas Hennig
**Bietverfahren zur Veräußerung von Unternehmen im
Insolvenzverfahren über das Vermögen des Unternehmensträgers**
Hamburg 2012 / 332 Seiten / ISBN 978-3-8300-6539-5

Peter Steinberg
**Insolvenzforderung oder Masseverbindlichkeit:
Die insolvenzrechtliche Einordnung von Steuern**
Hamburg 2012 / 198 Seiten / ISBN 978-3-8300-6527-2

Gino Napoletano
**Privatinsolvenz und Restschuldbefreiung:
Fresh Start oder „bürgerlicher Tod"?**
*Rechtspolitische Überlegungen zur Entschuldung natürlicher Personen
unter besonderer Berücksichtigung ökonomischer Aspekte*
Hamburg 2012 / 464 Seiten / ISBN 978-3-8300-6462-6

Lena Verdenhalven
Die Sicherungsgrundschuld in der Insolvenz des Sicherungsnehmers
Hamburg 2012 / 184 Seiten / ISBN 978-3-8300-6369-8

Nadine Schumacher
Die Pflichten des Insolvenzverwalters bei der Forderungsanmeldung
*Mit rechtsvergleichender Untersuchung des österreichischen
und schweizerischen Insolvenzrechts*
Hamburg 2012 / 280 Seiten / ISBN 978-3-8300-6263-9

Alfred Maier
Lastschriftverfahren und Insolvenz
Hamburg 2011 / 356 Seiten / ISBN 978-3-8300-5724-6

Philipp Reutershan
**Die Insolvenz des Lastschriftschuldners
im Einzugsermächtigungsverfahren**
Hamburg 2011 / 240 Seiten / ISBN 978-3-8300-5582-2

Ria Karlström
**Das Verwaltungs- und Verfügungsrecht im
Verbraucherinsolvenzverfahren am Beispiel
des Zahlungsdiensterahmenvertrages**
*Unter Einbeziehung der Reform zum Verbraucherinsolvenz- und
Entschuldungsverfahren und der Reform zum Kontopfändungsschutz*
Hamburg 2011 / 206 Seiten / ISBN 978-3-8300-5467-2

VERLAG DR. KOVAČ

FACHVERLAG FÜR WISSENSCHAFTLICHE LITERATUR

Postfach 57 01 42 · 22770 Hamburg · www.verlagdrkovac.de · info@verlagdrkovac.de